행동하는 교황
파파 프란치스코

행동하는 교황
파파 프란치스코

한상봉 지음

―――――― PAPA ――――――
FRANCESCO

다섯수레

프롤로그

슬픔의 대륙에서 찾아온 기쁜 소식, 교황 프란치스코

　교황 프란치스코는 2013년 3월 13일 슬픔의 대륙에서 봄소식처럼 찾아온 '기쁜 소식'이었다. 라틴아메리카는 유럽의 식민지였으며, 군사독재에 신음하던 슬픔의 대륙이었다. 이제 유럽 교황의 시대가 저물고, 아르헨티나에서 새로운 빛이 시작되고 있다. 교황이 주목한 것은 제2차 바티칸 공의회에 대한 기억이다. 그중에서도 "기쁨과 희망, 슬픔과 고뇌, 현대인들 특히 가난하고 고통받는 모든 사람의 그것은 바로 그리스도 제자들의 기쁨과 희망이며 슬픔과 고뇌이다. 참으로 인간적인 것은 무엇이든 신자들의 심금을 울리지 않는 것이 없다."라는 〈사목헌장〉의 첫 구절만큼 가련한 인생들에게 그야말로 심금을 울리는 문장은 아마 없을 것이다. 가난한 이들의 삶에 각인된 슬픔과 고뇌를 복음이 주는 기쁨과 희망으로 뒤바꿔 보자는 게 교황의 생각이다. 그러자면 교회는 이 노선에 걸맞게 체질을 개선하고, 뿌리부터 생각을 고쳐 먹어야 한다.

  이 과정에서 프란치스코 교황이 보여 준 미덕은 '교황직'마저 개혁할 뜻이 있다고 밝힌 것이다. "그분은 커지셔야 하고 나는 작아져야 한다."(요한 3, 30)는 세례자 요한의 말처럼, 교황은 하느님 앞에서 겸손하여 콘클라베 이후 동료 추기경들의 순명서약을 나란히 서서 받았다. 그리고 가장 가난한 형제였던 '프란치스코'를 이름으로 새겼다. 그러고 나서 아시시의 프란치스코처럼 "자신의 안위를 떠나 용기를 갖고 복음의 빛이 필요한 모든 '변방'으로 가라는 부르심"을 따르자고 사람들을 불러 세우고 있다.

  예수 자신이 보잘것없는 유다의 변방 갈릴래아의 목수였듯이, 교황은 유럽의 식민지였던 땅에서 이민자의 아들로 살았다. 요한 23세 교황이 그러했던 것처럼, 성령의 바람은 대서양을 건너 땅 끝에서 프란치스코 교황을 로마로 불러들였다. 아시시의 프란치스코에게 다미아노 성당을 부탁했던 것처럼, 무너지는 가톨릭교회를 다시 일으켜 세울 일꾼이 필요했기 때문이다. 그리고 이 일은 나자렛의 가련한 처녀 마리아가 메시아를 낳았듯이, '변방' 아르헨티나에서 이미 시작된 일을 로마에서 마무리하려는 것이다. 로마를 '영원한 도시'라고 하지만, 그마저도 '영원한 시골'에서 시작된 것이다. 나자렛 예수 없이 로마 가톨릭은 없다. 이제 가난한 노동자 예수를 기억하고 우리 시대에 생생하게 다시 불러내는 일만 남아 있다. 그러니 교황이 누누이 거듭 말하고 있는 '가난한 사람들을 위한 가난한 교회'는 선택 사항이 아니라 교회의 신원을 되찾기 위한 필수적 요청이다.

이런 점에서 '교황 + 프란치스코'라는 다소 어색하지만 가장 다행스러운 조합에 거는 기대가 크다. 프란치스코 교황은 일본 천주교회의 의도처럼 '천황'(天皇)에 버금가는 '교황(敎皇)'이라기보다, '교종(敎宗)'이라 불러 마땅하다. '교종'이라는 칭호마저 부담스러울 프란치스코 교황에게는 그저 '파파(papa)'라고 부르는 게 더 어울릴지도 모른다. 《교황청 연감(Annuario Pontificio)》에서는 교황직을 로마의 주교, 예수 그리스도의 대리자, 사도들의 계승자, 서방 교회의 총대주교, 이탈리아의 수석주교, 바티칸 시의 군주 등으로 부른다. 그렇지만 '파파'는 '아버지'라는 뜻으로 비공식적이며 덜 엄숙하고 친밀한 호칭이다.

프란치스코 교황은 사도적 권고 〈복음의 기쁨〉에서 "길 떠나는 교회는 문을 활짝 열어 놓은 교회"라고 말하면서, "때때로 우리는 방탕한 아들이 돌아오기를 기다리는 아버지가 되어야 한다."고 말한다. 당연히 렘브란트의 '돌아온 탕자'라는 그림을 떠올리게 하는 말이다. 그 아버지는 아들의 지난 행적을 묻지 않는다. 그저 안아 줄 뿐이다, 어머니처럼. 헨리 나웬은 "돌아온 아들 위에 몸을 구부리고 그의 어깨를 손으로 어루만지는 노인의 모습을 형상화한 렘브란트 그림을 지금 다시 바라보면서 '아들을 팔에 껴안는' 아버지를 느끼기 시작할 뿐만 아니라 아이를 쓰다듬고 자신의 따뜻한 몸의 체온으로 그를 감싸 주며 그가 태어난 움으로 끌어안는 어머니를 느낀다."고 말했다. 그처럼 교회는 흠 많고 상처 입은 인간과 세상을 치유하는 '야전병원'이기를 교황은 희망했다.

마찬가지로 교황은 죄에 대한 심판관도 아니고, 은총에 세금을 매기는 세리도 아닌 '열린 마음을 가진 어머니' 같은 아버지, 파파(papa)로 남고자 한다. 한국 교회의 강우일 주교는 '교황' 대신 '교종'이라는 용어를 사용하는데, 그 이유는 "프란치스코 성인의 가난과 단순함을 본받아 이름을 택하신 그분의 복음적 영혼과 삶을 드러내는 데 임금이나 황제를 연상시키는 단어가 어울리지 않게 느껴졌기 때문"이라고 설명했다. 그러나 교황이든 교종이든 파파든, 호칭보다 중요한 것은 그분의 영성이다. 내 삶에 균열을 일으키면서 비집고 들어오는 '복음'이다. 피상적인 우리의 삶을 뒤흔들고 거듭거듭 나를 매료시키는 복음이다.

프란치스코 교황은 "우리의 끝없는 슬픔은 끝없는 사랑으로만 치유될 수 있다."고 말했다. 이 말이 프란치스코 교황을 이해하는 열쇳말이다. 슬픔을 사랑으로 치유해 기쁨으로 살아가도록 돕는 게 교회이며, 그리스도인의 의무라는 소식이다. 교황은 거듭 새삼 "예수님께서 어떤 사람과 말씀을 나누실 때 그의 눈을 사랑이 가득 찬 깊은 관심의 눈길로 바라보십니다."라고 말한다. 눈먼 이에게 가까이 가실 때, 사람들이 당신을 먹보요 술꾼이라고 비난할까 두려워하지 않고 죄인들과 함께 음식을 잡수실 때, 죄인인 여자가 당신 발에 향유를 바르도록 놓아두실 때, 밤에 찾아온 니고데모를 맞이하실 때, "그분은 늘 열려 있었고, 사랑스럽게 바라보셨다."는 게 교황의 생각이다.

"예수님께서는 우리가 인간의 고통을 어루만지기를, 다른 이들의 고통받는 몸을 어루만져 주기를 바라십니다." —〈복음의 기쁨〉 270항

이 점에서 사실상 프란치스코 교황은 "이웃에게 눈을 감으면 하느님도 볼 수 없습니다."라고 말한 베네딕토 16세 교황이나 "교회의 길은 인간의 길"이라던 요한 바오로 2세 교황의 생각과 다름없다. 그분들 모두 '하느님은 사랑'이시고, 교회와 그리스도인은 이 사랑의 행진을 따라가야 한다고 강조한다. 다만 이분들이 세속화된 유럽의 교회에 대한 염려가 지나친 나머지 제2차 바티칸 공의회에서 선언한 '개혁'에 대해 분명한 태도를 보이지 못했던 것도 사실이다. 그래서 오히려 프란치스코 교황은 알비노 루치아니 추기경, 33일 동안이지만 겸손하고 개혁적인 교황의 모습을 보여 주었던 요한 바오로 1세 교황을 더 많이 닮은 것 같다. 중요한 것은 세상에 열린 신앙을 드러내기 위해 안으로는 교회 자신을 개혁하고, 밖으로는 세상을 변화시키기 위해 '타자를 위한 존재'가 되려는 열망에 있다.

프란치스코 교황은 이 길에서 되풀이해서 "교회 밖으로 떠나라."고 요청한다. 늘 떠나는 교회는 예수의 제자들처럼 행장을 거창하게 차

릴 필요가 없다. 그래서 세상의 호의에 기대어, 그 사람들의 선한 의지를 믿으며 '희망 없이' '망설이지 말고' 떠나라고 말한다. "등산 한 번 가려고 하는데, 장비를 갖추지 못해서……."라고 매번 말하는 사람이 있다. 이 사람은 사실상 등산 갈 생각이 없는 사람이다. "돈이 있어야 이웃을 돕지……."라고 늘 말하는 사람이 있다. 이 사람은 남을 도와줄 생각이 별로 없는 사람이다. 사랑이란 조건도 없고, 여기까지, 라는 한정도 없다. 그래서 사랑은 늘 '현재 진행형'이다. 사랑에서 '과거분사'는 필요 없고, '미래진행형'은 의미 없다.

슬픔의 대륙에서 찾아 온 교황은 그 슬픔의 백성을 위로해 주었던 마리아를 '복음화의 별'이라 했다. "통치자들을 왕좌에서 끌어내리시고 부유한 자를 빈손으로 내치시는" 하느님을 찬양하는 마리아는 교황에게 "온유한 사랑의 혁명이 지닌 힘을 믿는" 분으로 다가온다. 마리아는 "정의를 추구하는 우리에게 따스한 온기를 가져다주시는 분"이다. 대중신심을 귀하게 여기는 교황은 성모 발현에서도 깊은 뜻을 길어 낼 줄 안다. 프랑스 루르드의 성모는 열네 살의 가난한 소작농 소녀에게 나타나셨고, 스페인 파티마의 성모는 세 명의 목동에게 나타났다. 라틴아메리카의 브라질 아파레시다의 흑인 성모는 어부들에게 나타났으며, 멕시코 과달루페의 메스티소 성모는 인디언 원주민에게 나타났다. 그처럼 마리아는 가난한 이들에게 '먼저' 자신을 드러내시는 분이다. 교황은 그 마리아는 다른 이들을 도우시려고 '서둘러' 당신 마을을 떠나시는 '도움의 성모'라고 말한다. 그러니 이제 우리에게 남은 몫은 그분과 동반하는 일이다. 그분과 더불어 특별히 가난한 이들의 삶의 현장으로 '서둘러' 가는 일이다. 교황은 그곳에서 만나는 '복음의 기쁨'으로 우리를 지금도 초대하고 있다.

이번에 펴내는 책《행동하는 교황 파파 프란치스코》는 전적으로 다섯수레 출판사의 요청에 대한 응답으로 이루어졌다. 교황 방한을 앞두고 서둘러 지은 책을 독자들에게 내놓는 심정은 민망하지만, 이 책을 통해 프란치스코 교황의 뜻에 지지와 연대를 보내는 이들에게 조금이라도 도움이 되었으면 좋겠다. 이 책의 많은 부분은 〈가톨릭뉴스 지금여기〉에 기고했던 글을 보충한 것이며, 특수한 주제에 대해서는 새롭게 성찰하고 글을 지어 보탰다.

프란치스코 교황의 방한을 기다리며
2014년 7월 합정동에서
한상봉

차례

프롤로그
　슬픔의 대륙에서 찾아온 기쁜 소식,
　교황 프란치스코　4

1부 | 하느님의 자비가 선택한 교황　13
　요한 바오로 1세를 계승한 교황 프란치스코　14
　가난의 사람 평화의 사람, 프란치스코　28
　가난한 이들에 대한 '우선적' 사랑　44
　해방을 위한 참여, '메데인'에서 '아파레시다'까지　58
　교황은 공산주의자 또는 마르크스주의자?　75
　군부독재와 결탁? 고백할 수 있는 용기　93
　'정치적 사랑'의 표상, 로메로 대주교　113
　교회는 야전병원이다　130
　대중신심에 싹트는 해방의 희망　149

2부 | 교회 개혁의 첫새벽 **165**

'종신제' 교황도 사임할 수 있다는 희망 **166**
시스틴 성당의 미켈란젤로 '최후의 심판' 아래 **179**
오푸스 데이에게 '나쁜 저녁'이 오다 **194**
교회 민주화, 이제는 말할 수 있나? **207**
여성 사제, 여전히 남은 숙제 **223**
교황청 신앙교리성의 변화와 해방신학의 복권 **239**
요한과 요한 바오로, '공의회' 성인과 '교황' 성인 **250**
전쟁보다 더 큰 용기, 평화 **264**
시류를 거스르는 예수처럼, '복음의 기쁨'을 **280**

에필로그

가난하고 외롭고 높고 쓸쓸하니……
사랑으로 슬픔으로 **304**

1부

하느님의 자비가 선택한 교황

요한 바오로 1세를 계승한 교황 프란치스코

슬픔의 땅에서 교황이 탄생하다

"지금 주교와 신자들 모두 새 여정을 시작했습니다. 이 여정은 세상의 모든 교회를 사랑 안에서 이끄는 로마 교회의 여정입니다. 우리 사이의 형제애와 사랑, 그리고 신뢰의 여정입니다. 서로를 위해 기도합시다. 위대한 형제애의 정신이 있는 이 세상을 위해 기도합시다."

2013년 3월 13일 성 베드로 광장으로 열린 발코니에서 새 교황 프란치스코는 자신을 '로마의 주교'라고 소개하며, "이 주교가 여러분에게 축복하기 전에 주님께서 저에게 강복해 주시도록 여러분이 기도해 주십시오."라고 청했다. 이 겸손한 교황이 고개를 숙이자 광장은 침묵에 빠져들었다.

 그는 아시시의 '프란치스코' 성인을 교황 이름으로 선택한 첫 번째 교황이며, 라틴아메리카 대륙에서 탄생한 첫 번째 교황이다. 또한 예수회에서 탄생한 첫 번째 교황이며, 731년 이래 비유럽인으로 선출된 첫 번째 교황이다. 라틴아메리카는 유럽의 식민지로 지난 500년간 슬픔의 땅이었다. 그 땅에서 '가련한 자들의 보호자'로 '복음의 기쁨'을 선물한 교황이 탄생했다.

 새 교황으로 선출된 사람은 호르헤 마리오 베르골료(Jorge Mario Bergoglio) 추기경으로, 아르헨티나 부에노스아이레스 대교구장이었다. 그는 '눈물의 방'에서 추기경의 진홍색 옷을 벗고 흰색 교황의 옷으로 갈아입고 나와 추기경단의 순명서약을 먼저 받았다. 그러나 예전 교황처럼 순명서약을 앉아서 받지 않고, 성당 바닥으로 내려와 추기경과 나란히 서서 서약을 받으며 한 사람씩 안아 주었다. 그리고 나서 발코니에 나가 군중에게 "좋은 저녁"이라고 첫 인사를 나누었다. 교황은 만찬이 준비된 숙소인 성녀 마르타의 집으로 갈 때에도 다른 추기경들과 마찬가지로 미니버스에 동승했다.

 다음 날 아침 교황은 바티칸 경찰이 제공한 메르세데스가 아닌 폭스바겐을 타고 교통 혼잡을 뚫고 세계에서 가장 오래된 마리아 대성당에 찾아갔다. 이 대성당에는 예수회 창립자인 성 이냐시오

로욜라가 첫 미사를 봉헌한 제대가 있고, 로마의 수호자인 성모 마리아의 성화가 걸려 있다. 교황은 이 성화가 걸린 보르게세 경당에 꽃다발을 봉헌하고 기도했다. 이날 16세기 후반에 가톨릭교회를 개혁하는 데 열성이었던 비오 5세 교황의 무덤에서도 간단히 기도했다. 바티칸으로 돌아오는 길에 카사 델클레로 호텔에 들러 가방을 직접 챙기고, 호텔 프런트에서 호텔비를 신용카드로 지불했다. 이 호텔은 콘클라베가 시작되기 전에 2주 동안 교황이 머물던 곳이다.

이날 오후에 프란치스코 교황은 시스틴 성당에서 추기경 선거인단과 함께 교회를 위한 미사를 봉헌했다. 이날 교황으로서 행한 첫 강론에서 교황은 "야곱의 집안아! 자, 주님의 빛 속으로 걸어가자."(이사야 2, 5)는 구절을 들어 "하느님의 현존 안에서 거닐며 결백하게 살아가라."며, 우리의 삶은 '여정'이며, 늘 움직여야 한다고 전했다. 또한 "교회를 세우자."고 권했다. 사실상 교황이 선택한 '프란치스코' 성인은 무너진 산 다미아노 성당을 다시 일으켜 세우는 일부터 시작했다. 그 과정에서 형제들을 모으고, 세상의 가난한 이들과 더불어 공동체를 이루었다. 마지막으로 교황은 "만약 우리가 예수 그리스도를 선언하지 않는다면, 자선을 베푸는 NGO가 될 수는 있지만, 주님과 연결된 교회가 될 수는 없다."고 단언했다. 덧붙여 교황은 이 모든 일에서 '십자가'로 상징되는 고난을 감당할 용의가 있는지 물었다.

"우리가 십자가 없이 여정을 계속하고, 십자가 없이 교회를 세우고, 십자가 없이 그리스도를 고백한다면, 우리는 이미 주님의 제자가 아닙니다. 십자가를 지고 가지 않는다면, 세속적으로 우리는 주교요, 사제요, 추기경이요, 그리고 교황일 수는 있지만, 주님의 진정한 제자는 될 수 없습니다."

2005년, 전임 교황 베네딕토 16세는 첫 강론을 위해 전날 밤 라틴어로 손수 쓴 원고를 의자에 앉아서 보며 강론했다. 그러나 프란치스코 교황은 이날 강론대로 걸어 나와 즉흥적으로 강론을 했다. 새로운 시대가 열리고 있는 것이다. 이전 교황이 신학적으로 엄밀한 분이었다면, 새 교황은 요한 23세 교황처럼 친밀하고 사목적인 프란치스코 교황이었다.

바티칸은 이 교황을 위한 '즉위 미사'를 성 요셉 대축일인 3월 19일 화요일로 결정했다. 이날 20만 명 이상의 군중이 성 베드로 광장에 모여 오픈카를 타고 손을 흔드는 프란치스코 교황을 향해 환호성을 터뜨렸다. 교황은 어린이들에게 축복하고, 차를 세워 장애인들을 끌어안았다. 즉위 미사 직전에 권위의 상징인 팔리움을 받아 어깨에 걸치고, 성 베드로가 쥐고 있던 열쇠 이미지를 새긴 어부의 반지를 손가락에 끼고 추기경 대표 여섯 명에게서 순명서약을 받았다.

이날 교황 즉위 미사 강론에서 프란치스코 교황은 "어떻게 요셉은 마리아, 예수, 그리고 교회의 수호자로서 그의 소명에 응답했는지" 성찰하며 "요셉 성인은 하느님께 귀 기울이고, 하느님 현존의 징표에 개방되어 있고, 자신의 뜻이 아닌 하느님 계획을 존중함으로써 응답했다."고 전했다. 여기서 '수호자'가 된다는 것은 그리스도인뿐 아니라 모든 사람, 모든 피조물을 책임 있게 보호한다는 의미라고 덧붙였다.

"인간이 이 책임을 다하지 못할 때마다, 또한 그 창조물과 우리 형제자매들을 보살피는 데 실패할 때마다 파괴는 자행되고, 마음은 닫히게 됩니다. 비참하게도 역사의 모든 시대마다 살인을 음모하고, 파괴를 자행하고, 사람들의 체면을 손상시키는 '헤로데들'이 있었습니다. 감히 나는 경제, 정치, 사회생활의 책임자들과 선한 의지를 가진 모든 사람에게 청하고자 합니다. 창조물이나 자연에 새겨진 하느님의 계획, 그리고 환경의 '수호자'가 됩시다. 이 세상의 발전을 유지하기 위해 파괴와 죽음이 예상되는 그 어떤 조짐도 허락하지 맙시다."

프란치스코 교황은 "진정한 권위는 섬김 그 자체"라면서 "교황이 지닌 권력도 십자가 위에서 가장 찬란하게 빛나는 섬김을 위해 더욱더 충실해야 한다."고 말했다. 교황은 성 요셉이 보여 준 섬김의 자세에서 많은 영감을 얻는다면서 "저도 요셉 성인처럼 팔을 벌려 하느님의 모든 백성을 보호하고, 모든 인류를, 특히 가장 가난하고, 가장 힘없고, 가장 보잘것없는 이들을 부드러운 사랑으로 끌어안으려 합니다."라고 말했다.

프란치스코 교황이 보여 준 모습은 초대 그리스도교인들이 로마의 박해를 피해 숨어들었던 지하 묘지 카타콤 벽에 그렸던 턱수염 없는 젊은 양치기 모습의 예수를 닮았다. 이처럼 친밀한 모습은 콘스탄티누스 황제가 그리스도교를 제국의 종교로 받아들였던 4세기 이후 턱수염을 기르고 준엄한 표정을 지으며 복종을 요구하는 것처럼 보였던 예수의 '군주적' 초상화와는 무척 다른 모습이다.

복음서에서 발견할 수 있는 예수는 세속적인 권력과 부를 거부한 민중의 한 사람이었다. 그러나 시대가 거듭되며 예수 그리스도가 군주의 모습으로 덧칠되고, 예수 그리스도의 대리자로 불리던 교황의 모습 역시 황제의 모습과 겹쳐서 나타났다. 덧붙여 콘스탄티누스 황제의 궁정 주교였던 에우세비우스는 "하나의 하느님, 하나의 로고스, 하나의 황제, 하나의 제국"을 표방하며 "하느님이 한 분이듯이, 하나의 제국 안에서 황제 역시 하나"라고 전했다. 이 문법이 그대로 교회 안에 유입되어 결국 하느님이 한 분이듯이, 제국 안에서 교황 역시 하나인 신권(神權)을 지닌다는 뜻으로 해석되었다. 그래서 교황직은 언제나 통치권으로 해석되었고, 마찬가지로 주교직 역시 교구 안의 통치권을 행사하는 자리로 인식되었다. 이후 교회 안의 직무는 권력의 자리가 되었고 1962년에 개막된 제2차 바티칸 공의회에 와서야 비로소 "교회 직무는 권력이 아니라 봉사"임을 분명히 천명했다.

제2차 바티칸 공의회(1962~1965)는 요한 23세 교황이 시작하고 바오로 6세 교황이 계승한 것인데, 교리 논쟁을 다루기보다 교회의 현대화를 꾀한 개혁적 공의회였다. 공의회는 "나그넷길에 있는 교회는 교회 자체로서나, 인간적이며 현세적인 제도로서나, 언제나 필요한 이 혁신을 계속하도록 그리스도께 부르심을 받고 있다."고 했다. 또한 교회는 "역사의 저편에 있는 게 아니라, 역사 안에 자리 잡은 '지상의 교회'"라고 말함으로써 시대의 징표를 읽고 예언직을 수행해야 한다고 강조했다. 그리고 교계 제도를 강조하던 이전 교회에서 벗어나 교회를 평신도, 수도자, 사제, 주교, 교황을 포함한 '하느님의 백성'으로 규정하면서 교회의 '봉건성'을 탈피하려고 시도했다.

이처럼 제2차 바티칸 공의회가 교회를 '권력 구조이기 전에 하느님 백성'이라고 선포하면서 교회 전통 안에서 생소한 '교회의 민주화'라는 말이 나오게 되었다. 교회의 수직적 차원보다 수평적 차원이 강조되기 시작한 것이다.

그러나 이러한 흐름은 요한 바오로 2세 교황의 등장 이후 단두대 위에 오른 듯 위태로위졌다. 그 많은 넉성에도 불구하고 요한 바오로 2세 교황은 교황 중심주의를 강화하고, 세속화에 대한 염려 때문에 교회 안에 퍼지기 시작한 자유주의적 성향을 단속했다. 교황의 숱한 해외 순방 과정에서 평신도 대중은 교황을 열렬히 사랑했지만, 교황은 대중의 복음을 이해하는 신앙 감각을 '사실상' 믿지 않았다.

요한 바오로 2세 교황과 베네딕토 16세 교황으로 이어진 가톨릭교회는 정의평화운동과 환경운동 등 사회적으로 의미 있는 진보를 이루었지만, 요한 23세 교황이 가까스로 열어 놓은 교회의 창문을 도로 닫고 교회 쇄신 노력에 빗장을 거는 것처럼 보였다. 그 후 '사회적으로는 진보이지만 종교적으로는 보수'라는 어색한 교회 분위기가 지난 30년 동안 이어져 왔다. 한국 교회 역시 그 영향이 커서, 사회문제에 과감하게 예언자적 발언을 하는 진보적인 사제들도 교회의 권위주의와 비리에 대해서는 속내를 잘 드러내지 않는다. 이런 의미에서 교회는 현재 자기분열증을 앓고 있다.

프란치스코 교황은 교황청을 비롯한 교회 개혁을 '복음화' 과정에서 이루겠다고 공언하고, 스스로 겸손한 자리에서 '가난한 이들에 대한 우선적 선택'을 몸으로 재확인시키고 있다. 그렇다면 프란치스코 교황은 바오로 6세 교황이 자신의 영대를 걸어 준 사람, 교황좌에 오른 지 33일 만에 안타깝게 선종한 요한 바오로 1세 교황(재위: 1978년 8월 26일~1978년 9월 28일)을 '사실상' 계승하고 있는 것이 아닐까?

바티칸 공의회 정신, 요한 바오로 1세에서 프란치스코 교황에게로

프란치스코 교황이 새삼 연상시키는 요한 바오로 1세 교황은 베네치아 교구장이었던 알비노 루치아니(Albino Luciani) 추기경이었다. 그는 1978년 콘클라베의 네 번째 투표에서 교황으로 선출되었다. 루치아니 추기경은 교회 역사상 처음으로 '요한 바오로'라는 이름을 선택했다. 요한 23세와 바오로 6세의 유지를 계승하겠다는 의지의 표현이었다.

이탈리아 사람들에게서 '미소 교황(Il Papa del Sorriso)'으로, '하느님의 미소(Il Sorriso di Dio)'로 불리며 사랑받았던 요한 바오로 1세 교황은 "제2차 바티칸 공의회의 정신을 이어 가겠다."는 의지를 수시로 밝혔다. 그는 교황 선출 다음 날인 8월 27일에 행한 '희망의 서광이 누리를 비춥니다'라는 제목의 첫 라디오 메시지에서 "본인의 프로그램은 요한 23세의 크신 마음으로 다져진 노선에 따라 바오로 6세의 프로그램을 그대로 계속하는 것"이라고 말했다.

"나는 제2차 바티칸 공의회의 유산을 수행하는 일을 계속할 셈입니다. 공의회의 슬기로운 규범들은 마땅히 준수되어야 하며 실천되어야 하겠습니다. 거기에 대한 노력이 관대하게 일고 있지만 아직은 결과를 예측할 수 없는 것이기 때문에, 그 내용과 의미가 왜곡되지 않도록 해야 합니다. 또한 주저함이나 두려움이 쇄신의 추진력을 무산시키지 않도록 해야 합니다." —교황 요한 바오로 1세 연설집《희망의 서광이 누리를 비춥니다》, 성바오로출판사, 1979

이어 요한 바오로 1세 교황은 〈교회 헌장(Lumen gentium)〉 9항을 빌어 "유혹과 고통 사이를 걷고 있는 교회는 주님께서 약속하신 하느님의 은총으로 힘을 얻어 인간의 나약함 속에서도 완전한 충성을 잃지 않고 주님의 어엿한 신부(新婦)로 머물러 있으며, 성령의 인도를 받아 끊임없이 자신을 쇄신함으로써 마침내 십자가를 통해 꺼질 줄 모르는 빛에 도달할 것입니다."라고 말했다. 요한 바오로 1세 교황은 특히 바오로 6세 교황을 "예언자다운 행동 양식과 잊을 수 없는 교황직 수행으로 위대하고 겸허한 인간의 놀라운 위치를 간직했다."고 평가하면서, 자신은 요한 23세 교황처럼 교회 일치를 위한 일이라면 '교리를 이완시키는 일 없이, 그러나 주저치 않고' 즉각적인 관심을 기울일 생각이라고 밝혔다.

알비노 루치아니 추기경은 1912년 10월 17일 이탈리아 북부 베네토 주의 벨루노에 있는 포르노디카날레(지금의 카날레다고르도)에서 태어났는데, 벽돌공 조반니 루치아니의 아들이었다. 그처럼 가난한 소작농 출신이었던 요한 23세 교황이 벨루노의 신학 교수였던 그를 주교로 승품했다. 그가 선택한 사목 표어는 '겸손(Humilitas)'이었다. 주교가 된 그는 제2차 바티칸 공의회의 모든 회기에 참석했다. 1969년에 바오로 6세 교황은 루치아니를 베네치아 총대주교로 지명했고, 1973년에는 산 마르코 성당의 사제급 추기경으로 서임했다.

1978년 8월 26일, 루치아니 추기경은 65세의 비교적 젊은 나이에 콘클라베에서 교황으로 선출되었다. 요한 바오로 1세 교황은 대관식에 앞서 몇 가지 중요한 인간적인 결정을 내렸다. 그는 자신의 연설을 담은 공식 문서를 통해, 교황 스스로 '짐(朕)'이라고 부르던 관례를 깨고 '나'라고 지칭한 최초의 교황이었다. 봉건 시대의 유물인 권위적인 호칭을 버리기 시작한 것이다. 또한 교황 전용 가마인 '세디아 게스타토리아(Sedia gestatoria)'의 사용을 거절했지만, 신자들이 교황의 모습을 볼 수 없다는 관료들의 권유로 가마를 타고 행진한 후 걸어서 교황좌로 올라갔다.

교황은 여섯 시간 동안 화려하고 장엄하게 베풀어지는 교황 대관식마저 거부한 최초의 교황이었다. 교황은 대관식을 간단한 양식의 '교황 즉위 미사'로 바꾸었다. 그리고 교황 대관식 때 머리에 쓰던 삼층관(Papal Tiara, 교황관)도 '종들의 종'인 교황이 쓰기에 너무 무겁다는 이유로 거절했다.

요한 바오로 1세 교황은 "하느님은 어머니이시면서 아버지이시다. 하지만 하느님은 아버지이시기보다는 어머니이시다."라고 발언했는데, 이는 교회법처럼 엄격한 아버지[군주]의 모습보다는 백성을 돌보는 어머니처럼 '착한 목자'가 되기로 작심했던 요한 23세 교황의 성정을 닮았기 때문이다. 1979년에 출간된 교황의 연설집《희망의 서광이 누리를 비춥니다》에는 착좌 후 선종하기까지 한 달 남짓한 기간에 쓴 19편의 연설문이 실려 있는데, 그동안 교황들이 사용해 오던 외교 문서 같은 투의 글은 없다. 이러한 친밀한 말투도 프란치스코 교황과 비슷하다. 요한 바오로 1세 교황은 예화를 들며 다정하게 무르팍 앞에 놓인 자녀들에게 이야기를 들려주듯이 말을 건넨다. 9월 3일 발표한 삼종기도 담화는 "강도도 제 나름대로 신심이 있다."는 말을 인용하며 "교황인 나도 조금은 신심이 있습니다."라고 겸손하게 운을 떼고 있다. 그는 대그레고리오 성인이 남긴《사목규범》을 인용하며 말을 이어 간다.

"나는 여태까지 착한 목자란 이런 사람이라고 묘사했지만 나 자신은 그렇지가 못합니다. 사람이 도달해야 할 완덕의 피안을 보여 주었지만, 나 자신은 아직도 결점과 과오의 파도에 까불리고 있습니다. 그러니 제발 제가 빠져 죽지 않게 기도로 구원의 판자 조각을 제게 던져 주십시오."

한편 자신은 베드로의 교황좌를 차지하고 있지만 그것은 "다스리기 위해서가 아니라 섬기기 위해서"라고 말했다. 9월 20일 일반 알현 때에는 "교회는 인간다운 세상을 만들어야 한다."고 강조했다.

"〈민족들의 발전 촉진에 관한 회칙〉이 나왔을 때 저는 감동했고 열성이 솟구쳤습니다. 자유, 정의, 평화, 발전 등 중대 문제의 해결을 촉진하고 대안을 제기하는 데는 교회 교도권이 아무리 강조해도 부족하다는 것이 제 생각입니다. 가톨릭 신자들이 이 문제를 해결하는 데 아무리 노력해도 부족하다고 봅니다."

이런 교황이 착좌 33일 만인 1978년 9월 28일 밤, 어느 청년의 살인 사건을 듣고 어두운 세태를 탄식하며 침소에 들었다가 이승을 빠져나갔다. 당시 바티칸 당국은 65세의 교황이 심근경색에 의한 심장 발작으로 갑작스럽게 선종했을 가능성이 크다고 발표했다. 교황의 죽음에 대한 억측이 난무하며, 당시 독일의 시사주간지 〈슈피겔〉은 교황이 마피아의 돈세탁 경로로 이용되던 바티칸은행에 대한 내사를 지시한 가운데 교황청 내 마피아에 의해 암살되었다는 추정 보도를 했으나 확인된 바는 없다.

요한 바오로 1세 교황이 갑자기 선종하면서, 제2차 바티칸 공의회 정신을 계승하려던 행진은 주춤거리기 시작했다. 그러나 지난 30년 동안 주춤거렸던 발걸음은 긴 역사에서 볼 때 '일시 정지'에 지나지 않는다. 베네딕토 16세 교황은 2012년 제2차 바티칸 공의회 개막 50주년을 맞으면서 '신앙의 해'를 선포했다. 교황이 말한 신앙의 해는 '신앙 쇄신'을 요구하는 것이었다. 세계교회는 믿음의 내용인 '신조'에 대해 숙고하기 시작했고,《제2차 바티칸 공의회 문헌》과 《가톨릭교회 교리서》를 다시 살피기 시작했다. 한국 교회는 특별히 최근 사회교리 주간을 선포하며 '사회교리'에 관심을 보이기 시작했다. "기쁨과 희망, 슬픔과 고뇌, 현대인들 특히 가난하고 고통받는 모든 사람의 그것은 바로 그리스도 제자들의 기쁨과 희망이며 슬픔과 고뇌"라는 〈사목헌장〉 1항의 내용을 읊조리기 시작했다.

가톨릭교회는 이처럼 '희망의 서광이 누리를 비추는' 상황이지만, 교회 내부의 사정은 성직자들의 아동 성추행 문제와 바티칸 은행의 비리와 교황청 내부의 권력 투쟁 등으로 '결정적이며 근본적인' 쇄신을 요청받고 있다. 바로 이때 교황이 된 이가 프란치스코 교황이다. 이 교황이 라틴아메리카 출신인지 이탈리아 출신인지 따지는 것은 무익하다. 다만 제2차 바티칸 공의회에서 시작된 변화의 바람이 프란치스코 교황을 통해 업데이트된 버전으로 다시 실행되기를 바랄 뿐이다.

가난의 사람 평화의 사람, 프란치스코

새 교황, '프란치스코'를 이름으로 선택하다

2013년 3월 13일 오후 6시 45분, 성 베드로 광장에서 군중은 비를 맞으며 서 있었다. 같은 시각 시스티나 성당과 연결되어 있는 살라 레지아 홀에서 박수 소리가 터져 나왔다. 아르헨티나의 호르헤 마리오 베르골료 추기경이 교황 선출 정족수인 선거인 3분의 2에 해당하는 77표를 얻었기 때문이다. 개표는 계속되어 베르골료 추기경이 90여 표를 받으며 끝났다.

이제 교황 당선자에게 선거 결과에 대한 수락 여부를 물어야 했다. 그 일은 선거인 추기경 가운데 가장 서열이 높은 조반니 바티스타 추기경에게 맡겨졌다. "교황직을 수락하시겠습니까?" 하는 질문에 베르골료 추기경은 수락을 표시했다. 이어지는 질문은 "어떤 이름으로 불리기를 원합니까?"였다. "프란치스코." 아시시의 성인 프란치스코였다.

3월 16일 교황이 기자들에게 밝힌 바에 따르면, 선거를 하는 동안 베르골료 추기경은 성직자성 명예장관이며 브라질 상파울루 교구의 명예대주교인 클라우디오 후메스 추기경 옆에 앉아 있었다고 한다. 개표가 진행되는 동안 "좋은 친구, 좋은 친구야!" 하며 베르골료를 격려하던 후메스 추기경은 새 교황으로 베르골료 추기경이 확실시되자, "가난한 사람들을 잊지 마십시오." 하고 말을 건넸다. 베르골료 추기경은 그 순간 후메스 추기경의 말이 강렬하게 다가왔고, 곧바로 '프란치스코'를 떠올렸다고 한다.

"개표가 완전히 끝날 때까지 나는 지난 세월의 여러 전쟁에 대해 생각했습니다. 나에게 있어서 프란치스코는 가난과 평화, 그리고 자연을 사랑하고 보호하는 대변인이었습니다. 오늘날 창조물 모두와 좋은 관계를 유지하고 있지 못합니다. 그렇습니다. 프란치스코는 가난의 사람, 평화의 사람, 피조물을 사랑하고 지키는 사람입니다. 지금 우리는 피조물과 그리 사이좋게 지내지 못하고 있지 않습니까? 이렇게 저는 가난한 교회, 가난한 사람들을 위한 교회를 원합니다."

눈물의 방에서 나왔을 때, 교황은 흰색 제의를 입고 있었지만 담비 모피로 테를 두른 모제타도 걸치지 않았고, 교황의 빨간 구두도 신지 않았고, 금제 가슴십자가도 걸치지 않았다. 그는 아르헨티나를 떠나올 때 친구들이 사 준 검정 구두를 신고, 은제 주교용 십자가를 그대로 목에 걸고 있었다. 성좌에도 앉지 않고 선 채로 추기경들의 순명서약을 받았다.

아시시의 성인 프란치스코, 그는 누구인가

프랑코 제피렐리 감독의 영화 〈형제인 해와 누이인 달〉(Brother Sun Sister Moon, 1971)을 보면, 프란치스코가 동료들과 수도회 인준을 받기 위해 로마로 간다. 붉고 화려한 옷을 입은 한 무리의 추기경과 주교들에 둘러싸인 채 높은 보좌에 앉아 있던 이노센트 3세 교황은 헤아릴 수 없이 많은 계단을 걸어 내려와 갈색 자루를 걸친 보잘것없는 프란치스코에게 다가와 묻는다. "프란치스코 형제, 내게 바라는 게 무엇입니까?" 이때 프란치스코는 "성하, 다름이 아니라, 그저 저희가 복음의 방식에 따라 살 수 있기를 바랍니다."라고 대답했다. 이 말에 교황은 무릎을 꿇고 가난한 수행자의 발에 입을 맞추면서 말한다. "프란치스코, 자네처럼 젊은 사내였을 적엔 나도 복음에 따라 살고 싶었다네. 하지만 그 뒤 식책과 위엄 속에 들어서고 나선 모든 게 딱딱하게 굳어 버렸지. 그러나

자네는 형제들과 함께 거룩한 복음의 방식에 따라 걸으며 살고 있군." 교황권이 중세기 최고조에 달하던 13세기에 이노센트 3세 교황은 걸인과 다를 바 없던 프란치스코에게 감화되었다. 이제 그 프란치스코를 모델로 삼는 교황이 등장했다.

부유한 상인의 아들로 태어나 아서 왕의 원탁의 기사처럼, 샤를마뉴 대제의 용사들처럼 살고 싶었던 아시시의 프란치스코 (Francis of Assisi, 1182~1226). 그는 아시시와 페루자 사이에서 벌어진 전투에 참가했다가 감옥에 갇힌 뒤, 고향에 돌아와 영적 체험을 하게 된다. 그것은 무너져 가던 성 다미아노 성당을 다시 세우라는 음성이었다. "프란치스코, 가서 폐허가 되어 가는 나의 집을 수리해 다오." 이 말을 듣고 프란치스코는 주저 없이 아버지의 상점에 돌아가 옷감 꾸러미를 내다 팔았다. 그 돈을 성 다미아노 성당의 늙은 사제에게 건네주고, 성당을 재건할 돌을 구하러 다시 아시시로 돌아가 허름한 옷을 입고 성당 지을 돌을 구걸하며 돌아다녔다. 이 한심한 행태에 분노한 아버지가 프란치스코를 창고에 가두기도 했지만 소용이 없었다. 결국 아버지는 아시시의 주교에게 프란치스코를 데려가 재판을 걸었다. 프란치스코가 가져간 옷감과 말을 자신에게 돌려주어야 한다는 것이었다. 이때 프란치스코는 생애의 가장 엄청난 말을 하게 된다.

"내 말을 들으시오! 지금 나는 하느님을 섬기기로 결심했고, 그래서 나는 아버지의 돈뿐 아니라 아버지에게서 받은 모든 옷도 돌려줍니다. 지금부터 나는 하늘에 계신 분을 아버지라고 부르며, 주님 앞에서 벌거벗은 채 걸을 수 있습니다!"

그러고 나서 입었던 옷을 벗어 아버지에게 건네주고 벌거벗었다. 프란치스코는 이제 복음을 문자 그대로 살기 시작했다. 현실에 타협하지 않는 모습에 사람들은 감명을 받고 모여들기 시작했다. 첫 번째 추종자 베르나르도가 하느님의 종이 되려면 무엇을 해야 하는지 묻자, 그는 복음서의 이 구절을 읽어 주었다.

"네가 완전한 사람이 되려거든, 가서 너의 재산을 팔아 가난한 이들에게 주어라. …… 그리고 와서 나를 따르라."
"길을 떠날 때에 아무것도 가져가지 마라. 지팡이도 여행 보따리도 빵도 돈도 여벌의 옷도 지니지 마라."
"누구든지 내 뒤를 따라오려면, 자신을 버리고 제 십자가를 지고 나를 따라야 한다."

프란치스코는 자비심을 갖고 나병 환자들과 함께 살면서 그들을 돌보고, 상처를 치유해 주고, 음식을 먹이고, 짓무른 손에 입을 맞추었다. 그는 자유롭게 하느님의 자비를 노래하기 시작했다. 프란치스코는 동료 형제들에게 개인으로나 공동으로나 어떤 종류의 재산이든 소유하지 못하게 했다. 그들은 노동을 하거나 구걸해서 살아야 했다. 그들은 돈을 가지거나 심지어 돈에 손을 대는 것조차 금지되었다. 이런 탁발승들은 속세를 떠나 수도원에 은둔하는 것이 아니라 떠돌아다니며 가난한 이들을 돕고 설교하면서 세상 속에서 살아가도록 되어 있었다.

지금은 성탄절이면 어느 성당에서도 볼 수 있지만 요셉과 마리아의 보호 아래 아기 예수가 말구유에 누워 있는 장식 역시 1223년 프란치스코 성인이 그레치오 교회 동굴 앞에 처음 만들면서 시작된 것이다. 이는 하느님의 아드님 예수가 가난하고 무력한 아기의 모습으로 세상에 오셨음을 생생하게 재연한 것이다. 이 구유를 통해 우리는 메시아가 가난한 이들 가운데 가난한 사람의 하나로 태어났다는 강생 신비를 되새긴다.

한편 프란치스코는 서로 다른 종교와 신념을 지닌 이들 사이에 화해와 일치를 가져다주는 평화의 사도이기도 했다. 프란치스코는 1219년 십자군 전쟁의 와중에 무슬림이었던 말렉크 알 카멜 술탄을 직접 만나 용감하게 화해를 청했다. 이 덕분에 이스라엘에 있는 그리스도교 성지를 이들 프란치스코의 작은 형제들이 지금까지 관리해 올 수 있었다. 또한 프란치스코 성인은 1980년에 요한 바오로 2세 교황이 환경과 생태계 보존을 위한 수호성인으로 선포한 분이기도 하다.

가난한 이를 위한 가난한 교회의 대주교

프란치스코 교황에게 맡겨진 사명은 어쩌면 자신이 "가난한 교회, 가난한 사람들을 위한 교회를 원한다."고 했듯이, 부유하고 세속화된 교회를 가난한 이들에게 되돌려 주는 일일 것이다.

교황의 이런 사목적 태도는 호사한 일부 고위 성직자들에게 경종을 울리고 있다. 대표적인 경우가 독일 림부르크 교구장인 프란츠 페터 테바르츠 판 엘스트 주교의 사직이다. 이 주교는 주교관을 무려 3,100만 유로(약 452억 원)를 들여 신축했다. 230만 유로를 들여 대리석 회랑을 만들고, 수입 방탄유리로 주교관 창문을 달았다. 욕조의 값은 1만 5,000유로나 된다. 가톨릭교회 안에서도 가장 부유한 독일 교회는 신자들의 종교세와 국가 보조금, 기부금으로 교구를 운영하고 있다. 정작 로마 가톨릭교회의 수장인 프란치스코 교황은 바티칸 궁이 아니라 성녀 마르타의 집에 거주하며, 침대도 손수 정리하고, 30년 된 중고차를 타고 다녔다. 교황은 "신부와 수녀들이 자동차 전시관에서 기웃거리는 광경을 보면 가슴이 아프다. 그런 관심을 굶주리는 가난한 사람들에게 쏟아야 한다."고 탄식한 바 있다. 미국 교회의 경우에도 2004년 당시 교황 요한 바오로 2세에 의해 애틀랜타 대주교에 임명된 윌튼 그레고리 대주교가 부유층이 모여 사는 벅헤드에 220만 달러(23억 원)를 들여 관저를 신축해 비난을 불러왔다. 결국 그레고리 대주교는 신자들의 제안에 따라 이 집을 팔고 옛 관저로 되돌아갈 계획으로 알려졌다.

'가난한 이를 위한 가난한 교회'의 이상은 사목자로서 프란치스코 교황에게 아주 새로운 실험은 아니었다. 대주교 시절부터 익숙한 행보였다. 1992년 5월 20일 요한 바오로 2세 교황은 아르헨티나 부에노스아이레스의 안토니오 콰라시오 추기경의 간청을 받아들여 예수회 영신 수련 전문가였던 호르헤 마리오 베르골료를 주교로 임명했다. 6월 27일 주교품을 받은 베르골료 주교의 모토는 '자비로이 부르시니(miserando atque eligendo)'였다. 베르골료는 플로레스 지역의 주교대리로 추기경을 보좌했고, 1993년에는 총대리로 임명되었다. 1997년 6월 3일에는 교구장 승계권을 가진 부교구장 주교로 임명되었고, 이듬해인 1998년에 콰라시노 추기경이 선종하면서 2월 28일 교구장에 취임했다. 베르골료가 대주교가 되었을 때, 부에노스아이레스는 신자 250만 명과 사제 2,800명, 남자 수도자 850명, 여자 수도자 2,000명, 본당 181개가 있는 거대 교구였다.

베르골료 대주교는 대통령 별장과 인접한 곳에 있는 올리보스의 대주교 공관을 사용하는 대신, 산 니콜라스 시내 마요 광장 가까이에 있는 대성당 주교관 2층에 있는 작은 아파트를 집무실 겸 침실로 정했다고 한다. 그는 비서에게 맡기지 않고 일정을 직접 수첩에 적어 가며 챙겼으며, 그의 침실에는 조부모인 로사와 후안이 남긴 십자가, 그리고 직원들이 퇴근하면 난방을 끄고 개인적으로 사용하는 전기 난로가 있었다. 물론 침대도 자신이 직접 정돈했다. 옆방에 있는 서재는 책과 문서로 즐비했는데, 그 문서 가운데는 사제 서품을 받기 전 '성령이 충만하던 시기에' 자신의 신앙을 적어 놓은 기도문도 있었다.

"하느님 아버지, 저를 아들과 같이 사랑해 주시는 것을 믿으며, 우리 주 예수님과 성령을 제게 일으키사 제가 미소 짓고 영원한 생명의 왕국으로 달려갈 수 있게 해 주실 것을 믿습니다. 제가 인생을 사는 동안 하느님께서 늘 사랑의 눈길로 저를 지켜봐 주셨고, 9월 21일 봄날 제가 당신을 따르도록 초대해 주시기 위해 이 세상에 오셨음을 믿습니다. 사실 저는 이기심으로 인해 메마른 고통 뒤에 숨으려고 했습니다. 편협한 제 마음으로 인해 주는 것 없이 받아 마시려고만 했습니다. 하지만 다른 모든 사람이 선함을 믿으며, 제 개인의 안위를 위해 이들을 배신하지 않고 두려움을 떨쳐 버리고 이 모든 사람을 사랑해야 함을 믿습니다. …… 제 어머니 마리아께서 저를 사랑하시고 저를 절대로 혼자 두지 않으시리라는 것을 믿습니다. 사랑과 활력, 배신과 죄를 현시하는 일상에서 경험하는 놀라움이 제가 아직은 알지 못하는 당신의 아름다운 얼굴을 보는 그 순간까지 계속되리라는 것을 믿으며, 당신을 알고 사랑하기를 원합니다. 아멘." —프란체스카 암브로게티 외,《교황 프란치스코》, RHK, 2013 재인용·

이 신앙 깊은 교황은 전용 요리사도 없이 직접 음식을 만들어 먹었다. 승용차나 택시를 타는 대신 주로 시내버스를 타거나 지하철 D선을 자주 이용했다. 특히 버스는 "거리 풍경을 볼 수 있어서" 즐겨 이용했다. 그리고 발목에 닿는 긴 수단을 입는 대신에, 베르골료 추기경은 항상 클러지 셔츠에 단순한 검정색 양복을 걸치고 다니며, 거리에서 신문을 보거나 대부분 가톨릭 신자인 시민들과 편안한 대화를 나누기도 했다. 사람들이 통상 대주교를 부를 때 붙이는 칭호인 '각하(Excellency)'를 사용하면 즉시 '호르헤 신부'로 불러 달라고 청했다.

그는 부에노스아이레스의 빈민가를 자주 방문했는데, 프란체스카 암브로게티 등과 나눈 인터뷰에 이런 이야기가 나와 있다. 한번은 바라카스에 있는 누에스트라 세뇨라 데 카아쿠페 교구에서 수백 명의 주민들과 대화를 나누던 중에 한 벽돌공이 일어나 감격에 겨운 목소리로 이렇게 말했다. "저는 추기경님이 자랑스럽습니다. 제가 동료들과 버스를 타고 이곳으로 오면서 보니, 추기경님께서 마치 주민의 한 사람인 것처럼 마지막 줄에 앉아 계셔서 구분이 어려웠습니다. 제가 저분이 추기경님이라고 동료들에게 말했지만 그들은 믿지 않았습니다." 암브로게티는 "그때부터 프란치스코 교황은 비천하고 고통스러운 삶을 사는 이들의 가슴 한 켠에 늘 자리 잡고 있다."고 전했다.

2001년 2월 21일 추기경으로 서임될 때에는 새 옷을 맞추어 입지 않고 선종한 콰라시노 추기경이 입던 옷을 제 몸에 맞춰 고쳐 입었다. 또한 로마에서 열리는 추기경 서임식에 참여하려는 아르헨티나 순례객들에게 여행을 중지하고 그 여행 경비를 가난한 이들을 돌보는 데 사용하도록 부탁했다.

2004년 부에노스아이레스의 어느 나이트클럽에 대형 화재가 발생해 175명이 죽고 수백 명이 부상을 입었을 때, 한밤중에 지체 없이 그곳으로 달려간 사람도 베르골료 추기경이었다. 아직 소방차도 응급 구호차도 도착하기 전이었다. 2009년 한국에서 용산 참사가 일어났을 때 아주 가까운 거리에 있는 천주교 서울대교구 명동 주교좌성당에서 어떤 주교도 달려오지 않은 것과 비교된다. 용산 참사 이후 355일 동안, 용산 남일당 앞에서 286일 동안 뜻있는 사제들이 매일 미사를 봉헌하는 동안, 2010년 1월 희생자들의 합동 장례식이 열리기 전까지 서울대교구 교구장인 정진석 추기경이 한 번도 용산 참사 현장을 방문하지 않은 것을 기억해 내는 것은 부끄러운 일이다. 베르골료 추기경은 화재 현장에서 고통을 호소하는 이들을 돌보고, 클럽 인가를 철저히 규제하지 않은 관련 당국을 강력히 비판했다.

베르골료 추기경은 가난한 이들에게 많은 관심을 쏟았는데, 특히 미혼모들과 그 아이들에게 깊은 애정을 보았다. 그는 법적으로 혼인하지 않은 부부에게서 태어난 아이에게 세례를 주지 않은 사제들에게 바리새파 사람들처럼 '성직자의 위선'에 빠졌다고 혹평했다. 그리고 "이런 사제들은 구원으로부터 하느님의 백성을 분리시키는 사람들"이라고 말했다.

소통하고 봉사하기 위해 선택된 교황

베르골료 추기경은 일상을 통해 소통하는 주교의 모범이 되기도 했다. 그는 인터넷과 소셜 미디어를 라틴아메리카 주교들 가운데 제일 먼저 활용했다. 그리고 필요할 때마다 직접 전화할 수 있도록 교구의 모든 신부에게 자신의 휴대전화 번호를 알려 주었다고 한다.

"베르골료 추기경은 4시 30분에서 5시 사이에 어김없이 일어나셔서 아침기도를 하십니다. 가볍게 아침을 드신 후 7시경에 신문을 읽으십니다. 그리고 8시까지 전화 받을 준비를 하십니다. 도시에 사는 모든 신부는 그의 번호를 알고 있으며, 7시부터 8시까지 누구든지 그에게 전화를 걸어도 된다는 것을 알고 있습니다. 추기경 자신이 직접 전화를 받으십니다. 특정한 비서, 성직자 보좌관을 거치는 것이 아니라, 베르골료 대주교가 직접 전화를 받으십니다. 그때 그들의 불만과 요구 사항 등을 경청하고, 작은 수첩에 깨알같이 메모를 하십니다. 그러고 나서 몇 발짝 떨어져 있는 그의 사무실로 내려오십니다." ─ 1998년부터 2006년까지 베르골료 추기경의 대변인이었던 기예르모 마르코 신부가 〈엔비시 라티노(NBC Latino)〉에 기고한 글, 매튜 번슨, 《교황 프란치스코 그는 누구인가》

한편 랍비 스코르카와의 대담집 《천국과 지상》(율리시즈, 2013)에는 베르골료 추기경이 사람을 어떻게 대하는지 잘 알 수 있는 대목이 있다. 사람들이 고해성사를 할 때면 추기경은 "기부를 했나요?" 하고 묻는다. 사람들은 대부분 했다고 대답한다. 그러면 기부를 받는 사람들과 눈을 마주쳤냐고 다시 묻는다. 이때에 대다수가 "잘 모르겠습니다." 하고 대답하는데, 그러면 다시 묻는다. "길에서 구걸하거나 기부를 받는 사람들의 손을 잡아 본 적이 있나요?" 그러면 거의 모두가 얼굴이 붉어진 채 아무런 대답을 하지 못한다는 것이다. 이처럼 베르골료 추기경은 신앙인이 예수와 인격적인 만남을 통해 우정을 맺어야 하듯이, 사람들과 만날 때도 인격적인 만남이 필요하다고 말했다.

이 대담집에서 라틴아메리카 랍비 신학교의 학자이기도 한 아브라함 스코르카는 "문제는 어떤 사람이 막대한 힘을 가졌을 때에도 여전히 진실하고 겸손할까 하는 것입니다."라고 말하면서 '권력'에 대해 문제를 제기했다. 그러자 베르골료 추기경은 "자격 미달인 사람이 권력 나부랭이를 갖는다면, 그 밑에 있는 사람들은 정말로 불쌍해진다." 면서, 자신의 아버지가 해 준 이야기를 소개했다. "위로 올라갈 때 언제나 사람들에게 인사해라. 네가 내려갈 때 그 사람들과 마주치게 될 테니. 그리고 네 자신을 너무 높게 생각하지 마라." 이어서 베르골료 추기경은 하느님이 원하시지 않는 '일시적인 권력'을 종교 지도자들이 제 앞에 내세우는 것은 위험하다고 지적했다.

"가톨릭교회에서 일어난 한 가지 좋은 일은 교황령(1870년까지 교황이 지배한 중부 이탈리아 지역)이 없어졌다는 사실입니다. 교황이 보유할 수 있는 땅이라고는 3분의 1 제곱마일 정도 공간뿐이니 말입니다. 그러나 교황이 세속의 왕이자 종교의 왕이었을 때는 왕족의 음모와 책략에 뒤엉켜 있었습니다. 지금은 안 그러냐고요? 아니요. 지금도 여전히 그렇습니다. 가톨릭교회의 사람에게도 욕망이라는 게 있고, 슬프게도 출세 제일주의가 판을 치고 있으니까요. 우리는 인간이고, 스스로를 유혹합니다. …… 가톨릭교회 안에 과거에도 존재했고 지금도 존재하는 권력의 순환은 인간적 상황에 따른 결과입니다. 하지만 어느 시점에 가면, 봉사하기 위해 선택된 자가 아닌, 원하는 대로 살겠노라고 마음먹은 자가 되어 버립니다. 성격적인 결함이 원래의 의도를 더럽히고 마는 것입니다." ─《천국과 지상》 204쪽 참조

프란치스코 교황은 '아시시의 프란치스코처럼' 길 떠나는 교

회를 주문하고 있다. "우리는 모두 자신의 안위를 떠나 용기를 갖고 복음의 빛이 필요한 모든 '변방'으로 가라는 부르심을 따르도록 요청받고 있습니다." 자신이 첫 교황 권고 〈복음의 기쁨(Evangelii Gaudium)〉에서 분명한 어조로 말하고 있지만, '변방'으로 떠나라는 요청은 추기경 시절부터 교황이 줄곧 해 오던 말이다. 그는 "스승을 충실하게 본받으려는 교회는 오늘날 세상에 나아가 모든 이에게, 모든 장소에서, 온갖 기회에, 주저하거나 망설이지 말고 두려움 없이, 복음을 선포하는 것이 매우 중요하다."고 거듭 말하고 있다. 교황은 "은총보다는 법을, 그리스도보다는 교회를, 그리고 하느님 말씀보다는 교황에 대해 더 많은 말을 하는 것"을 경계한다. 오히려 교회의 문을 활짝 열어 놓고 길을 떠나라고 촉구한다. 그렇다고 무작정 걷는 게 아니라, "걸음을 늦추어 다른 이들을 바라보고 그들의 말을 귀담아 들어야 한다."고 권고한다. 또한 "다급한 일들을 멈추고 길가에 남겨진 이들과 함께 동행하는 게 더 좋다."고 말한다.

프란치스코 교황에게 교회란 "방탕한 아들이 돌아오기를 기다리는 아버지의 집"이다. 그래서 교황은 교회가 "은총의 촉진자가 아니라 은총의 세리처럼 행동하는 것"을 지적하며 "교회는 세관이 아닙니다. 교회는 저마다 어려움을 안고 찾아오는 모든 이를 위한 자리가 마련되어 있는 아버지의 집"이라고 다시 강조한다. 교회는 모든 이에게 가 닿아야 하는데, 그중에서 "친구와 부유한 이웃이 아니라, 그 누구보다도 가난한 이들과 병든 이들, 자주 멸시당하고 무시당하는 이들, 우리에게 보답할 수 없는 이들에게 먼저 다가가야 한다."면서, "이 분명한 메시지를 약화시키는 어떠한 의심이나 변명도 있어서는 안 된다."고 말했다.

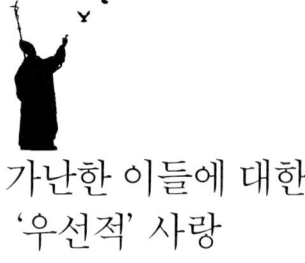

가난한 이들에 대한 '우선적' 사랑

이웃의 고통에 무관심한 세태를 슬퍼하다

프란치스코 교황은 착좌 이후 첫 방문지로 이탈리아 최남단 람페두사 섬을 선택했다. 그는 2013년 7월 8일 람페두사를 방문해 불법 이민자 수용소에서 미사를 집전하면서 강론을 통해 이민자들에 대한 국제적 무관심을 비판하고 양심의 각성과 형제애를 촉구했다. 람페두사는 튀니지로부터 불과 120㎞ 거리에 있어 유럽으로 가려는 아프리카 이민자들이 몰려드는 곳이다. 유엔 난민기구에 따르면 그해 상반기에만 8,400여 명의 이민자가 이 섬으로 피신했고, 교황이 방문한 당일에도 166명의 불법 이민자들이 배를 타고 이 섬으로 밀항해 왔다고 한다. 이민자들이 대개 구명조

끼 등 기본적인 안전 장비도 없이 식량과 물 부족에 시달리며 정원을 넘어선 배를 타고 밀항을 시도하는 만큼 사고의 위험이 높다. 2012년 9월에는 튀니지 이민자 136명이 타고 가던 배가 람페두사 섬 인근에서 전복되어 50여 명만 구조되고 나머지는 모두 죽음을 맞이했다.

프란치스코 교황은 "이주자들이 바다에서 죽어 가고 있다. 희망의 배가 죽음의 배가 되고 있다."며 이주민들이 빈번히 겪는 비극을 알고 나서 "줄곧 심장이 가시로 찔리는 듯 고통스러웠다."고 고백했다. 이 때문에 교황은 "이곳에 와서 기도하고, 내가 여러분과 함께하고 있다는 징표를 보여 주고 싶었다."고 전하며 "이런 비극이 반복되지 않도록 우리 양심에 도전하고 싶었다."고 말했다. 강론에 앞서 교황은 람페두사와 리노사의 주민들, 여러 연대 단체의 봉사자들과 안전요원 등 "더 나은 미래를 향해 항해하는 이주민들을 지속적으로 돕고 있는 모든 이"를 격려하며 "여러분은 소수입니다만, 연대의 본보기를 보여 주고 있다."며 격려했다.

한편 교황은 이 자리에서 '무관심의 세계화'를 강력하게 비판하며 "우리 현대인들은 이웃 형제자매들에 대한 책임감을 상실했다."고 한탄했다. "예수님께서 착한 사마리아인 이야기에서 언급하신 사제와 레위인의 위선에 빠져 버렸다."는 것이다. 교황은 우리가 만약 길가에 쓰러져 죽어 가는 형제를 보면 아마도 "가련한 영혼이여!" 하고 말하며 그냥 가던 길을 가 버릴 것이라고 염려했다.

"안락을 추구하는 문화는 오직 우리 자신만 생각하도록 합니다. 우리로 하여금 이웃의 고통에 무감각하게 만들고, 사랑스럽지만 허상 가득한 비누 거품 속에 살도록 합니다. 그것들은 이웃에게 무관심하게 만드는 덧없고 공허한 망상에 빠져들게 합니다. 참으로 '무관심의 세계화'로 이끄는 것입니다."

교황은 "나한테는 별 영향이 없잖아, 나하고 무슨 상관이람, 그건 내 일이 아니야."라고 말하며 이웃의 고통에 익숙해진 현대인의 모습을 지적하며, "무관심의 세계화는 우리 모두를 무책임한 '익명의 사람들'로 만든다."고 말했다. 여기서 교황은 하느님께서 "아담아, 너 어디 있느냐?" "네 아우는 어디 있느냐?" 하신 〈창세기〉의 질문을 상기시키고 "이 질문은 이 시대의 모든 이에게, 우리 한 사람 한 사람에게 던지시는 질문"이라면서, "이들을 위해 누가 울어 줄 것인가?"라고 세 번씩이나 물었다.

"여기 형제자매들의 죽음에 누가 애통해하고 있습니까? 이 (죽음의) 배를 탄 사람들을 위해 누가 울고 있습니까? 어린 것들을 안고 있는 이 젊은 엄마들을 위해, 가족을 위해 일자리를 찾아 나선 이 남자들을 위해 누가? 우리는 어떻게 울어야 할지를, 어떻게 연민을 경험해야 할지를 잊었습니다. 이웃과 함께하는 '고통' 말입니다. 무관심의 세계화가 우리에게서 슬퍼하는 능력을 제거해 버렸습니다!"

교황은 지금도 계속되는 "우리 자신만의 안락을 보호하기 위해" 헤로데가 뿌린 죽음의 문화를 지적하며, "우리 가슴속에 숨어 있는 헤로데를 없애 주십사 주님께 청하자."고 제안했다. 이는 슬픔의 능력을 잃어버린 인류에게 던지는 도전이다. 교황은 "우리의 무관심을 슬퍼하고, 세상과 우리 마음의 야만성을 슬퍼하며, 또한 지금과 같은 비극적 상황을 초래하는 사회경제적 결정들을 용납하는 익명성의 야만에 슬퍼하는 은총을 주십사 주님께 청합시다.", "누가 울고 있습니까? 오늘 이 시간 이 세상에서 누가 울고 있습니까?" 하고 말하며 다급하게 요청되는 '형제애'를 호소했다.

이민자 가정에서 태어난 교황

프란치스코 교황 자신이 '불법' 이민자는 아니었지만 이탈리아에서 아르헨티나로 이주한 이민자 가정에서 태어난 것은 사실이다. 교황의 조부모는 이탈리아에서 식료품 가게를 운영하며 그럭

저럭 살 수 있는 중산층이었으나, 할머니인 로사 마르게리타는 성당 강론대에 올라가 독재자 무솔리니를 비판할 만큼 반골 기질이 있는 여성으로 파시즘의 등장에 염증을 느꼈다고 한다. 마침 형제들이 당시 유행처럼 아르헨티나에 건너가 자리를 잡자, 교황의 조부모도 다른 가족들과 합류하기 위해 아르헨티나로 떠났다. 1929년 1월, 더 나은 삶을 위해 대서양을 건너 아르헨티나 부에노스아이레스 항구에 도착한 이탈리아 사람들 가운데는 24세의 마리오 주세페 프란치스코도 있었다. 그는 1935년 이탈리아 피에몬테 출신 어머니에게서 태어난 레지나 마리아 시보리와 결혼했다. 이듬해인 1936년 12월 17일, 호르헤 마리오 베르골료(프란치스코 교황)가 태어났다.

어린 호르헤 마리오는 아르헨티나 공용어인 스페인어와 함께 어머니처럼 이탈리아 피에몬테 말을 사용했다. 그는 어린 시절 노래로 부르던 '라사 노스트라나(Rassa nostrana)'라는 시를 지금도 외우고 있다. 이탈리아 출신의 시인 니노 코스타(Nino Costa)가 지은 이 시는 이민자들의 고된 삶과 운명을 잘 표현해 주고 있다.

"하여 한 절기 손실로 망치고
노동으로 상하거나
발병하는 것보다 더 힘거운 것은,
낯선 타향의 성당 뒤뜰

차가운 묘지로 이름도 없이
사라지는 것이리니."

호르헤 마리오는 초등학교를 마치고 13세에 중학교에 들어가면서 아버지가 회계를 봐 주던 양말 공장에서 일을 시작했다. 처음 2년 동안은 청소만 도맡아 했고, 다음 해에는 사무 보조원으로 일했다. 17세에는 제약 회사에서 일하며 식품화학을 배우는 공업학교에 진학했다. 호르헤 마리오는 아침 7시부터 오후 1시까지 공장에서 일하고, 오후에는 밤 8시까지 학교에서 공부했다. 그는 제약 회사에 다닐 때 상사였던 파라과이 여성 에스테르 발레스트리노 데 카레아가리를 무척 좋아했다고 훗날 어느 인터뷰에서 이야기한 적이 있다. 그녀는 공산주의자였는데, 독재 정권 말기에 그녀의 딸과 사위가 납치되었고, 그녀 역시 얼마 후 실종되었다. 나중에 밝혀진 바에 따르면, 그녀는 앨리스 도몽과 레오니 두켓이라는 두 프랑스 수녀와 함께 납치되어 살해당했다. 이들의 시신은 산타크루스교회에 안치되어 있다.

한편 프란치스코 교황은 지금도 열광적인 축구팬인데, 학창 시절부터 아르헨티나의 여느 아이들처럼 축구를 좋아해 부에노스아이레스의 '산 로렌조 데 알마그로'의 열렬한 응원자가 되었다. 이 팀의 이름은 가난한 동네 아이들을 폭력과 갱으로부터 보호하려고 축구팀을 만든 어느 본당 사제의 이름을 딴 것이다. 교황은 아직까지 이 축구팀의 회원으로 '까마귀'라는 닉네임으로 활동하면서, '88235N'이라는 회원권 번호까지 갖고 있다고 한다.

당시 호르헤 마리오의 아버지 마리오 주세페 프란치스코는 철도 회사의 경리로 일하며 생계를 책임지고 있었다. 교황은 당시 아버지가 일요일에도 오후에는 큰 장부들을 거실 탁자에 펼쳐 놓고 일하는 모습을 볼 수 있었다. 그때 아버지는 집이 떠나갈 정도로 크게 이탈리아 음악 LP판을 틀어 놓곤 했다.

프란치스코 교황이 특별히 '가난한 사람들', 그리고 이민자들처럼 어떤 이유에서든 자기 땅에서 떠나야 했던 이들, 난민들과 장애인과 노인과 어린아이들, 노동자와 농민들에 대한 특별한 관심을 호소해 온 것은 그의 가족에 대한 사랑에서 나왔다고 보아도 좋다. 호르헤 마리오가 1958년 예수회에 입회했을 때 제일 기뻐한 것은 할머니였다. 마르게리타 할머니가 "수의에는 호주머니가 없다."고 한 말을 교황은 지금도 기억하고 있다. 또한 교황으로 선출된 이후에도 할머니의 친필 유언장이 책갈피에 꽂혀 있는 《성무일도》를 사용하고 있는데, 그 내용은 지금도 교황에게 영향을 끼치고 있다고 전한다.

"내 마음에 있는 좋은 것을
모두 다 줘도 아깝지 않은 내 손자들이
부디 오래오래 행복하게 살게 해 주소서.

그리고 행여 언젠가
내 손자들이 고통과 질병으로,
혹은 사랑하는 사람을 잃어 아파한다면,
이것을 기억하게 하소서.
십자가 발치에 계신 성모님께서는
가장 고결하신 주님의 감실을 보며 탄식하고 계신다는 것을.
그리고 이것은 너무도 아픈 상처에
한 방울 향유를 바르는 것과 같다는 것을."

움막에 살든, 생존을 위해 난민 보트를 타고 지중해를 건너든, 누구에게나 교황처럼 다정한 가족이 있을 것이다. 교황이 보기에 '가난'은 일차적으로 '가족'을 해체하고 불안으로 몰아 넣는 죄악이었다. 교회가 '주님'으로 고백하는 예수 자신이 가난한 이들 가운데 하나였다. 루카 복음서에 따르면, 그의 부모는 고향인 나자렛을 떠나 베들레헴으로 가던 중 객지에서 예수를 낳았다. 마태오 복음에 따르면, 한 가족인 요셉과 마리아 부부는 아기를 낳자마자 국가권력인 헤로데의 박해를 피해 이집트로 피난 가야 했다. 그런 이민자 가정에서 예수가 태어난 것이다. 프란치스코 교황은 〈복음의 기쁨〉에서 '가난' 또는 '가난한 이들'에 대해 많은 지면을 할애하고 있다. 그는 "가난한 사람이 되시어 언제나 가난한 이들과 버림받은 이들 곁에 계신 그리스도에 대한 우리의 믿음은 사회에서 가장 방치된 이들의 온전한 발전에 대한 우리 관심의 바탕이 된다."고 전했다.

교황은 모든 그리스도인과 공동체가 "가난한 이들의 해방과 진보를 위한 도구가 되라."는 부르심을 받고 있다고 말한다. 교황은 해방신학의 출발점이 되는 구약성서 〈탈출기〉의 유명한 구절을 인용함으로써 말을 시작한다. 하느님께서 가난한 이들의 울부짖는 소리를 귀담아 들으신다는 것이다.

"나는 이집트에 있는 내 백성이 겪는 고난을 똑똑히 보았고, 작업 감독들 때문에 울부짖는 그들의 소리를 들었다. 정녕 나는 그들의 고통을 알고 있다. 내가 그들을 구하러 …… 내려왔다. 내가 너를 보낸다." (탈출 3, 7~8, 10)

그래서 교황은 "가난한 이들에게 귀를 기울이시는 하느님의 도구인 우리가 그러한 부르짖음에 귀를 막는다면, 우리는 아버지의 뜻과 그분의 계획을 거스르는 것"이라고 경고한다. 이어 "자비의 복음과 인간 사랑으로 인도되는 교회는 정의를 요구하는 울부짖음을 듣고 있으며, 온 힘을 다 기울여 그 부르짖음에 응답하고자 한다."고 밝혔다. 덧붙여 "이는 빈곤의 구조적 원인을 없애고 가난한 이들의 온전한 발전을 촉진하도록 일하라는 의미"라고 되새겼다.

아울러 교황은 이러한 복음적 메시지가 "매우 분명하고 직접적이며, 아주 단순 명료하여" 교회라 해도 이 메시지를 마음대로 다르게 해석할 권리가 없다고 단언한다. 교황은 1968년에 메데인에서 열린 제2차 라틴아메리카 주교회의 이후 푸에블라와 산토도밍고, 아파레시다에 이르기까지, 주교들이 성찰하고 결단을 내린 '가난한 이들에 대한 복음적이고 우선적인 선택'에 대해 한 치도 생각을 유보하거나 양보할 생각이 없다. 교황은 "정통 교리의 옹호자들은 가끔 수동적이라거나 특권층이라는 지탄을 받으며, 무참한 불의의 상황과 그 불의를 지속시키는 정치 체제와 관련하여 공모자라는 비난을 받는다."라는 교황청 신앙교리성의 〈자유의 전갈〉에서 지적한 내용을 다시 인용하며, "형제애로, 겸손하고 너그러운 봉사로, 정의로, 가난한 이를 향한 자비로 그토록 힘차게 초대하는 성경의 권고들"을 복잡한 말로 희석시키거나 구름으로 가리려는 보수적 태도에 대해 일침을 놓았다. 교황은 오히려 "하느님께서 친히 '가난하게 되실' 정도로 하느님의 마음속에는 가난한 이들을 위한 특별한 자리가 있다."고 말했다.

"우리의 구원 역사 전체는 가난한 이들의 존재를 특징으로 합니다. 구원은 거대한 제국의 변두리 작은 마을에 사는 보잘것없는 처녀가 말한 '예'를 통하여 우리에게 왔습니다. 구세주께서는 가난한 집의 아기들처럼 가축들 가운데에서 태어나 구유 안에 누워 계셨습니다. 이런 양을 장만할 수 없는 가난한 이들이 제물로 바치는 산비둘기 두 마리와 함께, 구세주께서는 성전에 봉헌되셨습니다. 또한 평범한 노동자 가정에서 자라나셨고 손수 노동하여 양식을 마련하셨습니다. 구세주께서 하느님 나라를 선포하기 시작하셨을 때, 가진 것 없는 무리가 그분을 따랐습니다. '주님께서 나에게 기름을 부어 주시니 주님의 영이 내 위에 내리시어 …… 가난한 이들에게 기쁜 소식을 전하게 하셨다.'(루카 4, 18)라고 그분께서는 친히 말씀하신 것이 드러났습니다. 그분께서는 '행복하여라, 가난한 사람들! 하느님의 나라가 너희 것이다.'(루카 6, 20) 하시며, 고통에 시달리는 이들과 가난에 짓눌린 이들에게 하느님 마음속에 그들을 위한 특별한 자리가 있다고 확신시켜 주셨습니다. 구세주께서는 그들과 당신 자신을 동일시하셨습니다. '너희가 굶주렸을 때에 먹을 것을 주었다.'(마태 25, 35) 그리고 이 모든 이에게 베푸는 자비가 천국의 열쇠라고 가르치셨습니다." ―〈복음의 기쁨〉 197항

그렇기 때문에 교황은 '가난한 이들에 대한 우선적 선택'은 문화, 정치, 철학의 범주 이전에 "신학의 범주"라고 말한다. 하느님께서 가난한 이들에게 "먼저 자비를" 베푸셨기 때문에, "이러한 정신으로 교회는 가난한 이들을 위한 선택을 해 왔다."는 것이다. 교황은 더 나아가 "가난한 이들을 통해 교회 자신이 복음화가 되어야 한다."고 강조했다. "새로운 복음화는 가난한 이들의 삶에

미치는 구원의 힘을 깨닫고 그들을 교회 여정의 중심으로 삼으라는 초대"라고 강조했다.

"우리는 가난한 이들 안에 계신 그리스도를 알아 뵙고, 그들의 요구에 우리의 목소리를 실어 주도록 부르심을 받고 있습니다. 또한 그들의 친구가 되고, 그들에게 귀 기울이며 그들을 이해하고, 하느님께서 그들을 통하여 우리에게 전달하고자 하신 그 신비로운 지혜를 받아들이도록 부르심을 받고 있습니다." -〈복음의 기쁨〉198항

이러한 프란치스코 교황의 생각은 독창적인 것이 아니다. 이미 푸에블라 주교회의 개막 연설에서 요한 바오로 2세 교황이 "교회의 복음적 투신은 그리스도의 경우처럼 가장 궁핍한 이들을 향한 투신이 되어야 한다."고 선언한 것을 계승한 것이다. 푸에블라 주교회의는 "가난한 사람은 스스로 처한 윤리적 또는 인격적 처지가 어떻든 우선적인 관심의 대상이 될 자격이 있다."고 밝혔다. 덧붙여 "가난한 이들 역시 하느님의 모상에 따라 창조되었는데, 가난 때문에 이 모상이 흐려져 있고 심지어 더럽혀지기조차 한다. 이런 이유 때문에 하느님은 그들의 방벽이 되시고 그들을 사랑하신다."고 말했다.

'가난에 대한 사랑' 아닌 '가난한 이들에 대한 사랑'

해방신학자 레오나르도 보프는 《세상 한가운데서 하느님을 증언하는 사람들》(분도출판사, 1990)에서 "가난도 부유도 부자들의 끝없는 탐욕에서 나온다."며, "우리가 투쟁해야 한다면, 부자가 되는 것을 이상으로 삼는 투쟁이 아니라, 인간들 사이에 공정한 분배를 통해 의로운 관계를 세우고, 부자니 가난한 사람이니 하는 구분이 아예 필요 없는 형제애를 이루는 투쟁이어야 한다."고 말했다. 그래서 우리에게 요청되는 것은 '가난에 대한 사랑'이 아니라 '가난한 이들에 대한 사랑'이다.

한편 가난한 이들에 대한 사랑은 '자선'과 '연대'를 통해 드러난다고 보프는 말한다. 예수가 "네 재산을 다 팔아 가난한 이들에게 나눠 주고 내 뒤를 따르라."고 했던 것은, 예수가 부자 청년에게 '관대한 부자'가 되라고 요청한 것이 아니었다. 예수는 "가난에 저항하는 투신의 결과인 가난"을 요구했다고 보프는 말한다. 이를 두고 구스타보 구티에레즈는 《해방신학》(분도출판사, 1977)에서 이렇게 말했다.

"가난을 이상화하려는 것이 아니라, 가난을 하나의 악으로 있는 그대로 받아들여, 그것을 고발하고 저항하고 소멸시키고자 투쟁해야 한다. 우리가 가난에 항거하여 투쟁하지 않는 한 우리가 가난한 자들의 편에 선다고 말하지 못할 것이다."

그러나 이러한 가난한 이들에 대한 선택과 연대는 '우선적'인 것이지 '배타적'인 것이 아니다. 당장 가난한 이들을 해방하기 위한 투신과 연대가 요청되지만, 이들이 이루는 형제애 안에서 부자들은 탐욕에서 해방된다. 성경에 나오는 세리 자캐오처럼 부자는 탐욕에서 해방되어야 구원을 맛볼 수 있다.

해방을 위한 참여,
'메데인'에서 '아파레시다'까지

프란치스코 교황의 모태, 라틴아메리카 교회

프란치스코 교황은 〈복음의 기쁨〉을 발표하면서 무엇보다도 바오로 6세 교황의 권고 〈현대의 복음 선교〉와 2007년에 열린 제5차 라틴아메리카와 카리브 해 주교회의의 최종 문서인 《아파레시다 문헌》에서 영감을 받았노라고 밝혔다. 두 문헌이 '선교'에 대한 새로운 관점을 제공하고 있었기 때문이다. 교황이 누누이 밝힌 것처럼 '선교'라는 말은 교회 안에 머무는 것이 아니라 '교회 밖을 향한' 것이라는 점에서 세상과 깊이 연결되어 있다.

《아파레시다 문헌》과 〈복음의 기쁨〉을 이해하려면 슬픔의 대륙 라틴아메리카를 '희망의 대륙'으로 뒤바꿔 놓은 라틴아메리카 교회의 고백을 읽어 볼 필요가 있다. 라틴아메리카는 제2차 바티칸 공의회의 성과를 고스란히 자기 대륙의 이야기로 만들어 놓았다. 가톨릭교회 역사에서 보편 공의회가 스물한 번이나 열렸지만, 제2차 바티칸 공의회 문헌인 〈사목헌장(Gaudium et Spes)〉과 같은 성격의 문헌은 나오지 않았다.

사목헌장은 첫머리부터 "기쁨과 희망, 슬픔과 고뇌, 현대인들 특히 가난하고 고통받는 모든 사람의 그것은 바로 그리스도 제자들의 기쁨과 희망이며 슬픔과 고뇌이다. 참으로 인간적인 것은 무엇이든 신자들의 심금을 울리지 않는 것이 없다."(1항)로 시작된다. 제2차 바티칸 공의회는 '거룩한 교회와 세속'을 가르지 않았다. 그래서 '거룩하게 되려면 교회 안으로 들어와야' 된다고 강요하지도 않는다. 말 그대로 "참으로 인간적인 것이면" 모두 교회의 관심사임을 천명한 공의회는 "모든 시대에 걸쳐 교회는 시대의 징표를 탐구하고 이를 복음의 빛으로 해석해야 할 의무를 지고 있다."(4항)고 선포했다. 구체적인 현실에 비추어 복음을 재해석하고 실천하라고 촉구했다. 게다가 교회의 사명을 가톨릭 신자들에게만 적용하지 않는다. 〈사목헌장〉은 "교회의 자녀들과 그리스도의 이름을 부르는 모든 사람뿐 아니라 곧바로 인류 전체를 향하여 말하며, 현대 세계에서 교회의 현존과 활동을 스스로 어떻게 생각하는지 모든 이에게 밝히고자 한다."(2항)고 분명히 말한다. 즉, 이 세상 모든 사람을 위해 교회가 존재한다는 장엄선언이다. 이러한 공의회의 입장을 라틴아메리카 교회는 '메데인'에서 '푸에블라'를 거쳐 '아파레시다'에 이르도록 자기 대륙에 적용하고 있다.

'가난한 이들의 해방'을 선택한 메데인 주교회의

제2차 바티칸 공의회가 끝나고, 1967년에 바오로 6세 교황이 "탐욕은 가장 뻔뻔스러운 비도덕적 행위"라며 제3세계의 '인간 발전'을 촉구하면서, 자본주의를 비판하고 부유한 국가와 빈곤한 국가 사이의 갈등을 지적한 〈민족 발전 촉진에 관한 회칙(Populorum Progressio)〉을 발표했다. 이는 라틴아메리카 주교들에게 특별한 반향을 일으켰다. 라틴아메리카 주교회의가 1968년에 콜롬비아 메데인에서 열릴 2차 총회를 준비하고 있었기 때문이다. 이 자리는 제2차 바티칸 공의회가 라틴아메리카 대륙에 토착화되는 기념비적 사건이 될 조짐이 보였다. 실제로 메데인 회의에서 그동안 가톨릭교회와 군부, 그리고 부유한 지배층 사이에 맺어 왔던 동맹 관계가 산산이 부서졌다.

바오로 6세 교황은 직접 메데인까지 비행기를 타고 날아와 역사상 라틴아메리카를 방문한 첫 번째 교황이 되어 "우리는 가난하고 굶주린 민중의 그리스도를 구현하고자 한다."고 밝혔다. 메데인 주교회의를 위한 문서를 준비한 실무자들이 통계 자료와 신학 논문, 그리고 사회학적 논쟁 자료를 들고 회의장에 나타났을 때, 주교들은 창밖에서 벌어지는 가난한 이들의 참상을 직접 목격하고 있었다. 라틴아메리카에 군사독재가 득세하면서 비참한 삶을 강요당하는 민중을 바라보면서 주교들은 "시대의 징표 속에 드러나는 하느님의 계획"에 눈을 떴다.

메데인 문헌에서 주교들은 민중이 '제도화된 폭력'에 억압당하고 있으며, 이런 식민 구조는 "무한한 이윤을 추구하기 때문에 경제적 독재와 국제적 통화제국주의를 일으킨다."고 말했다. 자본주의는 공산주의와 마찬가지로 나쁘다는 것이다. 주교들은 사회복지보다 경제발전에 비중을 두고, 대중의 정치 참여를 가로막는 '개발독재'를 비난했다. 그들은 "부조리가 있는 곳에 평화가 없으며, 하느님은 배척된다."고 말했다.

메데인 회의에서 강조한 두 단어는 '해방'과 '참여'였다. 특히 파울로 프레이리(Paulo Freire)의 영향을 받아 '해방하는 교육'에 관심이 모아졌다. 문맹률이 높은 라틴아메리카에서 행정 당국은 교육받은 소수 엘리트가 지배하는 정부를 옹호하기 위해 한심한 교육 수준을 이용하고 있었다. 교육받지 못하는 한, 민중은 민주정치에 참여할 희망을 품을 수 없었다. 라틴아메리카의 극우파는 교육받은 사람이 더 높은 임금과 더 훌륭한 사회복지 혜택을 얻으려면 대중을 암흑 속에 내버려 두는 것이 낫다고 여겼다. 군사

정부의 예산 순위에서 공중보건과 교육은 최하위에 머물러 있었고, 군대와 국내 치안에 가장 막대한 예산이 편성되었다. 라틴아메리카에서 코스타리카만 예외였다. 민주정부가 들어선 이 나라는 교사의 수가 경찰관의 수보다 많다.

정부 당국과 마찬가지로 가톨릭교회도 가난한 사람들을 돌보지 않았다. 대다수 가톨릭 학교는 부유한 상류층 어린이들을 선호했고, 예수회는 부유한 사람들을 위한 대학교를 지었다.

그러나 메데인 회의에 참석한 주교들은 파울로 프레이리가 주장한 '의식화 교육'을 지지했다. 이 교육 방법은 주입식이 아니다. 어린이든 어른이든 학생들로 하여금 '굶주림', '맨발', '토지', '부자' 같은 핵심적인 단어들의 실제적 의미를 따져 묻게 만들었다. 그 목적은 사람들이 자신을 얽어매고 있는 환경을 깨닫고 생각할 줄 알게 하려는 것이다. 사람들은 일단 자신이 궁핍한 이유를 제대로 알게 되면 바로 행동하기 시작한다. 프레이리의 말을 빌면 "(교육은) 불타는 건물에서 구조되기를 기다리는 '객체'가 아니라 변혁을 지향하는 사색하는 행위자가 되도록 돕는 것"이다. 이런 점에서 프레이리의 민중 교육 방법론은 '가난한 이들의 교회'를 희망하는 해방신학자들에게 영감을 주었다. 프레이리는 우선 권력을 장악한 다음 민중과 대화하려는 좌익 게릴라에게 한눈을 팔지 않았다. 그런 태도는 또 다른 가부장주의를 낳기 때문이다.

이 의식화 교육이 결실을 맺은 곳은 '그리스도교 기초 공동체(Comunidades de base)'였다. 서로 다른 생각과 생활양식을 가진 이질적인 사람들이 모여 있는 교구 또는 본당과 달리 기초 공동체는 12~15명 정도의 비슷한 소득, 직업, 교육 수준, 개인적인 문제와 소망을 안고 있는 사람들이 모인 작은 모임이다. 공동체 성원들은 서로 이름을 알고 있고, 자녀들의 영세식이나 견진성사에서 대부(Compadre)나 대모(Comadre)가 되어 주었으며, 서로 가족처럼 지낸다. 여기서 세례, 견진, 혼인성사 등 가톨릭교회의 의식은 '이웃 사이의 사회적 연대'처럼 보인다. 이들은 "제 눈으로 보는 형제를 사랑하지 않는 자가 어떻게 눈으로 보지 못하는 하느님을 사랑할 수 있겠습니까?"(1요한 4, 20)라는 복음 말씀에 따라 이웃에 대한 책임감을 나눠 가졌다. 어느 집 가장이 직장을 잃어버리면 그 가족을 공동체 성원들이 부양하고, 서로 도와 초가지붕을 잇는다. 여기서 발전해 공동체 차원에서 학교, 협동조합, 보건시설 등을 갖추기도 했다.

메데인 주교회의는 국가권력과 부유층에서 벗어나 분명하게 '가난한 이들'을 선택했다. 그 결과 가톨릭교회는 라틴아메리카 대륙에서 자신을 '백성들의 양심'이라고 주장할 수 있게 되었다. 《메데인 문헌》에서 주교들은 "교계, 성직자, 수도자가 부자이고, 부자와 결탁되어 있다는 불평까지 우리 귀에 들려온다. 커다란 건물, 본당 사제관, 수도원 건물이 주위 사람들의 집보다 크고 좋을 때, 성직자와 수도자들이 사용하는 승용차가 사치스러울 때, 옛날부터 물려받은 거창한 옷을 입고 있을 때, 그런 것 때문에 성직자와 수도자를 부자로 보는 현상이 생겼다."고 반성했다. 모든 성직자와 수도자가 그런 것은 아니라 해도, "우리 주교와 사제, 수도자들은 어느 정도 안정된 생활을 위해 필요한 것을 가지고 있는 반면, 가난한 사람들은 필요 불가결한 것마저 결여되어 있으며 고뇌와 불안 사이에서 고투하고 있다."는 게 주교들의 생각이었다. 따라서 구조악의 결과인 '가난'을 극복하기 위해 가난한 이들과 '우선적으로' 연대할 것을 천명했다.

"우리 구세주 그리스도께서는 비단 가난한 사람을 사랑하셨을 뿐 아니라, 부유하시면서도 가난해지셨고, 가난 속에서 생활하셨고, 가난한 사람들에게 해방을 선포하시는 일에 당신의 사명을 집중하셨으며, 당신 교회를 사람들 사이에 가난의 표지로 세우셨다."

메데인 주교회의 때문에 빚어진 부작용이 없었던 것은 아니다. 메데인 회의는 교회 안의 민주주의를 이루기 위해 사제들을 주교에게 복종시키는 여러 가지 교회법적 전통들을 폐지했다. 이 때문에 1960년대 말에 많은 사제와 수녀들이 다른 대륙의 성직자들보다 많이 서약을 깨고 결혼했다. 사제들은 좌익 단체를 구성하기도 하고 아르헨티나, 칠레, 볼리비아 등에서 급진 정당이나 사회주의 정부를 공공연히 지지했다. 몇몇 교구에서는 사제들이 공개적으로 보수적인 주교들의 사임을 요구했다. 이상주의를 추구하는 반체제적인 사제들은 보수적인 볼리비아 주재 교황대사의 퇴거를 요구하기도 했다.

이런 소란이 일어나자, 1972년 이후 많은 주교들이 메데인 문헌의 정신에서 황급히 뒷걸음질을 쳤다. 메데인 주교회의를 앞장서 추진했던 주교들은 라틴아메리카 주교회의 직무에서 물러나야 했고, 해방신학을 다루던 연구기관들이 폐쇄되기도 했다. 그러나 1973년 칠레 대통령 살바도르 아옌데가 군부 쿠데타로 처절하게 무너진 뒤 찾아온 파시즘에 경악하면서 다시 마음을 모으기 시작했다. 반공주의자였던 칠레의 실바 추기경은 아옌데 정부와 냉랭한 관계였지만, 아옌데 실각 후에 군사정권이 들어서자 인권 옹호자라는 이유만으로 비애국자이며 공산주의자라고 매도되었다.

군사정권은 사제든 수녀든 상관없이 정치적 자유를 주장했다는 이유만으로 누구든 투옥, 고문, 살해했다. 아르헨티나의 군사정권은 반체제 인사들을 경찰이 직접 체포하러 나서지 않고, 이런 '국가의 적'으로 지목된 이들을 신원을 알 수 없는 암살자들이 납치해 살해하도록 했다. 그리고 경찰은 그런 희생자가 있다는 사실 자체를 부인했다. 이런 선례를 남긴 군사정권 아래에서 아르헨티나의 경우에는 1970년대에 하루 평균 30명가량이 '사라졌다.' 칠레 교회는 1973년 군사 쿠데타 이후 4년 동안 2천 명의 시민들이 증발했다고 밝혔다. 그 결과 주교들은 공산주의보다 파시즘을 더 문제 삼기 시작했다.

푸에블라 주교회의, 보수화에 맞서다

1978년에는 칠레뿐 아니라 라틴아메리카 11개국에서 우익 군사정권이 집권했다. 메데인 주교회의를 성사시키는 데 중요한 역할을 했던 바오로 6세 교황은 늙고 병들었으며, 〈민족들의 발전 촉진에 관한 회칙〉을 발표할 때 가졌던 안목과 개방성이 크게 쇠퇴했다. 교황청 관료들은 다시 보수적인 인사들로 채워졌고, 교황청 주변에서는 "서기 2천 년이 되면 교황청이 브라질로 이동할 것"이라고 입방아를 찧었다. 20세기 말이 되면 전 세계 가톨릭 인구의 절반이 라틴아메리카에 거주할 것이며, 그 가운데 브라질의 신자 수가 가장 많았기 때문이다. 게다가 브라질 교회는 라틴아메리카 대륙에서도 가장 진보적인 교회였다. 이들은 "브라질 교회가 너무 수평적"이라고 비판했다. 해방신학과 그리스도교 기초공동체가 가장 왕성하게 꽃을 피운 브라질 교회가 '지나치게 민주적'이라는 것을 문제 삼은 것이다. 이런 논란이 계속되자 브라질의 돔 헬더 카마라 대주교는 "십자가는 수직적이지만, 수평적이기도 하다."고 응수했다. 실제로 바오로 6세 교황이 선종하면서 열리게 된 콘클라베(교황 선출 추기경단 회의)에서 브라질의 알로이시오 로샤이더 추기경이 교황 후보에 오르기도 했다. 그는 당시 라틴아메리카 주교회의와 브라질 주교회의 의장을 겸임하고 있었던 가장 진보적인 주교 가운데 하나였다.

메데인 주교회의에서 시작된 해방의 열기에 종지부를 찍기 위해 보수파 중에서 선택된 사람은 콜롬비아의 알폰소 로페즈 트루히요 대주교였다. 트루히요 대주교는 메데인 주교회의 직후에 조성된 보수적 분위기에서 라틴아메리카 주교회의 사무총장으로 출세한 사람이었다. 그는 벨기에 예수회의 로제 베케망스 신부, 그리고 교황청의 라틴아메리카 담당이었던 세바스티아노 바기오 추기경의 지원을 받아 서둘러 제3차 주교회의를 멕시코의 푸에블라에서 열기로 했다. 메데인 주교회의의 진보적 견해를 서둘러 원점으로 되돌려 보려는 시도였다. 트루히요 대주교가 라틴아메리카 주교회의를 장악하자마자 보수적 인사로 실무진을 교체한 뒤였다.

1978년에 열리는 푸에블라 주교회의를 앞두고 보수파 실무자들이 작성한 214페이지의 예비 문서가 1977년 12월에 미리 배포되었는데, 여기서는 메데인 회의가 채택한 사회정의에 대한 강력한 요구를 부정했다. '녹색 문서'로 알려진 이 문서는 내세를 기대하면서 지금 겪는 비참한 생활을 받아들이라고 가난한 이들에게 요구했다. 이 문서에는 "비록 모든 것을 빼앗기는 때일지라도 그들은 하느님과 신앙을 풍성하게 소유하게 되는데, 하느님과 신앙의 덕택으로 그들은 어떤 인간의 고통도 빼앗아 갈 수 없는 하느님 왕국의 인내와 기쁨을 가지고 살아갈 수 있을 것"이라고 적혀 있다.

이 문서에 대한 반발이 즉각적으로 일어났다. 페드로 카살달리가 주교는 이 문서를 "모든 것을 다루고 있지만 아무짝에도 쓸모없는 백과사전"이라고 혹평했다. 브라질 주교회의는 이 문서를 대체할 128편의 권고문을 만들었다. 시민사회와 교회 안에서 광범한 논쟁이 일어나면서 1,258페이지나 되는 비판적인 보고서가 작성되었다. 결국 1978년 중반에 라틴아메리카 주교회의 의장인 로샤이더 추기경의 지도 아래 푸에블라 문서를 다시 쓰기 위한 회의가 소집되어 더 간결한 문서가 작성되었다.

당황한 트루히요 대주교는 교황청의 승인을 받아 자신이 추천한 181명의 추가 대표를 선임했는데, 당시 각 나라 교회에서 임명한 다른 대표들은 175명에 지나지 않았다. 게다가 트루히요 대주교는 구스타보 구티에레즈 등 해방신학자들을 의도적으로 회의에서 배제했다. 그러나 이 신학자들은 각 나라 주교들의 개인적인 보좌관 자격으로 회의에 영향을 미쳤다. 주교회의에서 브라질 상파울루 교구의 아른스 추기경은 이렇게 말했다.

"교회는 다음의 세 가지 요인이 민중을 삶의 가장자리로 밀어내는

데 기여했다고 확신한다. 전체 인구의 5% 미만에게 집중되어 있는 토지와 산업, 전체 인구의 1%에게 집중되어 있는 정치권력, 그리고 라틴아메리카의 1세계에 대한 정치·경제적 종속이 그것이다. 상파울루의 시민 3백만 명이 주택, 식량, 교육의 혜택을 받지 못한 채 지냈으며, 시 행정에 참여하지 못하고, 흡족하고 자유롭게 종교의식을 거행할 수 없었다."

푸에블라 회의에 참석한 주교들은 지난 500년 동안 가톨릭교회가 지배했음에도 아직까지 빈부 격차가 엄청난 사실에 수치심을 느꼈다. 이처럼 푸에블라 주교회의가 역동성을 띠는 데 가장 큰 기여를 한 사람은 따로 있었다. 33일 만에 선종한 요한 바오로 1세 교황에 이어 선출된 요한 바오로 2세 교황이다. 그는 교황이 되자마자 푸에블라 주교회의 개막식에 참석하기 위해 처음 멕시코를 방문했는데, 자신을 맞이하는 수백만 명의 군중에게 압도되었다. 요한 바오로 2세 교황은 과달라하라에 있는 자포판(Zapopan) 성지에서 "하느님은 우리 형제들 특히 가난한 사람들과 가장 도움이 필요한 사람들에 대한, 그리고 사회 변혁에 대한 확고한 참여를 바라신다."고 했다. 교황은 '인간 문제 전문가'인 교회가 인권을 옹호하고 인간 존엄성을 증진하는 데 나서야 한다고 선언했다. 교황은 오악사카(Oaxaca)의 치아파스 인디언들에게 "교황은 목소리 없는 사람들의 목소리가 되고자 한다. 그대들에게는 존중받을 권리, 그대들이 가지고 있는 그 적은 것을 때로는 약탈과 다름없는 방법으로 빼앗기지 않을 권리가 있다. 그대들에게는 착취의 사슬을 던져 버릴 권리가 있다."고 했다. 적어도 그때까지만 해도 요한 바오로 2세 교황은 프란치스코 교황이 〈복음의 기쁨〉에서 그랬던 것처럼, 해방신학을 한 번도 언급하지 않으면서도 '가난한 이들을 위한 우선적 선택'이라는 해방신학의 관점을 부추겼다. 한편 비폭력 저항을 주장한 돔 헬더 카마라와 마찬가지로 '실효성 없는' 계급투쟁에는 반대했다.

팔라폭시아노 신학교에서 열린 주교회의는 "가난한 사람들에 대한 편애와 가난한 사람과의 연대를 표명하는 예언자적 선택을 결정한 메데인 제2차 라틴아메리카 주교회의의 입장을 다시 한 번 천명한다."고 확실히 밝혔다. 이들은 교회 내 보수파의 반발을 의식한 듯 "메데인의 정신을 더럽히는 일부 사람들의 해석과 왜곡에도 불구하고, 또 다른 사람들의 무시와 적개심에도 불구하고 우리는 이 점을 분명히 한다."고 덧붙였다. '가난한 이들에 대한 우선적 선택'이라는 장을 따로 마련한 《푸에블라 주교회의 문헌》은 라틴아메리카 교회에 몸담은 모든 주교들이 가난한 사람에게 충분히 투신해 온 것도 아니고, 항상 연대하지도 못했다면서 "지속적인 회심과 연대"를 요구했다.

아파레시다 문헌을 계승한 교황, '가난한 교회'를 천명하다

푸에블라 주교회의의 관점은 1992년 도미니카에서 열린 제4차 라틴아메리카 주교회의인 산토도밍고 회의에서 큰 혼란을 겪었다. 《산토도밍고 문헌》은 '관찰—판단—실천'이라는 메데인과 푸에블라의 접근 방식 대신 교의적인 접근으로 후퇴했다. 사회 불의를 비판하면서도 자본주의에 대해서는 언급하지 않았다. 그렇지만 '가난한 이들을 위한 우선적 선택'은 "확고하며 되돌릴 수 없는 것"으로 재확인했고, 가난은 "라틴아메리카와 카리브 해 지역이 겪고 있는 가장 파괴적인 재앙"이며 모든 그리스도인은 "가난한 이들의 얼굴에서 주님의 얼굴을 발견"하도록 회심을 요청받았다는 점을 분명히 했다. 이전 주교회의의 핵심적 사항이 계승된 것이다.

이러한 관점은 2007년에 브라질에서 열린 제5차 라틴아메리카 주교회의의 결과인 《아파레시다 문헌》에 고스란히 계승되었다. 프란치스코 교황은 추기경 시절 당시 아파레시다 주교회의에서 기획위원장에 이어 문헌 최종 편집위원회 위원장을 맡아 《아파레시다 문헌》을 마무리한 장본인이다. 그래서 그가 교황으로 선출된 2013년에 발표한 첫 교황 권고 〈복음의 기쁨〉에서는 《아파레시다 문헌》을 중요한 자료로 활용하고 있다.

아파레시다 주교회의 개막식에서 베네딕토 16세 교황은 새로운 현상으로 '세계화'를 지적하며, "이 세계화는 인류라는 커다란 가족을 이롭게 하고 있고, 일치를 향한 깊은 열망을 보여 주는 징후지만, 그럼에도 불구하고 세계화와 더불어 거대한 독점의 위험과 이윤을 최고의 가치로 여기는 위험이 수반되고 있음도 의심의 여지가 없다."고 단언했다. 이어 "제자이자 선교사가 되라는 부르심은, 우리로 하여금 예수님과 그분의 복음에 대해 분명히 선택하고, 믿음과 삶의 일관성을 유지하고, 하느님 나라의 가치를 체현하며, 공동체 속으로 들어가 인간 존엄의 가치를 훼손하고 소비주의를 부추기는 세상 속에서 반박과 새로움의 징표가 될 것을 요구한다."고 전했다.

당시 아르헨티나 주교회의 의장으로 아파레시다 주교회의에 참석한 베르골료 추기경(프란치스코 교황)은 자신의 입장을 이렇게 밝혔다.

"현대 사회에서 과학기술은 진보하고, 세계화는 가속화되고 있습니다. 여기서는 오직 강자의 권리만 유효합니다. 이런 까닭에 사회적 부정과 불평등이 심화되고, 그 결과 국민 대부분이 사회에서 소외받고 배척당하고 있습니다. 이렇게 소외된 사람들은 '착취당하는 사람'이 아니라 '쓰레기'로 취급받습니다. 따라서 소유의 불공정한 분배는 심각한 사회적 죄악이며 단죄받아야 하는 범죄입니다."

이런 흐름 속에서 주교들은 최종 문서를 작성하고 메시지를 발표하면서 "빈부의 차이가 극명해질수록 우리는 생명의 식탁을 나눌 줄 아는, 아버지 하느님의 모든 아들과 딸들이 누리는 식탁, 아무도 배제되지 않고 모두를 아우르는 열린 식탁을 나눌 줄 아는 제자 됨을 위해 더 큰 노력을 쏟게 된다."면서 "가난한 이들을 위한 우선적이고 복음적인 선택"을 강조했다. 여기서《아파레시다 문헌》은 가난한 이들 안에 "약한 이들, 특히 어린이들, 병든 이들, 장애인들, 위험한 환경에 처한 젊은이들, 연로한 이들, 감옥에 갇힌 이들, 이민자들"도 포함시켰다. 이런 점에서 아파레시다 주교회의는 제2차 바티칸 공의회 이후 라틴아메리카에서 열린 다른 주교회의의 결정을 계승하면서 "민족들을 섬기는 라틴아메리카 교회의 충실함과 쇄신, 복음화"를 다시 확인했다. 주교들은 가톨릭 신앙이 "규칙과 금지의 모음집, 파편화된 종교적 관행들, 믿음의 진리에 대한 선택적이고 부분적인 집착, 일부 성사에 가끔씩 참여하는 것, 교리의 반복, 유아적이거나 신경질적인 도덕적 훈계 따위의 꾸러미"로 전락하는 것을 경고하고, 그리스도의 삶을 중심으로 교회가 재구성되기를 희망했다.

따라서 프란치스코 교황이 〈복음의 기쁨〉에서 '가난'을 강조한 것은 새삼스럽지 않다. 모든 라틴아메리카 주교회의의 주교들이 천명한 것처럼, 프란치스코 교황은 "가난한 이들의 외침을 듣는 것은 몇몇 그리스도인에게 국한된 사명이 아니"라고 말한다. 그는 교회가 정의를 갈망하는 이들의 외침을 듣고 온 힘을 다해 응답해야 하며, "현실적 빈곤 앞에서 단순하면서도 날마다 반복되는 연대를 실천해야 한다."고 말했다. 이를 위해 교회 스스로 "가난해질 용기"가 있는지 묻고 있다.

"제가 바라는 교회는 '가난한 사람들을 위한 가난한 교회'입니다. 우리는 가난한 이들에게서 많은 것을 배울 수 있습니다. 그들은 뛰어난 신앙 감각(sensus fidei)을 지니고 있을 뿐만 아니라, 자신의 고통 속에서 고통받으시는 그리스도를 알아 뵙습니다. 우리는 가난한 이들을 통해 우리 자신이 복음화되도록 해야 합니다. 새로운 복음화는 가난한 이들이 삶에 미치는 구원의 힘을 깨닫고 그들을 교회 여정의 중심으로 삼으라는 초대입니다." ―〈복음의 기쁨〉 198항

교황은 공산주의자 또는 마르크스주의자?

불평등에 대한 비판, 공산주의로 몰리다

프란치스코 교황이 사실상 첫 번째 권고문인 〈복음의 기쁨〉을 발표하자, 그동안 교황의 혁신적인 태도에 불만을 품었던 이들이 일제히 "교황은 마르크스주의자"라고 비난하기 시작했다. 프란치스코 교황은 〈복음의 기쁨〉에서 분명한 교회 개혁 의지를 보였을 뿐 아니라, 자본주의 사회의 불평등 구조를 강력히 비판했기 때문이다. 교황은 "하느님은 모든 형태의 노예적 삶에서 해방되기를 원하신다."며 "가난한 이들과 연대하고 평화를 촉진하는 것이야말로 선교적 교회가 되기 위한 구성적 요소"라고 강조했다. 또한 배제와 불평등의 사회를 비판하며 "오늘날은 경쟁과 적자

생존의 법칙에 지배되고 있으며, 힘 있는 사람이 힘없는 사람을 착취하고 있다."고 비판했다. 또한 금융자본주의를 "새로운 우상"으로 지목하고, 국가도 통제할 수 없는 경제권력은 "새로운 독재"라면서, 자유시장이 통제할 수 없는 하느님을 "위험한 존재"로 여기는 자본주의 체제를 비판했다.

교황은 "가톨릭교회가 지금보다 더 선교적이 되고, 좀 더 자비로우며, 변화 앞에 담대해져야 한다."면서 "교회가 자신의 존속을 위해서가 아니라, 현대 세계의 복음화를 위해 자신의 모든 관습과 관행과 스케줄과 용어들과 구조 등 모든 것을 변화시키기를 꿈꾼다."고 말했다. 이어 교회가 "가난한 이들과 평화를 위해 특별한 열정을 지녀야 한다."고 촉구했다. 교황은 "문 밖에서 백성들이 굶주릴 때, 예수께서는 끊임없이 '어서 저들에게 먹을 것을 내어주라'고 가르치셨다."면서 "안온한 성전 안에만 머무는 고립된 교회가 아니라 거리로 뛰쳐나가 멍들고 상처받고 더러워진 교회를 원한다."고 말했다.

결국 프란치스코 교황은 해방신학자들이 줄곧 말해 온 것처럼 "부자와 자본가들에게 저당 잡힌 교회를 다시 가난한 이들에게 돌려주려는 원대한 꿈"을 꾸기 시작한 것이다. 교회는 이제 야전병원처럼 교회 밖으로 나가서 세상의 상처받은 이들을 위로하고, 삶의 현장에서 그들과 연대하는 모습을 그리기 시작했다. 이를 위해 교회는 모든 기득권을 포기하고 예수가 그랬던 것처럼 가난해질 용의가 있어야 한다는 전갈이다.

소비 자본주의에서 그동안 혜택을 누린 이들의 입장에서는 당연히 교황의 발언이 '혁명적'일 것이다. 그러니 화들짝 놀라서 '교황이 마르크스주의자'라는 자극적인 발언을 서슴지 않았다. 미국의 극우 방송 진행자 러시 림바우는 "교황의 주장은 완전한 공산주의"라고 비판했다. 프란치스코가 한마디로 '붉은 교황'이라는 것이다.

이에 프란치스코 교황은 2013년 12월 14일 이탈리아 일간지 〈라 스탬파(La stampa)〉와 가진 인터뷰에서 "마르크스주의는 잘못된 것"이지만 "나는 인생에서 많은 마르크스주의자들을 만나 왔다. 그들은 좋은 사람들이고, 그 만남이 불편하지 않았다."고 밝혔다. 그리고 〈복음의 기쁨〉에서 전한 내용은 대부분 사회교리에서 역대 교황들이 다룬 내용이라고 설명했다.

교황이 만난 공산주의자의 사례는 《교황 프란치스코》에서 찾아볼 수 있다. 이 책에는 프란체스카 암브로게티와 세르히오 루빈이 교황을 인터뷰한 내용이 담겨 있다. 이 책에 따르면, 프란치스코 교황은 추기경 시절 로마와 부에노스아이레스를 왕복하는 비행기 안에서 이탈리아 항공사 조종사인 알도 카그놀리를 만나 인연을 맺었다고 한다. 카그놀리는 '항공과 테러리즘'에 관한 논문으로 박사 학위를 받기도 했는데, 그의 아버지는 뿌리 깊은 공산주의자이자 목수이며 공예가였다.

그의 아버지가 교황에게 십자가를 조각해 선물하기로 약속했던 모양이다. 그런데 이 공예가 아버지는 곤경에 치했다. 그가 상상한 예수의 형상이 너무 고통스러워 매우 화가 난 모습이었던 것이다.

이 말을 듣고 교황은 "저는 한 번도 그렇게 생각해 본 적이 없습니다. 그렇지만 인간 예수는 너무나 끔찍한 고통을 겪으며 화가 나 있었을 수도 있겠네요." 하고 답했다. 얼마 후 교황은 그분에게 '체념한 눈빛으로 따뜻하게 바라보는' 예수의 성화를 편지와 함께 보내주었다. 이 일을 떠올리며 알도 카그놀리는 교황에게 감탄하며 이렇게 말했다.

"제가 생각할 때 인간의 위대함은 자신의 학식과 직책 뒤에 숨어 벽을 쌓을 때가 아니라, 비판적인 시각과 더불어 존경심으로 모든 사람을 겸손하게 대하면서 언제든지 배울 자세가 되어 있을 때 발휘된다고 생각합니다. 프란치스코 교황이 바로 그런 분입니다."

교황은 상대방이 공산주의자라 해도 그 안에서 '이데올로기'를 보지 않고, 하느님의 모상으로 창조된 '사람'을 보려고 한다. 상대가 누구든 진심으로 경청하는 능력을 통해 배우고 소통하려는 태도를 놓치지 않았다.

'가난한 이들의 형제'가 되었던 사람들

교황처럼 '공산주의자'로 몰렸던 사람으로 '가톨릭일꾼운동(Catholic Worker)'을 창립한 '주님의 종' 도로시 데이(Dorothy Day, 1897~1980)를 들 수 있다. 도로시 데이는 "마르크스주의자들이 주장하는, 능력에 따라 일하고 필요에 따라 사용하는 것은 그리스도교의 이상을 빌려 간 것"이라면서 "착취당하는 노동자들과 가난한 이들에 대한 공산주의자들의 열정을 그리스도를 따르는 우리들이 가지고 있다면 얼마나 좋을까?" 하고 고백했다. 베트남 전쟁 당시 전쟁 옹호론자들이 반전 운동을 벌이던 도로시 데이에게 "모스크바 메리!"라고 야유했지만, 도로시 데이야말로 가톨릭 사회교리를 자기 활동의 준칙으로 삼은 여성이었다.

제2차 바티칸 공의회를 소집한 요한 23세 교황은 어떠한가? 교황이 되기 전 이탈리아 베르가모 교구에서 테데스키 주교의 비서로 사제 생활을 시작한 안젤로 론칼리(요한 23세) 신부는 라니카 제련소 노동자들이 파업했을 때, 교구장과 함께 노동자들을 위해 음식을 마련하고, 교구 신문을 통해 파업 기금을 모아 주었다. 그러자 우익 성향의 〈페르세베란차〉 신문은 "주교의 자선금은 파업에 대한 축성이며 사회주의 운동에 대한 공공연한 강복"이라고 비판했다. 그러자 론칼리 신부는 레오 13세 교황의 회칙 〈노동헌장(Rerum Novarum)〉에서 노동조합 활동을 옹호하고 있다면서

"교회가 정치 문제에 관여하는 것은 교회의 권리이자 의무"라고 답했다. 즉, 그리스도의 특별한 사랑은 '권리를 박탈당한 힘없고 박해받는 사람들의 몫'이라는 것이다.

브라질 교회의 옹호자이며 해방신학자였던 돔 헬더 카마라 대주교(Dom Helder Camara, 1909~1999)는 어떠한가? 카마라 대주교는 브라질 동북부의 빈민 지역인 레시페―올린다 대교구에서 가난한 이들과 평생을 보내고, 교구에서 운영하는 레시페 신학교를 해방신학의 요람으로 만든 사람이다. 그에게 따라붙은 호칭은 '가난한 이들의 형제'였지만, 다른 많은 이들은 '공산주의자'로 지목했다.

카마라 대주교의 회심의 계기는 1955년 브라질 리우데자네이루에서 열린 세계성체대회 때 찾아왔다. 그 자리에 참석했던 프랑스 리옹대교구 제를리에(Gerlier) 추기경이 카마라 대주교에게 "당신의 천부적인 재능을 가난한 이들을 위해 쓸 생각을 왜 하지 않습니까? 빈부의 격차는 창조주에 대한 모욕입니다."라고 말했다. 이 말을 듣고 회심한 카마라 대주교는 가난한 이들이 겪는 사회적 참상에 눈을 뜨고 브라질의 사회 구조악과 가난의 문제를 해결하기 위해 투신했다.

당시 브라질은 빈부 격차가 매우 심해 인구의 10%도 안 되는 엘리트 특권층이 국민총생산의 60%를 차지하고 있었다. 다국적 기업들과 결탁한 군사독재 정권과 언론은 이러한 현실에 전혀 관심이 없었고, 브라질 교회 역시 권력자들을 비호하며 예언자적 목소리를 내지 않았다.

그는 교회가 전통적으로 행해 오던 복지사업만으로는 '가난'을 극복할 수 없다고 믿었다. 카마라 대주교는 노벨평화상 후보에 네 번씩이나 올랐지만, 군부독재에 의해 강론이 금지당했고, 레시페 지역에서 군인들은 총질을 했다. 교황청마저도 레시페 신학교를 폐쇄했고, 그는 결국 교구장 자리에서 어쩔 수 없이 물러나야 했다. 그가 남긴 유명한 말이 있다. "내가 가난한 사람들에게 먹을 것을 주면 그들은 나를 성자라고 부른다. 그런데 내가 왜 그들이 가난한지 이유를 물으면 그들은 나를 공산주의자라고 부른다." 그가 죽고 나서, 3년 만인 2002년 카마라 대주교를 평소에 존경했던 루이스 이냐시오 룰라 다 실바(Luiz Inácio Lula da Silva)가 노동자당(PT) 후보로 출마해 브라질 사상 최초로 좌파 성향의 대통령이 되었다.

카마라 대주교는 언제나 예언직에서 교회의 사명을 발견했다.

"교회 전체가 예언적이어야 합니다. 다시 말하면 교회는 주님의 말씀을 선포하고, 목소리 없는 이들에게 주님의 목소리를 빌려 주어야 합니다. 그리고 이사야 예언서를 읽으시면서 '주님의 영이 내 위에 내리셨다. 주님께서 나를 보내시어 가난한 이들에게 기쁜 소식을 전하고, 잡혀간 이들에게 해방을 선포하며, 눈먼 이들을 다시 보게 하고, 억압받는 이들을 해방시켜 내보내'라고 당신의 사명을 선언하신 주님처럼 행동해야 합니다. 이것이 항상 교회의 사명이었습니다."

체제 저항, '공산주의'로 간주되다

프란치스코 교황을 '공산주의자'로 낙인 찍었던 미국 금융자본주의의 심장인 월가뿐 아니라, 역사적으로 기득권 세력이 체제에 저항하는 이들에게 쉽게 덧씌워 왔던 것은 '공산주의자'라는 주홍 글씨였다. 1970년대와 1980년대에 극성을 부리던 라틴아메리카 군사독재 세력은 심지어 "애국자가 되려면 사제를 죽여라!"는 구호마저 만들었다. 교회의 '가난한 이들에 대한 우선적 선택'이 그들에게는 '공산주의' 강령으로 간주되었기 때문이다. 이들은 교회를 향해 무차별 공격을 주저하지 않았다.

페니 러녹스가 집필한 《민중의 외침》(분도출판사, 1984)에는 1977년 엘살바도르에서 활동한 스페인 예수회 소속 카란자 신부의 증언이 기록되어 있다.

"이길라레스의 장엄한 새벽녘이었다. 군대가 마을을 둘러싸고 교회를 공격했다. 탱크 한 대가 교회 문턱에 다가서고 있었다. 교회 안에는 사제 세 명과 농민 세 명이 있었다. 우리는 주민들에게 도움을 청하기 위해 안절부절못하면서 종을 울리고 있었는데, 그때 총을 든 병사들이 종탑으로 밀고 들어와 농민 한 사람을 쏘았다. 우리는 포승에 묶여 계단으로 끌려 내려왔다. 고함, 총소리, 창문 깨지는 소리가 뒤범벅되고 있었다. 성체들이 사방에 흩뿌려졌고, 제대는 난사된 총탄으로 얼룩졌다. 우리들은 거의 벌거숭이가 된 채 머리를 숙이고 교회 뒤뜰에 내던져졌다. 우리는 총에 맞은 사람에 관해 더 알 길이 없었다. …… 공포가 시 전체를 뒤덮었다."

1980년 전남 광주에서 일어난 5·18 민주화 운동을 연상시키는 장면이다. 이들이 가톨릭교회를 보호하고 공산주의를 섬멸하겠다고 선언한 엘살바도르 정부의 모습이었다. 신부들은 산살바도르에 있는 경찰서로 연행되었고, 교회는 군대의 막사로 사용되었다. 이 사건은 로메로 대주교가 회심하는 데 결정적인 역할을 했던 루틸리오 그란데 신부가 우익 암살단에 의해 살해된 지 두 달 뒤에 발생한 일이었다.

농민들과 함께 활동했던 49세의 루틸리오 그란데 신부는 그 지역에서 일하던 콜롬비아 사제의 추방에 항의하며 농민들 앞에서 이렇게 말했다.

"오늘날 우리들이 직면하고 있는 진정한 문제는 순교의 시기를 맞고 있는 우리나라와 이 대륙에서 어떻게 하면 굳건한 그리스도인이 되는가이다. 이 나라에서는 우리 그리스도교 기초 공동체 출신의 가난한 사제와 선교사들이 왜곡당하고 위협당할 것이다. 저들은 어둠을 이용해 우리를 납치할 것이고, 죽일지도 모른다.

아주 가까운 시일 안에 성경과 복음이 우리나라 영토 안에서는 용납되지 않을 것이라는 사실을 나는 깊이 우려한다. 이제 오직 속박만이 닥칠 것이다. 성경의 모든 페이지들이 체제를 위협하기 때문이다. 성경은 죄악을 반대한다. 예수께서 국경을 가로질러 오신다면 …… 저들은 그분을 체포할 것이다. 저들은 그분을 여러 법정으로 데리고 가서, 헌법을 어기고 전복 활동을 했다는 혐의로, 또는 혁명가, 외국 출신의 유대인, 민주주의에 역행하는 이상야릇한 사상의 조작자, 다시 말해서 특권 계급에 반대한다는 이유로 기소할 것이다. 저들은 그분을 다시 십자가형에 처할 것이다. 그들이 좋아하는 그리스도는 입에 재갈이 물린 채 침묵하는 그리스도, 우리들의 형상대로 우리들의 이기적인 물욕에 따라 만들어진 그리스도다. 그것은 복음서의 그리스도가 아니다! 그것은 가장 고귀한 인류 구원을 위해 서른세 살의 나이로 숨진 젊은 그리스도가 아니다.

들어라! 제 스스로 가톨릭 신자라고 부르며 악으로 가득 찬, 이 악문 너희 위선자들이여, 너희는 카인의 무리들이고 주님을 십자가에 매달고 있다. …… '나는 내 돈으로 엘살바도르의 반을 샀다.'고 말할 권리가 너희에게는 없다. 그것은 하느님을 부인하는 것이기 때문이다. 세상의 재화는 예외 없이 모든 사람을 위한 것이다.

그러나 기억하라, 우리가 여기 있는 것은 증오 때문이 아니라는 것을. 우리는 마체테 칼을 가지고 나오지는 않았다. 우리는 저들 카인의 무리들까지도 사랑한다. 그리스도인들에게는 원수가 없기 때문이다. 우리들이 가진 것은 도덕적인 힘이며 하느님의 말씀이다. …… 저들이 우리를 곤봉으로 때린다 해도 복음은 우리를 함께 단결시킨다."

가톨릭교회는 자본주의도 공산주의도 지지하지 않는다

해방신학이 1980년대에 교황청 신앙교리성에 의해 심문을 받은 것은 '마르크스주의'와 관련 있다는 혐의 때문이었다. 당시 교황청은 사회 분석 도구로 마르크스주의 방법론을 사용하는 것을 위험하다고 했지만, 해방신학의 기본 노선인 '가난한 이들에 대한 우선적 선택'을 부정하지는 않았다. 그러나 군부독재는 해방신학에 대한 교황청의 단편적인 문제 제기를 확대 해석해 해방신학 자체를 공격했다. 여기서 우리는 해방신학이 단순히 몇몇 신학자들의 견해가 아니라, 라틴아메리카 주교회의를 관통했던 주제를 다루고 있다는 사실을 기억해야 한다. 이미 구티에레즈를 비롯한 해방신학자들과 주교들은 무분별한 마르크스주의의 차용을 경고하고 있으며, 루틸리오 그란데 신부의 입장처럼 철저하게 비폭력 저항을 주장하고 있다.

《푸에블라 문헌》에서는 "우리는 폭력이 그리스도교적인 것도 복음적인 것도 아니라는 점과 매정하고 폭력적인 구조의 변혁은 그 자체가 그릇되고 쓸모없고 민중의 존엄성과도 결코 부합하지 못한다는 점을 선언하고 재확인할 의무가 있다. 실제로 아무리 이상적이고 지혜를 다하여 구상한 구조라 하더라도 인간의 기질이 바로 서지 않고 그 구조 안에서 생활하거나 그것을 지배하는 사람들의 마음과 정신이 회개하지 않는다면 그 구조는 머지않아 비인간화된다는 사실을 교회는 알고 있다."고 전하고 있다.

푸에블라의 주교들은 '복음과 이데올로기'를 분석하며, 세 가지 이데올로기를 비판했다. 그 첫 번째가 재물을 우상처럼 숭배하는 '자본주의적 자유주의'다. "경제 발전의 근본 동기가 '이윤'이고 경제의 최고 법칙은 '자유 경쟁'이며, 생산 수단의 사유권은 절대적인 권리라고 주장하지만, 절대적 사유권에서 야기되는 불법적인 특권은 수치스러운 빈부 대립을 유발하고 국내적으로나 국제적으로나 종속과 억압의 상황을 초래하고 있다."고 비판했다.

두 번째는 '마르크스주의적 집합주의'다. 주교들은 마르크스주의적 집합주의 역시 자본주의처럼 재물을 우상으로 섬기는 체제이며, "사랑과 정의의 하느님을 배척하는 그 같은 우상 숭배의 뿌리까지 파헤치지 못했다."고 비판했다. 아울러 이들은 계급투쟁을 통해 프롤레타리아 독재를 실현하는 계급 없는 사회를 지향한다고 하지만, 결국 공산당 독재만 낳았다고 비판했다. 현실 사회주의가 하나같이 비판과 반대의 가능성이 차단된 전체주의 정권의 틀 속에서 이뤄져 왔다고 보는 게 주교들의 입장이다. 또한 신학적 성찰을 하면서 마르크스주의 분석에 의존하는 실천은 자첫 신학이 이데올로기가 되어 "그리스도교적 실존을 철저히 정치화하고, 신앙의 언어를 붕괴시켜 사회과학 언어로 만들고, 그리스도교적 구원에서 초월적 차원을 제거하는 결과를 가져온다."고 경계했다.

세 번째로 지적한 것은 '국가 안보 이데올로기'다. 주교들은 라틴아메리카 대륙을 석권해 온 '국가안보주의'는 "스스로를 서방 그리스도교 문명의 수호자로 합리화하지만, 실제로는 자신의 '항구적인 전쟁' 개념에 잘 어울리는 억압 체제를 만들어낸다."고 비판했다.

푸에블라 주교회의에 앞서 열렸던 메데인 주교회의 역시 "자본주의적 자유주의 체제와 마르크스주의적 체제가 마치 우리 대륙에서 경제적 구조를 변혁할 수 있는 가능성을 말하는 것처럼 보인다. 그러나 두 체제는 모두 인격의 존엄성을 거스르는 체제"라고 비판하며 "우리는 라틴아메리카가 그 두 가지 선택 사이에서 양자택일로 치닫고 폐쇄되는 상태를 단죄하며, 이 대륙의 경제를 조종하는 양 극단의 세력 중 어느 하나에 영속적으로 종속되는 상태를 단죄한다."고 밝혔다.

요한 바오로 2세 교황은 푸에블라 주교회의 개막 연설에서 "교회는 인간을 사랑하고 인간을 옹호하고 인간 해방에 협력하기 위해 이데올로기적 체제에 매달릴 필요가 없다."고 말했다. 교황은 "교회는 스스로가 위임받아 선포하는 메시지의 핵심 속에서 형제애와 정의와 평화를 위하고, 온갖 형태의 지배와 종속, 차별, 폭력, 종교 자유의 침해, 인간 공격, 갖가지 생명 침해에 저항하는 데 필요한 영감을 발견한다."고 선언했다.

이처럼 가톨릭교회는 전통적으로 전체주의적 공산주의와 제한 없는 자본주의를 모두 비판해 왔다. 권력과 탐욕이라는 우상을 모두 경계한 것이다. 그러나 가톨릭교회가 노동자들의 참상을 안타깝게 여기면서도 100년 넘게 주로 사회주의 운동을 경계해 온 것은 사실이다. 그러나 이것이 곧 자본주의에 대한 승인이 아님은 분명하다. 1991년에 요한 바오로 2세 교황이 발표한 회칙 〈백주년(Centesimus Annus)〉에서는 자본주의가 만일 확실한 정치 구조 안에서 제한되지 않는다면 그 대답은 "부정적"이라고 말했다. 이는 프란치스코 교황이 사회적으로 통제되지 않는 자본주의를 '새로운 독재'라고 말한 것과 일맥상통한다. 교황은 "모두 시장의 힘으로 해결되어야 한다고 경솔하게 믿는, 자본주의에 일치하는 근본적 이데올로기"의 확산을 경고한 바 있다. 가톨릭교회는 하느님 나라라는 종말론적 전망 안에서 우리 시대를 읽으려 하기 때문에, 기존 체제 어느 것에도 사로잡히지 않는다.

중요한 것은 하느님의 백성인 인류가 두루 영적 구원과 사회적 해방을 경험하고 있는지 묻는 것이다. 따라서 가톨릭 사회교리가 줄곧 천명해 온 것은 다름 아닌 '가난한 이들을 위한 우선적 선택'이다. 이들이 기뻐할 만한 복음이 먼저 실현되어야 만인에게도 온전한 복음이 전달된다고 믿기 때문이다. 그래서 가난한 이들의 시선에서 세상을 보는 교회를 갈망한다. 프란치스코 교황이 선언하고 있듯이, '가난한 이를 위한 가난한 이들의 교회'가 새로운 경로를 더듬고 있다. 이 과정에서 오해와 비난이 쏟아지더라도 "주님께서 함께 계시니 두려울 것이 없노라."라는 시편 구절을 읽을 뿐이다.

하느님 은총으로는 부자도 하느님 나라에 들어갈 수 있다

해방신학자 가운데는 "그리스도교는 공산주의"라고 주장하는 이들도 있다. 호세 미란다(Jose miranda)는 어떤 그리스도인이 마르크스주의에 반대한다는 것은 이해할 수 있지만 "공산주의를 반대한다면 이것은 금세기의 가장 커다란 스캔들임에 틀림없다."고 단언했다. 호세 미란다는 《성서의 공유사상》(사계절, 1987; 원전 Communism in the Bible, Marykno11, Orbis Books, 1982)에서 공산주의를 세우려는 역사 안에서 마르크스주의는 한낱 일화에 불과

하다고 말한다. 초대 그리스도교와 그 후 18세기 동안 공산주의 이념은 어떤 종류의 유물론도 없이 존속했다는 것이다. 미란다는 우리의 이웃 한 사람 한 사람 안에서 하느님께서 부여하신 무한한 인간 존엄성을 발견하지 못한다면 "사도행전에서 전하는 '모든 것을 공동으로 소유하는'(사도 2, 44) 공동체는 실현될 수 없다."면서, 하느님 없이 실패한 공산주의의 증거로 '국가자본주의'가 된 소련을 예로 들었다. 미란다는 "성령의 존재를 부인하는 것은 자본주의가 가르치듯이 개인의 이익과 이득을 이기적으로 추구하는 것과 관련이 깊다."면서 공산주의를 무조건 무신론이나 유물론과 직결시키는 데 반대한다. 미란다는 공산주의를 비난하는 이들에게 이렇게 말했다.

"그들은 우리가 성령의 존재를 실질적으로 부인하지 않으면서도 정신적인 것보다 물질적인 것을 더 중시한다는 점을 고의적으로 무시한다. 그러나 무엇보다도 예수에 의해 유일한 것으로 확립되고 우리에게 남겨진 기준은 '너희는 내가 굶주렸을 때에 먹을 것을 주었고, 내가 목말랐을 때에 마시게 해 주었다. 나그네 되었을 때 나를 맞아들였고, 헐벗었을 때에도 내게 입혀 주었다. 병들었을 때에 나를 찾아왔고, 감옥에 갇혔을 때에도 내게로 와 주었다.'(마태 25, 35~36)는 것이다. 이것이 정신적인 것보다 물질적인 것에 더 큰 관심을 두는 태도라면, 자칭 공식적인 영성주의자들은 에둘러 말하기를 멈추고 비난의

화살을 예수 자신에게 돌려야 마땅하다."—《제3세계의 해방신학》, 분도출판사, 1993 재인용

사도행전을 지은 루카 복음사가는 "이와 같이 너희 가운데에서 누구든지 자기 소유를 다 버리지 않는 사람은 내 제자가 될 수 없다."(루카 14, 33)고까지 말한다. 미란다는 "그렇다면 누구나 그리스도인이 되고자 한다면 그 조건은 공산주의"라고 단언했다. 일부에서는 초대 교회의 공산주의 실험이 실패하지 않았느냐고 반박할 수 있다. 그러나 호세 미란다는 "산상 설교 역시 실패했지만, 그렇다고 해서 산상 설교가 가진 규범적 성격을 박탈할 이유는 없다."면서 "이처럼 초대 교회의 공산주의가 현실적으로 성공하지 못했지만 그리스도교 공동체에 대한 규범적 성격이 사라지는 것은 아니다."라고 말했다. 실상 예수조차도 "사실상 공산주의자"라고 미란다는 주장한다. 예수와 동행한 제자 공동체에서 유다가 돈주머니를 맡아 가지고 있었으며, 일행은 그 돈을 공동으로 소유하며 필요에 따라 받아서 썼다는 것이다.

복음서에서 자주 등장하는 이런 이야기들은 부자들과 부유한 교회를 곤란하게 만든다. 이를테면 "부자가 하느님 나라에 들어가는 것보다 낙타가 바늘귀로 빠져나가는 것이 더 쉽다."(마르 10, 27)는 말처럼 기득권자들을 불편하게 만드는 말은 없다. 제자들이 놀라서 "그러면 누가 구원받을 수 있는가?" 물어보자 예수는

"사람에게는 불가능하지만 하느님께는 그렇지 않다. 하느님께는 모든 것이 가능하다."고 답변한다. 부자도 하느님 은총으로 하느님 나라에 들어갈 수 있다는 말이다. 즉, 밭에서 진주를 발견한 농부가 재산 다 팔아 그 밭을 샀던 것처럼, 부자도 제힘으로는 어렵겠지만 하느님 힘으로는 아끼던 재물조차 포기하고 탐욕에서 해방되어 예수를 따르는 삶을 선택할 수 있다는 말이다.

군부독재와 결탁?
고백할 수 있는 용기

교황이 군사정권에 협력했다는 낭설

베르골료(프란치스코 교황)는 1967년 성 요셉 신학교에서 신학 과정을 마치고 1969년 12월 13일 부에노스아이레스 대교구 라몬 호세 카스텔라노 대주교에게 사제 서품을 받았다. 그는 1973년 4월 22일 평생 예수회원으로 살겠다는 최종 서원을 하고, 그해 7월 31일 불과 36세에 아르헨티나 예수회의 관구장으로 임명되었다.

베르골료 신부가 관구장이 되었던 그해 10월, 군부독재가 끝나고 도밍고 페론 대통령이 10월에 다시 대통령이 되었다. 그러나 페론 대통령이 1974년에 서거하고, 그의 부인이자 부통령이었던 이사벨 페론이 대통령직을 승계했지만, 다시 군부 세력의 영향력이 커져서 1976년 3월 24일 군사 쿠데타가 발생했다. 호르헤 라파엘 비델라 장군이 페론 정부를 전복하고 반정부 인사들에 대한 가혹한 탄압을 자행했다. 불과 몇 년 사이에 3만 명이나 되는 사람이 실종되었고, 고문과 납치가 일상화되었다.

이런 파시즘 체제는 아르헨티나가 포클랜드 전쟁에서 영국에 패배한 뒤에 치러진 1983년 10월 30일 대통령 선거를 통해 민간 정부가 들어서면서 무너졌다. 그러나 군부독재가 행한 반인도적 범죄에 대한 청산 작업은 신속하게 이뤄지지 못했다. 군사 게릴라에 가담한 이들과 군인들에 대한 소송을 금지한 '종지부 법'과 명령을 받아 임무를 수행한 사람에 대한 형사 처분을 금지한 '복종의무 법' 때문이었다.

2004년 네스토르 카를로스 키르치네르 정부가 집권해 이 두 법률을 폐지하고 나서야, 아르헨티나에서 과거 청산 작업이 시작될 수 있었다. 군부독재 시절에 비델라 장군 등 독재자들은 '독실한 가톨릭 신자'임을 자처했고, 실상 몇몇 주교들은 독재 정권에 협력한 것이 사실이다. 군사정권은 공산주의 세력을 물리치고 가톨릭교회를 보호해야 한다는 구실로 폭력을 정당화했다. 당시 군부독재를 드러내고 비판한 주교는 드물었다. 오히려 어떤 식으로든 정치에 교회가 관여해서는 안 된다는 입장을 펴는 사람이 많았던 편이다.

그러나 한편에선 "나는 우리나라의 구체적인 상황에서 그리스도의 가르침을 실천하기 위해서는 이 길밖에 없다고 생각한다."면서 콜롬비아의 밀림으로 들어가 게릴라 투쟁을 벌이다 1966년에 37세의 나이에 죽은 카밀로 토레스 신부 같은 이도 있었다. 그는 "사랑이란 단순히 감상적인 태도를 의미하는 게 아니다. 사랑은 사람들에게 비참한 생활 조건을 강요하는 기본적인 경제적 사회적 구조들을 변혁하려는 의식적이며 지성적인 노력을 의미한다. 신앙은 사랑 안에서 스스로 성취된다. 그리고 사랑은 실제적인 효력이 있어야 한다."고 말했다. 이어 "오늘의 세계에서 가난한 자들을 먹이고 헐벗은 자들을 입혀 주고 병들고 감옥에 갇힌 자들을 돌보아 주는 데에는 한 가지 방법만이 있다. 그리스도가 그렇게 하도록 우리를 초대하고 있는데, 그것은 그러한 환경을 매일 만들어 내고 확대하고 있는 사회 구조를 변화시키는 것이다. 이것이 혁명이다."라고 말했다. 토레스 신부는 사제들이 무장 투쟁에 나서야 할 만큼 납치와 고문, 암살로 얼룩진 당시 라틴아메리카 군부 정권에서 민중이 처한 현실의 가혹함을 여실히 보여주고 있다.

이 격동의 시절에 아르헨티나 예수회 관구장을 맡았던 베르골료 신부가 군부독재에 저항하지 않았고, 심지어 독재자들과 결탁했다는 의혹이 제기되었다. 2005년 콘클라베가 열리기 직전에도 한 인권변호사가 베르골료 신부가 1976년에 있었던 사제 납치 사건에 연루되었다고 비난하며 부에노스아이레스 법원에 고소장을 제출하기도 했다. 그해에는 〈파기나 21〉 기자였던 베르비츠키가 예수회 사제 두 명을 군부 정권에 넘겨준 장본인이 베르골료 신부라고 주장하는 《침묵》이란 책도 출간되었다.

베르골료는 이 사건에 대해 입을 열지 않다가 2010년에 가서야 법정 증언을 통해 진상을 밝혔다. 당사자인 예수회 사제 요리오 신부와 얄릭스 신부는 1974년부터 '가난한 이를 위한 우선적 선택'이라는 정신에 따라 빈민촌 바조 플로레스에서 활동했는데, 그 두 사람은 공산주의 사상을 유포하고 반정부 활동을 선동한다는 혐의를 받고 있었다. 1976년 3월에 아르헨티나에서 군사 쿠데타 소문이 퍼지자 당시 예수회 관구장이었던 베르골료 신부는 두 신부에게 예수회 공동체로 피신할 것을 권유했다. 그러나 이들이 가난한 이들을 두고 혼자 몸을 피하는 게 도리가 아니라는 이유로 거부하자, 베르골료 신부는 두 신부에게 몸조심하라고 당부했다고 한다.

당시 요리오 신부와 얄릭스 신부는 예수회를 떠나 다른 공동체를 세울 계획을 가지고 있었는데, 당시 예수회 총장이었던 페드로 아루페 신부가 거취를 결정하라고 통보하여, 결국 두 신부는 1976년 3월 예수회에서 공식 탈퇴했다. 그런데 얼마 후인 5월 23일 아침, 국가 정보기관 요원들이 요리오 신부와 얄릭스 신부를 강제로 연행했다. 이 두 명의 사제는 5개월 동안 수갑을 차고 눈을 가린 상태로 구금되었다가 석방되었는데, 그사이에 예수회로

부터 아무런 도움을 받지 못했다는 배신감에서 베르골료 신부를 원망했다. 그리고 베르골료가 두 신부를 군부에 밀고한 것이 아닌가 하고 의심했다.

그러나 1976년 9월 중순, 베르골료 신부가 얄릭스 신부의 가족에게 보낸 편지에서 베르골료가 두 사제의 석방을 위해 갖은 애를 썼다는 사실이 드러났다.

"얄릭스 신부의 석방을 위해 여러 번 정부에 로비를 했지만, 지금까지 성공하지 못했습니다. 그러나 희망은 있습니다. 저는 이 사건을 '제 문제'처럼 여기며, 반드시 해결할 것입니다. 제가 신앙 문제로 얄릭스 신부와 이견을 보인 것은 사실이지만, 현재 상황에서 그건 그리 중요하지 않습니다." ― 위르겐 에어바허, 《교황 프란치스코》, 가톨릭출판사, 2014

베르골료 신부는 이 문제를 해결하기 위해 비델라 대통령과 리오 마세라 해군 사령관도 여러 차례 만났다. 이런 노력 끝에 10월 23일 5개월 만에 그들이 석방되었다. 요리오 신부는 다시 예수회에 입회하지 않았지만, 그 후 얄릭스 신부는 예수회에 재입회하여 활동했다. 베르골료가 교황으로 선출된 뒤에 이 논란이 다시 불거지자 얄릭스 신부는 2013년 3월 15일과 3월 20일 이 사건에 대해 적극 해명하는 글을 발표하기도 했다. 이 해명서에서 얄릭스 신부는 "베르골료 신부에 의해 우리가 감옥에 구금되었다는 주장은 거짓"이며, 자신들이 구속된 것은 게릴라 활동에 가담했던 어느 여성 교리교사의 밀고 때문이었다고 고백했다.

아르헨티나 교회, 군사정권 시기 교회의 침묵, 반성하고 사과하다

위르겐 에어바허에 따르면, 다른 인권변호사인 호라시오 멘데스 카레라스가 프랑스 가톨릭신문인 〈라 크로와〉와 가진 인터뷰에서 "베르골료 추기경에게 모든 책임을 뒤집어씌우려는 사람들은 대부분 아르헨티나 친정부 인사들이었다."며 "그가 군부 정권에 저항했는지 저항하지 않았는지 사실 여부를 따지는 비난이 아니라, 그 저항이 적극적이었는지 적극적이지 않았는지 여부를 따지는 비난은 기준이 상당히 모호한 것"이라고 지적했다. 또한 미겔 라 치티타 신부가 이탈리아 일간지 〈라 스탬파〉와 가진 인터뷰에서는 베르골료 예수회 관구장이 수배자들에게 성 요셉 신학교 안에 은신처를 마련해 주었으며, 자신과 비슷하게 생긴 청년의 경우에는 자신의 신분증을 지참케 해 도피시킨 적도 있다고 밝혔다. 아르헨티나 노벨평화상 수상자 아돌포 페레즈 에스키엘 교수는 "그분은 군부 정권에 협력한 분도 아니었지만 인권을 위해 몸을 바친 분도 아닙니다. 베르골료 신부는 관구장 시절 자신의 위치에서 자신이 할 수 있는 일을 했습니다. 그분은 강제 연행되어 구금된 사람들을 돕기 위해 조용한 외교를 펼쳤습니다."라고 말했다.

그렇다고 해서, 프란치스코 교황은 자신이 늘 떳떳했다고 말하지 않는다. 그는 자신이 지도적 위치에 있었던 만큼 부끄러운 허물이 많았다고 고백한다.

"하느님께서는 자비로이 여기시어 특별한 사랑을 베풀어 주셨습니다. 젊을 때부터 저는 항상 지도자의 위치에 있었습니다. 사제 서품을 받고서 4년 만에 아르헨티나 예수회 관구장이 되었습니다. 따라서 저는 직책을 수행하면서 제 실수를 바탕으로 배워 나갈 수밖에 없었습니다. 고백하자면, 저는 엄청나게 많은 실수를 저질렀습니다. 실수와 죄를 범했습니다. 오늘 이 시점에 제가 '저질렀을지도 모르는' 죄와 허물에 대해 용서를 구한다고 말씀드린다면 그건 거짓말일 것입니다. 저는 제가 '저지른' 죄와 허물에 대해 용서를 구합니다." —프란체스카 암브로게티 외, 《교황 프란치스코》, RHK, 2013

한편 프란치스코 교황은 추기경 시절에 적어도 네 차례 이상 아르헨티나 군부 정권 아래에서 교회가 저지른 잘못을 솔직히 고백하고 사과를 청하는 데 참여했다.

그가 속한 아르헨티나 주교회의는 2000년 "우리는 인권을 수호하기 위해 헌신하지 않았습니다. 오히려 뒤로 돌아서서 못 본 척했습니다. 우리는 이에 대해 침묵한 책임이 있습니다. …… 하느님께서 이를 용서해 주시길 간절히 청합니다."고 발표했다. 2007년 폰 베르니치 군종신부가 군사독재 정권의 인권 탄압에 협력했다는 혐의로 종신형을 선고받자, 아르헨티나 주교회의는 당시 주교회의 의장이었던 베르골료 추기경 명의로 다시 다음과 같은 성명서를 발표했다.

"(주교회의는) 사제가 중차대한 범죄에 가담했다는 사실에 고통을 느끼고 있습니다. …… 그러나 우리는 이 범죄의 진상을 밝히는 것이 모든 국민이 화해하는 데 큰 도움이 될 것이라고 믿습니다. 이 범죄를 법적으로 처벌하는 길이 우리가 증오심과 복수심에서 벗어나는 데 큰 도움이 될 것이라 믿습니다."

베르골료 추기경은 2012년에도 사과문을 발표하고, 그해 11월에는 아르헨티나 주교들이 과거사 진상 규명을 위해 교회의 기록물을 공개하기로 결정했다. 2007년에 발표한 성명서처럼 이런 결정으로 "교회는 고통스러운 과정을 겪을 테지만 마침내 사람들에게 자유를 선사할 수 있을 것"이라고 말했다. 이런 태도는 한국 천주교회가 일제 강점기 친일 행적과 해방 이후 독재 정권에 협력한 사실에 대한 철저한 반성으로 거듭 나려는 노력에 인색했던 태도와 비교된다.

한국 천주교회, 반성 부족한 친일 행적과 군사독재 협력

한국 천주교 주교회의는 2000년 12월 3일자로 발표한 〈한국 천주교회의 2000년 '쇄신과 화해'〉라는 문서를 통해 참회문을 발표하면서도, 일제 강점기 교회의 친일 행적에 대해 제대로 반성하지 않았다. 다만 "우리 교회는 열강의 침략과 일제의 식민 통치로 민족이 고통을 당하던 시기에 교회의 안녕을 보장받고자 정교 분리를 이유로 민족 독립에 앞장서는 신자들을 이해하지 못하고 때때로 제재하기도 하였음을 안타깝게 생각합니다."라고 말했을 뿐이다. 이런 '안타깝다'는 유감 표명을 죄책에 대한 고백이라고 보기 어렵다.

2009년 민족문제연구소가 발표한 《친일인명사전》에서는 천주교인 가운데 7명(노기남 대주교, 김명제 신부, 김윤근 신부, 신인식 신부, 오기선 신부, 장면, 남상철)을 친일 인사로 등재했다. 특히 서울대교구장이었던 노기남 대주교는 그해 7월 초 정부 산하 친일반민족행위진상규명위원회에서 '친일반민족행위자'로 결정되었는데, 이에 대해 서울대교구 측은 "당시 노 주교의 행동은 개인의 이익을 위한 것이 아니라 '천주교회 수장'으로서 교회와 교인을 지키기 위한 최소한의 행위였다."고 변명하기에 급급했다. 당시 《친일인명사전》에는 종교별로는 불교 54명, 개신교 51명, 유림 41명, 천도교 29명, 천주교 7명이 등재되었다. 이에 대해 김승태 친일인명사전 편찬위원은 "천주교회의 친일 인물 명단은 다른 종교에 비해 적은 편이다. 이는 천주교의 특성상 개인적 차원에서 친일 행적을 보인 사람들보다 교단 차원에서 친일 행동에 돌입했기 때문"이라고 설명했다. 참으로 부끄러운 일이다.

한국 교회는 2010년 경술국치 100년을 맞이해 일본 천주교 주교회의 의장 이케나가 준 대주교가 일본 제국주의의 식민 정책에 협력한 것을 통절히 사죄하며 "자신의 잘못을 인정하고 용서를 청하는 일은 자신을 비하하는 것이 아니라 오히려 그리스도께서 바라시는 참된 인간의 모습에 가까이 다가가는 일"이라며 "우리들은 과거의 식민지 지배와 무력 침략이라는 역사적 사실을 진지하게 받아들이고 반성하며, 그에 대한 역사 인식의 공유를 요청받고 있다. 그것은 두 번 다시 동일한 비극을 일으키지 않겠다고 하는 맹세인 동시에, 미래에 대해서도 책임지는 일임을 확신한다."고 말한 것을 진지하게 배워야 한다.

그런데도 같은 해인 2010년 10월 15일 명동성당 코스트홀에서 열린 한국교회사연구소가 주최한 '노기남 대주교와 한국 천주교회' 심포지엄에서는 노기남 대주교로 상징되는 일제 강점기 한국 천주교회의 친일 행적에 대해 "일제의 폭압 아래서" 교회를 유지 온존하기 위한 "자구책"이었다는 하소연이 터져 나왔다. 한국교회사연구소 이장우 연구실장은 친일반민족행위진상규명위원회가 노기남 대주교를 '친일반민족행위자'로 규정한 것은 "하나같이 '민족'을 절대시하여 '도덕적 심판의 준거이자 역사적 판단의 잣대'로 삼은 결과에서 기인한 것"이라고 불만을 보였다. 1942년 12월 10일 노기남 대주교의 서품식 때, 노기남 대주교는 서울교구장에 취임하면서 "이제 우리 손으로 우리 교회를 유지하고, 유지할 뿐 아니라 발전시켜야 한다. 이를 위하여 우리는 무엇보다도 열심한 가톨릭 신자가 되고 충량한 황국신민이 되어야 한다. …… 비록 약간 어렵고 불편할지라도 공연한 비판이나 한탄을 말고 일치 협력하야 무언 복종하라."고 하면서 조선총독부의 시책에 말없이 협력하라고 요구했는데, 이조차도 교회를 보호하기 위함이었다고 변명했다. 신사참배 문제와 관련해서도, 이장우 실장은 "신사참배를 거부한다는 것은 당시 일본의 '국체(國體)'를 부정하는 행위였기 때문에 식민지 조선인으로서 자신의 죽음이나 자신이 속한 공동체의 파괴를 각오하지 않는 한 그렇게 할 수 없었을 것"이라고 변호했다. 이는 똑같은 상황이 오면 다시 친일을 할 수도 있다는 말처럼 들린다.

좀 더 진상을 살펴보자면, 조선 천주교회는 1926년 11월 15일 《천주교요리》를 공식 문답으로 반포하여 신사참배 불가를 공식 선언했다. 그러나 1931년 만주사변 이후 일본의 대륙 침략이 본격화되면서 '국체명징(國體明徵)'을 내세워 식민지 조선에서도 신사참배가 본격적으로 강요되자, 1935년 연례교구장 회의에서 신사참배를 허용키로 하고, 1936년 4월 〈경향잡지〉를 통해 신사참배를 공식 허용했다. 그해 5월 26일에는 신사참배는 종교 행사가 아니라 애국적 행사이므로 허용한다는 교황청 포교성 훈령이 발표되었고, 6월 12일에는 《한국 교회 공동지도서》의 내용을 수정해 신사참배를 허용했다. 1940년에는 '국민총력 천주교경성교구연맹'을 만들어 매월 첫 번째 일요일을 '교회 애국일'로 정하여 시국 강연회 등을 행하고, 군기 헌납을 위해 매월 1인 1전씩 납부하도록 했는데, 이것을 모두 "어쩔 수 없었다."며 "자발적이고 적극적인 협력이 아니라 조선 총독부의 강압적인 강요에 의한 타율적인 협력이었다."고 강변했다.

또한 박정희 독재 정권에 협력하고 기득권을 누렸던 한국 천주교회에 대한 반성도 없었다. 1961년 박정희 육군 소장이 5·16 군사 쿠데타를 일으키자, 상황을 지켜보던 한국 교회는 서둘러 쿠데타 정권을 지지하고 나섰다. 대구교구에서 발행하던 〈가톨릭시보〉는 '군사혁명과 반공 정책: 반공은 국토 통일보다 중요하다'라는 기사를 통해 "우리가 통일을 원하는 것은 국민 모두가 잘살기 위해서인데 공산 치하에서는 잘살 수 없으므로 군사혁명정부가 국시를 반공으로 삼은 것은 현명한 정책이다. …… 또 이 땅이 공산화되더라도 통일이 되어야 한다든가 공산당의 음모를 알면서도 민주주의에 충실하기 위하여 언론 집회의 자유를 주어야 한다는 것은 본말이 전도된 것"(1961. 5. 28 ; 280호)이라고 발표했다. 그뿐 아니다. 1961년 9월 10일 서울대교구는 간담회를 갖고 쿠데타 군부 정권이 추진하던 '재건국민운동본부'에 가입하여 노기남 대주교를 총재로 한 '재건국민운동 천주교 서울교구추진회'를 결성해 정부 시책에 협조했다. 그리고 한국 천주교 주교단은 1961년 12월 4일자로 〈영육의 각 분야에서 신앙을 실천하라!〉는 교서를 발표해 "오늘날 우리 혁명정부는 재건국민운동을 부르짖고 국민 각자의 부정과 부패를 일소하는 정신적 혁명을 모든 국민들에게 호소하고 있다."면서 "우리 신자들은 신앙의 정신으로 재건국민운동에 적극 협력하라! …… 특히 신자 지도를 맡은 모든 본당 신부들은 주일 강론 중에서도 신자들에게 이러한 정신과 실천을 강조해 주기 요망하는 바이다."라고 전달했다.

한국 천주교회가 해방 공간에서 정치 세력화를 위해 나섰으며, 가톨릭의 얼굴이던 장면 총리가 집권했던 민주당 정권을 쿠데타로 무너뜨린 군사 정권을 다시 지지한 것은 '정치권력'을 따르는 종교 집단의 비굴한 모습을 잘 드러낸다. 힘이 있으면 정치권력의 열매를 따 먹고, 힘이 약하면 정치권력 뒤에 숨는 모습이다. 결국 해방 이후부터 5·16 군사 쿠데타 직후까지 교회는 여전히 일제 강점기에 '어쩔 수 없이 친일'을 했다고 자신을 변호했던 교회에서 한 치도 나아가지 못했다. 이는 교회의 애매한 '정치 개입주의'가 초래한 비극이다.

이러한 '정치 개입주의'가 지역교회 현상으로 극명하게 드러난 곳이 천주교 대구교구다. 대구를 '이효상의 후예들의 도시'라고 부르게 된 것은 1962년 대구대교구의 서정길 대주교의 권유로 〈천주교회보〉 편집장을 역임하고 〈가톨릭청년〉에 왕성한 기고 활동을 벌였던 이효상(이문희 대주교의 부친)이 민주공화당에 들어가면서부터다. 이효상은 1963년 국회의장으로 당선된 뒤로 8년(6대, 7대) 동안 의장직을 맡았으며, 1972년에는 유신 체제 아래서 민주공화당 당의장 서리, 당 총재 상임고문 등을 맡으며 1979년 박정희 대통령이 죽을 때까지 17년 동안 요직에 있었다. 그는 국회의장 시절인 1969년 3선 개헌안을 날치기로 통과시켜 박정희에게 영구 집권의 길을 열어 주었다.

한편 대구교구 소유의 〈가톨릭시보〉는 1963년 3월 16일자 '정치 체질 개선의 본뜻―우리는 전환기에 서 있는가'라는 사설에서 "교회는 현실 정치에 직접 간여하기를 극력 피하고 있으며 교회 안에서 특히 공식 장소에서 정치에 대해 언급하거나 사담으로라도 교회 울타리 안에서 그런 것을 비친다면 좋은 표양이 아니다."라고 주장하며 해묵은 '정교 분리 원칙'을 다시 내세웠다. 1971년 4월 17일 제7대 대통령 선거를 앞두고, 이효상은 민주공화당 경남지부 연차대회에서 "대통령으로 모실 분은 박정희 씨 오직 한

분밖에 없다."면서, "후진국에 있어서 군 세력의 지지를 받지 못하는 경우엔 흔히 쿠데타가 일어나는 것을 우리는 많이 보고 있다. 국가의 지도자는 군부의 지지를 받는 사람이라야 지도자가 될 수 있다."고 말했다. 그렇게 다시 집권한 박정희 대통령은 유신 정권 시절에 초법적 권력을 휘두르고, 언론에 재갈을 물리고, 민주 인사들을 감옥에 보내며 종신 집권 체제를 다졌다. 1976년 삼일절 명동성당에서 일곱 명의 천주교 사제들과 문익환, 김대중 등 재야 인사들이 서명한 '민주구국선언' 사건이 발생하자, 이효상은 "만일 존엄한 지성소가 정치의 선전장 혹은 정치의 소굴이 되었다면 이것이 간단히 묵과할 문제이겠는가?"라며 민주화운동에 동참한 사제들을 공박했다. 자신들은 부도덕한 독재 정권에 기생하며, 정권에 도전하는 사제들은 '정치사제'로 매도했다.

대구대교구는 1980년 광주 학살을 딛고 집권한 전두환 정권에도 우호적 태도를 견지했다. 제5공화국이 선포되고, 해산된 국회를 대신해 만든 국가보위입법회의는 각종 악법을 쏟아 냈다. 이때 입법회의에는 대구교구의 이종홍, 전달출 신부가 참여했다. 특히 전달출 신부는 대구교구 소유의 〈대구매일신문〉과 〈가톨릭신문사〉 사장 출신으로 한국반공연맹 이사를 역임했으며, 그 후 평화통일정책자문회의 운영위원으로도 활동했다. 대구교구의 권력 유착으로 〈매일신문〉은 1980년 신군부에 의해 방송사와 언론사들이 강제 통폐합될 때에도 유일한 대구 지방지로 남는 특혜를 누렸다.

결국 교회의 '정치 개입주의'는 '정치 불간섭주의'와 동전의 양면처럼 작용한다. 이들은 실질적으로 정치권력과 유착해 기득권을 확보한다는 점에서 '정치 개입주의'를 작동시키면서, 교회 안에서는 '정치 불간섭주의'를 표방하면서 교회가 정치권력에 저항하는 길을 차단했다. 1970~1980년대에 거쳐 대구뿐 아니라 청주교구와 대전교구, 수원교구 등의 고위 성직자들은 실제로 정치 불간섭주의를 표방하면서 독재 정권과 사회 불의에 침묵함으로써 성지 개발 과정의 특혜와 꽃동네 등 사회복지 기관 등을 둘러싸고 사실상의 종교적, 사회적 이득을 취해 왔다. 그 결과 해당 교구는 교황청이 신설한 '정의평화위원회'도 오랫동안 가동하지 못했으며, 천주교정의구현전국사제단에 참여하는 사제들도 소수였다. 그러나 최근에 대구교구, 대전교구, 수원교구 등에 정의평화위원회가 재출범하면서 새로운 활력을 얻고 있는 것은 다행스러운 현상이다.

한편 독재 정권을 비호했던 교회 내 세력들은 과거에 대한 한마디 반성도 없이, 같은 시기에 반독재 민주화 투쟁에 나섰던 김수환 추기경을 브랜드화하면서 다시 이득을 챙기려는 모습마저 보인다. 이 파렴치를 무어라 말해야 좋을까? 새삼 프란치스코 교황이 추기경 시절 아르헨티나 교회의 잘못을 솔직히 고백하고 사과를 청하던 모습이 아름답게 보인다.

대통령과 갈등하는 추기경, 베르골료

베르골료 추기경은 과거사에 대한 반성에 그치지 않았다. 아르헨티나 독재 정권에 희생된 사람들에 대한 애도와 위로는 물론이고, 과거 정부 인사에 대한 용서와 화해에 대한 입장도 밝혔다. 교황이 된 후에는, 과거 아르헨티나 군사정권의 만행에 대해 "우리가 아무리 용서하더라도 상대방이 회개하고 보상할 때에만 용서를 받게 된다."고 분명히 말했다. 프란체스카 암브로게티 등과 나눈 인터뷰에서 프란치스코 교황은 "그 누구도 '너를 용서해. 여기서는 아무 일도 없었던 거야.' 라고 말할 수 없다."고 답했다.

"제가 용서를 베풀기 위한 준비가 되어 있어야 하지만, 이를 받는 측에서도 제대로 수용할 수 있을 때 효과가 발휘되는 것입니다. 잘못을 회개하고 보상하려고 할 때 용서를 받을 수 있는 것입니다. 용서를 하는 것과 용서를 받을 수 있는 자격을 갖추는 것은 별개입니다. 만약 제가 어머니를 구타하고 그 후에 어머니에게 용서를 빌었더라도, 이후에 어머니의 행동이 내 마음에 들지 않을 때 또 어머니를 구타할 것을 내 스스로 알고 있다면, 비록 지금 어머니가 나를 용서해 주시더라도, 내 마음이 닫혀 있기 때문에 용서받을 수 없는 것과 같습니다."

교황은 "군사정권 말기에 수천 명에 달하는 사람들이 실종되기까지 했는데, 이런 인권 유린이 국가에 의해 자행된 것일 때는 문제가 더 심각하다."고 말했다.

한편 프란치스코 교황은 예수회 관구장 시절에는 군부독재에 '적극적으로' 저항하지 못했지만, 추기경 시절에는 경제 위기로 국민들이 먹고사는 문제로 곤란을 겪자, 국민들을 대변해 국가 권력에 대한 쓴 소리를 아끼지 않았다. 2001년 12월 아르헨티나 정부의 예금 인출 금지 조처로 폭동이 일어나 5월 광장에 군중이 운집했을 때였다. 베르골료 추기경은 한 여성을 향해 총부리를 겨누는 경찰을 주교관 창문으로 보고 치안 장관에게 전화해 항의했다. 이 당시 베르골료 추기경은 이미 신자유주의와 IMF의 처방에 문제의식을 느끼며 점차 정치 참여의 필요성을 깨닫고 있었다. 2000년 페르난도 데라루아 대통령 시절에는 강론을 통해 슬픔에 젖어 한탄만 하지 말라고 국민들에게 전했다.

"저는 간혹 제 스스로에게 질문해 봅니다. 만약 사회가 당면한 현실을 외면하고 슬픔에 젖어 한탄만 한다면, 모든 것을 피할 수 없는 운명으로 생각하여 원하는 바를 분명히 말하지 않는다면, 또 희망이라고는 찾아볼 수 없는 작은 기대에 만족한다면 이 나라가 어떻게 될 것인가. 이제 우리는 국가 시스템이 '불신의 그림자'라는 큰 그늘에 갇혀 버렸다는 것을 겸허히 인정해야 합니다. 정부의 약속과 발표는 장례 행렬처럼 공허하기만 합니다. 모두가 망자의 일가친척만을 위로할 뿐이지, 막상 아무도 죽어 넘어진 자를 일으켜 세우려고 하지 않습니다."―프란치스카 암브로게티 외,《교황 프란치스코》, RHK, 2013

2003년에 대통령에 취임한 네스토르 키르치네르 대통령과 후임인 크리스티나 키르치네르 대통령과도 불편한 관계가 계속되었다. 네스토르 키르치네르 대통령이 취임했을 때는 새로운 나라를 만들기 위해 "각자의 어깨에 조국을 짊어질 것"을 요청했던 베르골료 추기경이지만, 이듬해인 2004년에는 정부의 태도를 다시 비판하며 국민들에게 "우리는 너무나 큰 소속감을 느끼는 나머지 다른 사람들을 배척하고, 너무나 뛰어난 혜안을 갖다 보니 장님이 되어 버렸다."고 호소하며 "압제자와 살인자의 증오와 폭력을 모방하는 것은 그들의 후계자가 되기 위한 최상의 방법"이라고 에둘러 비판했다. 2012년 5월 25일 아르헨티나 건국 기념일 미사(테데움)에서는 정부 고위 관료들이 대대적으로 참석한 가운데 정치권력 하나의 '이념'만을 내세우는 것은 '기만'이라고 비판했다.

"탐욕스럽게 권력을 움켜쥐고자 하는 행위, 자신의 생각을 남에게 강요하는 행위, 생각이 다르다는 이유로 다른 사람을 핍박하는 행위들이 우리를 어디로 몰고 가는지 우리는 알고 있습니다. 이런 행위 때문에 우리의 양심은 마비되고, 광기에 빠지게 됩니다."

위르겐 에어바허는 《교황 프란치스코》(가톨릭출판사, 2014)에서 "이러한 말이 당시 집권하고 있던 크리스티나 키르치네르 아르헨티나 대통령을 염두에 두고 한 것인지 아닌지는 정확히 알 수 없다."고 했다. 그러나 두 키르치네르 대통령은 200년 이상 부에노스아이레스 주교좌 성당에서 봉헌하던 건국 기념일 미사에 대통령이 참석하던 관행을 깨고, 2005년부터 추기경의 정부 비판 강론을 빌미로 다른 성당에서 봉헌하는 미사에 참석하기 시작했다. 그런데 그 추기경이 교황이 되면서 2013년 3월 18일 베르골료 추기경을 교황으로 알현하게 되는 광경이 연출되었다.

'정치적 사랑'의 표상, 로메로 대주교

순교자 로메로 대주교의 시성 절차를 승인하다

프란치스코 교황이 교황좌에 오르면서 제일 먼저 한 작업 가운데 하나가 엘살바도르의 순교자 오스카 로메로 대주교의 시성을 가로막았던 장애를 제거하고 시성 절차를 재개시킨 일이다. 교황은 2013년 4월 20일, 그러니까 교황이 된 지 5주 만에 전 세계에 로메로 대주교의 '순교'를 상기시켰다. 교황청 가정평의회 의장이며 로메로 대주교의 시복시성 청원자였던 빈첸초 팔리아(Vincenzo Paglia) 대주교는 다음 날 이탈리아의 몰페타에서 열린 토니노 벨로 주교 선종 20주기 추모 미사에서 "오늘은 벨로 주교가 선종한 날이자 로메로 대주교의 시복 절차가 재개된 날"이라며 "마침내 로메로 대주교가 성인 반열에 오를 수 있게 됐다."고 전했다. 그는 "교황 프란치스코가 로메로 대주교에 대한 교황청의 시복 심사 중단 조치를 해제했다."면서 로메로 대주교에 대한 장애 해제(unblock)를 밝혔다.

로메로 대주교는 군사 정권이 통치하던 엘살바도르에서 "교회는 목소리 없는 자의 목소리가 되어야 한다."면서 가난한 이들을 대변하고 인권을 옹호하다가 우익 암살단에 의해 1980년 3월 24일 아침 미사 중에 살해당했다. 그의 죽음은 엘살바도르 민중에게 곧바로 '순교'로 간주되었고, 그는 사회정의를 위해 투신하고 압제에 저항하는 교회를 상징하는 인물이 되어 왔다.

요한 바오로 2세 교황은 엘살바도르 교회의 요청에 따라 1997년 오스카 로메로 대주교의 시성을 검토하도록 처음 지시하고, 이듬해 로메로 대주교에게 시복 전 단계인 '주님의 종' 칭호를 부여했다. 그러나 교황청 관료들은 시성 절차를 전혀 진행시키지 않았다. 당시 신앙교리성 장관이었던 라칭거 추기경(훗날 교황 베네딕토 16세)이 로메로 대주교에 대한 신심이 해방신학과 같은 '좌파적' 주장에 너무 가깝다고 염려했기 때문이다. 로메로 대주교에 대한 시성 절차 진행이 지지부진한 것에 항의하는 목소리가 높아지자 교황청은 조만간 로메로를 '복자'로 선포할 것이라고 전했지만, 2005년 4월 2일 교황 요한 바오로 2세가 선종하면서 그마저도 흐지부지되었다. 로메로 대주교의 시성 문제는 해방신학에 대해 비교적 비판적 입장을 견지한 라칭거 추기경이 후임 교황으로 선출되면서 더욱 어려워졌다. 그런데 베네딕토 16세 교황이 2013년 갑작스레 사임을 표명하고, 3월 13일 라틴아메리카 대륙 아르헨티나 출신의 베르골료 추기경이 새 교황으로 선출되면서 곧바로 로메로 대주교에 대한 시성 절차가 본격적인 궤도에 재진입하게 된 것이다.

이제 관건은 로메로 대주교가 순전히 정치적인 이유가 아니라, '신앙 때문에' 죽임을 당했다고 교황청이 확정하는 일이다. 이미 교황 요한 바오로 2세와 베네딕토 16세가 여러 자리에서 로메로 대주교를 '순교자'라고 지칭한 바 있다. 만약 교황청이 로메로 대주교를 '신앙'의 확신에 따른 행동으로 암살당한 '순교자'라고 공식 선언한다면, 교황청은 일반적인 시성 절차에 따른 규정을 면제하고 그를 '복자'로 선언할 수 있다. 그리고 순교자의 경우에는 그 후 한 가지 기적만 확인되면 성인품에 오를 수 있다.

오스카 아르눌포 로메로 대주교(Óscar Arnulfo Romero, 1917~1980)는 1968년 콜롬비아의 메데인과 1978년 멕시코의 푸에블라에서 열린 라틴아메리카 주교회의에서 선포한 모든 것을 표상하고 있다. 그는 가난한 엘살바도르 민중과 교회를 대변할 뿐, 어느 정당이나 이데올로기를 대변하지 않았다. 그는 "목소리 없는 자의 목소리"가 되려는 교회의 사명에 충실했다. 군사독재 정권에 의해 목숨을 위협받을 때마다 로메로 대주교는 이렇게 예언했다.

"만일 그들이 나를 죽이면, 나는 다시 엘살바도르 민중 속에서 솟아오를 것이다." 엘살바도르(El Salvador)는 '구원자 하느님'이라는 뜻이다.

로메로 대주교는 엘살바도르 내전이 한창이던 1980년 3월 24일 말기 암 환자들을 위해 프로비덴시아 병원 내 경당에서 미사를 집전하다 극우 군부 세력에 의해 암살됐다. 그는 당시 군부 세력의 인권 유린 실태를 비판하고 공포정치에 떠는 대다수의 빈곤한 엘살바도르 국민을 대변하는 입장을 취해 정권의 미움을 샀다. 당시 해방신학에 반대하던 교황청 역시 사회정의를 추구하는 로메로 대주교의 활동에 우려를 나타냈다. 또한 교황청 관리들은 로메로 대주교가 시복될 경우 체 게바라와 살바도르 아옌데처럼 '정치적 영웅'으로 부각되어 정부와 교회 사이에 논란이 발생할까 우려했다. 그런데 라틴아메리카 대륙이 낳은 프란치스코 교황은 이 모든 염려에도 불구하고 로메로 대주교의 시성 절차를 승인했다.

로메로 대주교, 민중의 고난 속에서 거룩함을 발견하다

로메로 대주교의 죽음을 수사하라고 지명된 라미에즈 아미야 판사의 말에 따르면, 오르덴(ORDEN)이라는 준군사적 암살단의 창설자인 호세 알베르토 메드라노 장군과 전직 첩보 장교인 로베르토 다우뷔손 소령이 살해를 계획했다고 한다. 살해당하기 바로 전날인 3월 23일 사순 첫 주일 미사에서 로메로 대주교는 군인들에게 '형제자매를 죽이지 마라!'고 호소했다.

"형제들이여, 그대들도 우리와 같은 민중입니다. 그대들은 그대들의 형제인 농민을 죽이고 있습니다. …… 어떤 군인도 하느님의 뜻을 거스르는 명령에 복종해서는 안 됩니다. 지금이야말로 그대들은 양심을 되찾아, 죄악으로 가득 찬 명령보다는 양심에 따라야 할 때입니다. 하느님의 이름으로, 아울러 날마다 더한 고통을 받아 그 부르짖음이 하늘에 닿은 민중의 아픔으로, 나는 그대들에게 부탁하고 요구하고 명령합니다. 탄압을 중지하시오!"

그가 살해당하던 날, 미사 전에 기자들과 가진 인터뷰에서 로메로는 자신의 죽음을 예감했다는 듯이, "순교는 은총입니다. 그 가치는 내가 믿을 수 없을 정도랍니다. 하느님께서 내 생명의 희생을 받아 주신다면, 내 피가 해방의 씨앗이 되고 곧 현실로 다가올 희망의 표징이 되기를 바랍니다."라고 말했다. 그날 복음 말씀이 "밀알이 땅에 떨어져 죽지 않으면 그대로 남아있을 뿐이지만, 죽으면 많은 열매를 맺습니다."라는 구절이었다. 그는 강론에서 "역사가 요구하는 생명을 건 모험을 회피하지 말자."고 말했다.

몇 분 뒤에 성찬례를 위해 빵과 포도주를 들어 올리는 순간 한 방의 총탄이 그의 심장을 꿰뚫었다. 그는 어떤 폭력도 반대했지만, 그 때문에 목숨을 잃었다. 정부군에게 총질하지 말라고 한 호소가 사망증명서가 되었다.

페루의 해방신학자인 구스타보 구티에레즈는 이렇게 말했다. "로메로가 나타나기 전에 가톨릭교회는 수많은 이들이 정치적 이유로 죽었다고 말했다. 그러나 로메로가 죽은 이유는 정치적 이유나 교회를 수호했기 때문이 아니라 가난한 이들의 권리를 지켰기 때문이다."

로메로 대주교는 본래 보수적인 인사로 알려져 왔다. 1917년 8월 15일, 엘살바도르의 산미겔 지역에서 태어난 로메로는 1942년 로마에서 사제 서품을 받고 돌아와 산미겔 교구 주교비서, 엘살바도르 주교회의 사무국장, 산살바도르의 보좌주교, 교구에서 발행하는 〈오리엔타시온〉 편집장, 신학대학 학장 등의 요직을 두루 거치고, 우술루탄 산티아고 데 마리아 교구의 교구장을 거쳐 1977년에 산살바도르 대교구의 대주교로 임명되었다. 평소 제2차 바티칸 공의회의 개혁적 사목 방침을 염려하는 전통주의자였으며, 1968년에 열린 메데인 주교회의에서 선언한 '민중의 교회로 가자'는 슬로건에 반대하고, 해방신학을 '증오에 가득 찬 그리스도론'이라고 공박했던 사람이다. 그래서 로메로 대주교의 착좌식을 엘살바도르 민중은 치명적 사건으로 받아들였으며, 군부와 부유한 지주들은 이제 평화가 도래했다고 반겼다.

그러나 착좌식이 있은 지 3주 만에 결정적인 사건이 발생했다. 생각은 달랐지만 그와 오랜 우정을 나누던 예수회의 루틸리오 그란데 신부가 아길라레스 성당에 미사를 봉헌하러 가다가 암살단에 의해 피살된 것이다. 그란데 신부는 공공연히 부유한 지주들을 비난했다. 엘살바도르에서 지주들은 소작농을 바위투성이 산골짜기로 내몰고 비옥한 토지를 차지했으며, 열네 가문의 사람들이 전체 경작지의 60%를 소유했다. 대지주들은 국가방위군, 국립경찰, 재무성 경찰, 엘살바도르 정규군, 부패한 법조계 인사들, 대통령과 비겁한 국회의원들 등에 업고 있었다.

그날 밤 10시에 그란데 신부의 추모 미사를 집전하면서 로메로의 눈을 덮고 있던 비늘이 떨어져 나갔다. 미사에 참석한 수백 명의 아길라레스 농민들이 침묵 속에서 로메로의 눈을 바라보았다. 이들이 침묵 속에 던진 질문은 "그란데 신부처럼 당신도 우리 편에 서 주실 건가요?"였다. 이날 밤 로메로 대주교는 친구인 그란데 신부가 목숨을 바친 농민들의 얼굴 안에서 하느님을 알아보았다. 이미 제2차 바티칸 공의회와 메데인 주교회의에서 선포한 '하느님의 백성인 교회'를 사실상 처음 만난 것이다. 산살바도르에서 장례 미사가 열리는 날에는 교구에서 단 한 대의 미사만 봉헌되었고, 로메로는 모든 교구민을 초대하여 탄압 위기에 놓인 모든 사제들을 도와주겠다고 공표했다. "이 사제 가운데 한 명이라도 건드리는 것은 곧, 나를 건드리는 것입니다."

모든 가톨릭 학교는 3일 동안 휴교했고, 로메로 대주교는 정부의 면담 요청을 거절했으며, 어떤 공식 행사에도 참여하지 않았다. 그는 밤사이 '예언자'가 된 것이다. 그는 전국에 방송되는 라디오를 통해 주일마다 고문당하는 이들, 살해된 이들, 투옥된 이들, 위협당하는 이들과 서민들을 위해 강론했다. 이 강론은 '피의 바다에 떠 있는 희망의 고도(孤島)'였다. 두 달 뒤에 나바로 신부가 암살되고, 아길라레스 성당이 군용 막사가 되고, 1980년부터 1981년 중반까지 게릴라들을 소탕한다는 명분으로 2만 5천여 명이 군부에 의해 피살됐다. 군부와 지주들에 반대하는 교원노조와 인권운동 단체들은 물론이고 여성과 어린이도 군인들에게 살해당했다. 그래도 미국 레이건 정부는 엘살바도르 정부군에 3천5백만 달러어치의 무기를 공급하고 군사고문단을 파견했다.

로메로 대주교는 전통을 사랑하고 말수가 적은 사목자였고, 고요 속에서 기도하는 사람이었다. 자기 비판적이고 금욕적인 그 사람이 혼란과 갈등에 휩싸인 엘살바도르의 민중 속에 녹아들어가 죽기까지 헌신했던 것이다. 만 3년 동안의 일이었다. 예언자는 오래 살지 못한다. 로메로 대주교에게 민중은 은총의 원천이었고, 복음을 더 분명히 다시 읽게 해 주었고, 교회의 미래를 보게 해 주었다. 그는 민중의 고난과 역사적 요청 안에서 거룩함을 발견한 예언자였고, 하느님의 사제였다. 그 과정에서 로메로 대주교는 교황대사를 비롯한 다른 고위 성직자들에게 교회 일치를 깨뜨린다고 비난받았지만, "교회의 참된 일치는 그리스도 안에서, 그분이 사랑하던 가난한 사람들을 중심으로 이루어져야 하며, 하느님만이 답을 갖고 계신다."고 말했다.

'순교'라는 말은 교회 안에서는 '신앙을 지키기 위해 죽음을 선택한 행위'를 뜻한다. 필리핀 나보타스에서 빈민 사목을 하고 있는 김홍락 신부는 〈가톨릭뉴스 지금여기〉에 실은 기고문을 통해 "예수 그리스도를 위해 자신의 가장 소중한 가치인 생명을 바치며, 그분이 가르치신 바를 증언하거나 실천하고 죽은 사람을 우리는 '순교자'라 부르며 공경한다."고 말한다.

"사실 가톨릭교회에서 성인 공경의 뿌리는 순교자 공경에 있다. 313년 콘스탄티누스 황제로 말미암은 '신앙의 자유'를 얻기 전, 박해 시대에 순교는 그리스도인이 자신의 신앙을 증거하기 위한 최고의 수단이었으며, 신앙의 최고 정점으로 여겨졌다. 목숨을 바친 순교자뿐만 아니라 영성이 뛰어난 이들 이름 앞에 '성(聖)'자를 붙여 성인의 이름을 부르게 했던 5세기 이전, 순교자들은 이미 당시 신자들로부터 공경의 대상이었다. 2세기 교부인 테르툴리아누스는 《호교론》 제50장에서 '순교자의 피는 그리스도교의 씨앗'이라는 유명한 말을 남겼다."

2000년 5월 7일, 당시 교황 요한 바오로 2세는 로마 콜로세움에서 1만 2,692명의 그리스도인을 '신앙의 증인'으로 선포했다. 가톨릭, 개신교, 정교회, 성공회 등 교파를 초월해 모든 그리스도교 순교자들을 망라한 것이었다. 대표적으로, 나치에 의해 폴란드 아우슈비츠 수용소에서 희생된 에디트 슈타인 수녀와 막시밀리안 콜베 신부, 그리고 독일 플로센뷔르크 수용소에서 처형된 디트리히 본 회퍼 목사를 비롯하여, 1980년 산 살바도르에서 살해된 오스카 로메로 대주교 등이 포함되었다.

'정치적 사랑'을 환기시키는 교황

 김홍락 신부는 "그렇다면 박해가 없어진 오늘날, '순교'에 대한 교회의 태도는 어떠할까?" 묻는다. 김홍락 신부에 따르면, 교황 그레고리우스 1세(재위: 590~604)는 《복음 강론》에서 마태오복음 16, 24~25를 설명하며 순교를 '적색 순교', '백색 순교', '녹색 순교'로 나누었다. 콘스탄티누스 황제의 '신앙의 자유' 칙령이 선포된 이후 '피의 순교'가 사라졌기 때문에 나온 발상이다. 전례신학자 마이클 드리스콜은 전례 음악가 마이클 존카스 신부와 공동 집필한 《가톨릭 미사 경본 연구(The Order of Mass: A Roman Missal Study)》에서 히에로니무스 교부의 말을 빌어 "피를 흘리지는 않지만, 철저한 금욕주의를 지켜 나가는 사막의 은수자들처럼 순교의 영성으로 살아가는 것은 백색 순교", 그리고 "전 생애 동안 그리스도의 가르침을 거스르는 모든 것을 거부하며, 신앙을 증거하고 자기 자신을 투신하는 것은 녹색 순교"라고 설명했다. 로메로 대주교처럼 죽임을 당하지 않았더라도 고난을 무릅쓰고 민중의 해방과 구원을 위해 헌신하는 이들은 이미 '녹색 순교'를 하고 있는 셈이다. 이러한 복음적 투신을 염두에 두고, 프란치스코 교황은 '정치적 사랑'을 환기시켰다. 이를 '사랑의 정치적 형태'라고 불러도 좋겠다.

프란치스코 교황은 자신이 머물고 있는 성녀 마르타의 집 소성당에서 2013년 9월 16일 행한 강론에서 "그들이 통치하니, 우리는 아무 상관이 없다고 누구도 말할 수 없습니다. 나는 그들의 통치에 대해 책임이 있으며, 그들이 더 잘 통치하도록 최선을 다해야 합니다. 능력껏 정치에 참여함으로써 최선을 다해야 합니다."라고 말했다. 교회의 사회교리에 따르면, "정치란 가장 높은 형태의 자선"이라는 것이다. 본래 정치는 공공의 선을 위해 봉사하기 때문이다. 교황은 예수에게 사형선고를 내리고서 '자신은 이 선고에 책임이 없다는 듯이' 손을 씻고 뒤로 물러났던 빌라도처럼 처신해서는 안 된다고 말한다. 그러니 "좋은 가톨릭 신자라면 정치에 관여해야 한다."는 게 교황의 생각이다. 마지막으로 교황은 "임금들과 높은 지위에 있는 모든 사람을 위해서도 기도하라."고 당부했다.

첫 번째 교황 권고 〈복음의 기쁨〉에서도 프란치스코 교황은 "그 누구도, 종교가 사적인 영역에 국한되어야 하고 오로지 영혼이 천국에 들어가도록 준비하기 위해서만 존재한다고 주장할 수 없다."고 말했다. "하느님께서는 당신 자녀들을 영원한 행복으로 부르시지만, 그들이 이 세상에서도 행복하기를 바란다는 것을 우리는 알고 있다."는 것이다. 결국 "그리스도인의 회개는 특히 '사회질서와 공동선 추구와 관련된' 모든 것에 대한 재검토를 요구한다."고 교황은 말한다. 이어 "참다운 신앙은 결코 안락하거나 완전히 개인적일 수 없는 것으로서, 언제나 세상을 바꾸고 가치를 전달하며 이 지구를 이전보다는 조금이라도 나은 곳으로 물려주려는 간절한 열망을 지니고 있다."고 덧붙였다.

"우리는 하느님께서 살게 해 주신 이 아름다운 행성을 사랑합니다. 그리고 우리는 여기에서 슬픔과 투쟁, 희망과 열망, 강인함과 나약함을 지니고 살아가는 인류 가족을 사랑합니다. 지구는 우리 공동의 집이며 우리는 모두 형제자매입니다. 확실히 '정의가 모든 정치의 목적이며 고유한 판단 기준'이라면, 교회는 정의를 위한 투쟁에서 비켜서 있을 수 없으며 그래시도 안 됩니다. 모든 그리스도인은, 또 사목자는 더 나은 세계의 건설에 진력하라는 부르심을 받고 있습니다."
―〈복음의 기쁨〉 183항

천주교정의구현전국사제단, 사랑과 연대의 기풍 세웠다

한국 천주교회에서 '정치적 사랑'을 극적으로 보여 준 것은 '천주교정의구현전국사제단'의 출범이었다. 1970년대에 유신정권과 교회의 대립이 가장 극명하게 드러난 것은 1974년 지학순 주교 구속 사건이었다. 원주교구장인 지학순 주교는 민청학련 사건에 연루된 학생들을 도와주었다는 이유로 구속되었으며, 지 주교는 '양심선언'을 통해 "소위 유신헌법이라는 것은 1972년 1월 17일에 민주헌정을 배신적으로 파괴하고 국민의 의도와 상관없이 폭력과 공갈과 국민투표라는 사기극에 의해 조작된 것이기 때문에 무효이고 진리에 반대되는 것"이라고 밝히고 다시 감옥에 갇혔다. 지학순 주교 구속 사건에 대처하는 기도회를 이어 가면서, 그해 9월 23일 원주에서 개최된 성직자 세미나에서 신부 300여 명이 사제단의 결성과 명칭에 합의하여 '천주교정의구현전국사제단'이 공식적으로 출범했다. 천주교 사제들은 이 세미나가 끝난 뒤 원주 원동성당에서 기도회를 갖고 1,000여 명의 성직자와 수도자가 가두시위에 나섰다.

이 사제단은 사제들의 교회 제도상 공인된 단체는 아니었지만 가장 광범위하고 민주적인 사제 모임이다. 천주교정의구현전국사제단은 이 당시 지학순 주교 구속 사건이 "첫째, 우리 교회가 서 있는 곳이 하느님 나라가 아니라 바로 지상의 여기, 이곳의 현실 한가운데라는 것, 둘째, 우리가 현실로부터 초연해지려고 하더라도 그것은 올바르지도 않거니와 현실이 우리를 초연하도록 내버려 두지도 않는다는 것, 셋째, 우리의 믿음과 신앙은 바로 여기 이곳의 현실 속에서만 비로소 그 참된 의미를 가지며 소망스러울 수 있다는 것을 깨우쳐 주었다."라고 평가하고 있다.

천주교정의구현전국사제단은 1987년 6월 민주화운동에 이르기까지 민주화와 인권 회복을 위해 투쟁하면서 '민중 의식'이 점점 성장하고, 급기야 냉전 이데올로기를 넘어 통일운동으로 나아갔다. 그리고 적어도 형식적 민주주의가 정착된 이후로는 '경제민주화'에 관심을 표명했다.

사제단이 라틴아메리카 교회처럼 '가난한 이들에 대한 우선적 선택'을 공식적으로 표방한 것은 1970년대 중반이었다. 1975년 3월 10일 노동절을 맞이하여 명동성당에서 열린 '근로자들의 권익과 민주 회복을 위한 기도회'에서 당시 명동 주임신부였던 김몽은 신부는 '가난한 사람들을 위한 교회'라는 주제로 강론을 하면서 "근로자는 우리 주님과 가장 가까운 벗들입니다. 왜냐하면 우리 주 예수 그리스도께서 친히 목수 일을 하신 노동자였기 때문입니다. 따라서 우리 교회는 항상 가난하고 성실한 근로자의 교회이며, 버림받은 사람들을 위한 희망의 교회"라고 선언했다. 이날 천주교정의구현전국사제단 역시 노동자와 농민을 위한 교회로 가자는 공식적인 결의를 다졌다.

"교회는 억압에 찌든 근로자와 농민을 위해 중요한 동반자가 되어야 한다. 민중 권익의 압살을 제도적으로 보장하는 모든 악법의 철폐에 교회는 앞장서야 하며 사회의 기초를 흔드는 부정부패의 척결에 솔선해야 한다. 잘사는 사람들의 식탁에서 떨어지는 빵 부스러기로 가난한 사람들의 삶을 연장케 해서는 안 된다. 민중의 인간다운 삶을 저해하고 있는 근본 원인은 민중의 게으름이나 경제 성장의 불충분에 있는 것이 아니라 억압과 착취에 있다는 사실을 분명히 깨달아야 한다. 현세의 문제는 빈곤 평등에 있는 것이 아니라 빈부 불평등에 있음을 직시해야 한다."

사제단은 이처럼 '민주, 민생을 위한 복음운동'을 제안하면서 "우리가 선포하는 복음은 이미 죽은 자를 천당으로 인도하기만 하는 복음이 아니며, 구호 물자의 도착을 알리는 자선냄비의 복음도 아니다. 고통받는 이웃을 하느님이 창조하신 인간다운 모습으로 되살리기 위한 복음이다. 가난하고 억눌린 자를 위해 우리 교회가 해방의 요람이 되기 위한 복음이다."라고 선언했다.

강우일 주교 '국가 폭력 거부하는 저항의 연대'를 요구하다

한국 천주교 주교회의 의장인 강우일 주교 역시 2014년 세월호 참사 후 〈경향잡지〉에 기고한 글에서 "이제 우리는 이 사회의 관행이 되고 일상화된 불의와 비리의 고리를 파쇄하기 위해 우리 각자가 할 수 있는 역할을 찾아야 한다."면서 이렇게 말했다.

"우리는 진실이 묵살당하고 정의가 억압당할 때 침묵과 외면으로 비켜 가는 무책임을 반복하지 말아야 한다. 통곡 소리가 들릴 때 못 들은 척하고 귀를 닫아서는 안 된다. 보기에 끔찍한 광경이 벌어질 때 눈을 돌려 못 본 척하고 지나치지 말고 멈추어 서야 한다. 그리고 다가가야 한다."

이어 "국가기관이 개입되었다고 해서 무조건 정당화되거나 용납될 수는 없다. 국가 공권력은 국민을 위해 존재한다. 그런데 우리 역사 속에는 국가의 이름으로 고귀한 인권이 무참히 유린당한 사례가 얼마나 많았는지 모른다. 몇십 년이 지난 후 사법부가 무죄라고 판결하고 보상금이 지급된다 해도 구겨지고 짓밟힌 인생은 다시 돌아오지 않는다."고 경고했다. 강우일 주교는 "예수 그리스도께서 나자렛 노동자 가정에서 가난하게 사셨고, 수도 예루살렘보다 변방 갈릴래아에서 일하셨던 것은 세상에서 가장 가난하고 힘없는 노동자들, 이방인과 세리, 죄인과 창녀들에게 다가가 그들이 겪는 좌절과 실망과 고통을 함께 나누며 그들에게 해방과 위로를 주시려는 것이었다."고 전하며, 예수는 성전 안에 조용히 머물러 계시지 않고 세상 한복판에 들어가셨다고 말했다. 그리고 "우리가 예수님을 따르고 그분의 제자로 살아가려면 오늘 눈물짓고 고통받는 이들, 오늘의 가장 작은 이들 곁으로 다가서고 그들의 아픔과 한을 공유해야 한다. 이 가장 작은 이들의 희생을 밑거름으로 번영과 성장을 추구하는 세력에 대해서는 그 주체가 국가 권력이라고 해도 '아니요!'라고 거부하는 저항의 연대를 만들어 가야 한다."고 말했다.

교회는
야전병원이다

예수회원 교황, 프란치스코

  프란치스코 교황과 '예수회원'이라는 정체성은 떼려야 뗄 수 없는 관계다. 베르골료는 21세가 되던 1958년 3월 11일에 예수회에 입회했다. 부에노스아이레스 교구 신학교에 입학한 지 두 해가 지난 뒤였다. 그는 예수회원이 되어 일본에 선교사로 가고 싶어 했다. 그러나 '선교'에 대한 이런 열망은 초기에 좌절되었다. 입회 직후 심한 폐렴에 걸려 오른쪽 폐의 일부를 잘라 내야 했기 때문이다. 이런 좌절이 있었기에 이후 사제로 생활하고 주교로 재임하면서도 줄곧 '안이하게 교구 일에만 머무는 교회'가 아니라 새로운 모험처럼 '길 떠나는 교회'에 대한 희망을 간직하고 있었는지도 모른다.

베르골료는 먼저 칠레에서 인문학의 기초를 닦고, 1963년 산미겔에 있는 성 요셉 신학교에서 철학 석사 학위를 받았다. 그리고 1964년부터 1966년까지 산타페와 부에노스아이레스에서 문학, 심리학, 예술 등을 강의했다. 당시 베르골료는 '귀향'이라는 시에서 "하루의 어느 순간에도 기쁨 없이 있지 않기를. 지금처럼 사랑하는 이들이 다시 만날 때 그대들에게 어울리고 거룩해지기를. 식탁에서 기도할 때 나는 누구의 이름을 불러야 좋을까? 하루의 노고를 마치고 쉴 때 누구에게 감사해야 할까?"라고 노래한 프리드리히 횔덜린의 시를 좋아했다. 미사 중에 강론을 하면서 보르헤스와 도스토옙스키의 작품을 소재로 삼기도 했다.

베르골료는 분명히 《카라마조프가의 형제들》을 읽었을 텐데, 그중에서 '대심문관' 부분은 교황의 교회 개혁 정신에도 영향을 주었을 것이다. 이 이야기는 가톨릭교회의 강력한 영향권 아래 있던 16세기 스페인의 세비야 지역에 예수가 재림했으나 교권에 의해 거부당하는 내용이다. 종교재판소의 심문관들이 수많은 이들을 이단으로 몰아 화형에 처하던 시절이었다. 대심문관은 재림한 예수를 한눈에 알아보았지만 옥에 가둔다. 그리고 왜 다시 나타나서 우리의 일을 방해하느냐고 예수를 심문하지만, 예수는 묵묵부답이다. 다만 대심문관이 자문자답하며 심문을 다 끝냈을 때, 조용히 일어나 그의 입술에 키스한 것이 유일한 예수의 답이었다. 마치 유다가 예수의 입에 키스하면서 스승을 팔 때처럼. 이 소설에서 대심문관은 예수에게 "너는 이미 모든 깃을 교황에게 넘겨주지 않았느냐. 따라서 지금은 모든 것이 교황의 수중에 있는 거야. 그러니 이제는 제발 나타나지 말아 주었으면 좋겠어. 적어도 어느 시기가 올 때까지는 방해를 말아 주게."라고 말한다. 여기서 알료사의 형 이반은 "그들은 이런 말을 입으로만 뇌까리는 게 아니라 책에까지 쓰고 있어." 하면서 예수회 신학자들을 지목하고 있다. 상당한 기간 동안 예수회원들은 교황의 홍위병 노릇을 했기 때문이다. 그 예수회원들 가운데 하나가 지금 교황이 되었다. 프란치스코 교황이 '교황직'까지 개혁할 의향이 있다고 말한 것은 아마 이제는 대심문관처럼 행세하지 않고 어렵더라도 '예수'를 따라서 살기로 작심했다는 뜻이 아닐까.

베르골료가 가장 아꼈던 문학 작품이 미켈란젤로가 시스틴 성당에 '최후의 심판'을 그리면서 참고했다는 단테의 《신곡》이라는 점도 흥미롭다. 그리고 영화로도 제작된 J. R. R. 톨킨의 《반지의 제왕(The Lord Of The Rings)》도 즐겨 읽었다고 한다. 베르골료는 이 작품에서 프로도 배긴스가 반지를 화산의 분화구에 집어넣는 사명을 수행하기 위해 원정을 떠나는 모습에서 강한 인상을 받았을 것이다. 교황은 그리스도인들과 교회가 하느님 나라로 가는 여정에 망설이지 않고 동참해야 하며, 그 과정에서 겪는 상처 역시 기쁘게 감내해야 한다고 주장해 왔기 때문이다.

베르골료는 성 요셉 신학교에서 신학 과정을 마치고 메데인 주교회의가 열리고 난 이듬해인 1969년 12월 13일에 부에노스아이레스 대교구 라몬 호세 카스텔라노 대주교에게 사제 서품을 받았다. 그 후 스페인에서 제3수련을 마치고 다시 산 미겔에서 수련장과 신학대학교 학장을 역임하고 1973년 예수회에 평생 머물겠다는 최종 서원을 한 뒤 곧 아르헨티나 예수회 관구장이 되었다. 1979년 관구장 임기를 마치고 이듬해부터 베르골료 신부는 다시 산 미겔 신학교 학장을 맡았다. 당시 베르골료 학장 신부는 신학생들에게 신학교에 머물지 말고 사람들을 만나라고 독려했다. 심지어 신학생들이 더 많은 시간을 거리와 본당에 있도록 배려하는 차원에서 강의 시간을 저녁으로 옮기기도 했다. 베르골료 역시 학장으로서 학사 업무를 보면서, 입던 옷을 세탁실에서 직접 빨래하고, 틈틈이 본당 미사를 나가고, 환자와 죄수를 방문했으며, 어려움을 겪는 이들을 돌보았다. 양떼를 떠나서 목자가 있을 수 없듯이, 백성을 떠나서 사제가 있을 수 없다는 것이다.

1986년에는 신학교를 떠나 독일에 가서 신학자이자 철학자인 로마노 과르디니(Romano Guardini)에 대해 연구했다. 당시 베르골료 신부의 연구 과제는 로마노 과르디니의 〈권력〉이라는 작품이었다. 아르헨티나의 독재정권을 경험한 베르골료는 "권력은 필요하지만 나치의 권력 남용에서 보듯이, 권력에는 '제어'가 필요하다."고 말한 과르디니가 매력적으로 다가왔던 모양이다. 그러나 권력에 대한 이러한 관점은 단순한 정치권력에 대한 것뿐 아니라 교회권력에게도 그대로 적용되는 것이었다.

상처를 치유하고 믿는 이들의 마음을 따뜻하게

"교회는 영혼들을 통해 눈을 뜬다."는 말을 남긴 로마노 과르디니를 존경했던 프란치스코 교황은 2013년 8월, 이탈리아 예수회가 발간하는 잡지 〈라 치빌타 가톨리카(La Civiltà Cattolica)〉의 대표 안토니오 스파다로 신부와 인터뷰를 했다. 이때 교황은 오늘날 교회가 할 일 가운데 "상처를 치유하고 믿는 이들의 마음을 따뜻하게 하는 것이 가장 필요하다."면서 "교회는 전투가 끝난 뒤의 야전병원"이라고 말했다. 교황은 "심각하게 다친 사람에게 콜레스테롤이 높은가 혈당치가 어떤가 물어보는 일은 쓸모없는 일"이라며, "우리는 그가 입은 상처를 치유하고 나서 나머지 것에 대해 말할 수 있다."고 말했다. 이어 "때때로 교회는 작은 것들, 도량이 좁은 규칙들에 자신을 가두어 두고 있다. 가장 중요한 것은 예수가 우리를 구원했다는 첫 번째 선포"라고 말했다. 그러므로 사목자는 "무엇보다 자비의 사목자들이어야 한다."고 덧붙였다. 이런 점에서 교황은 '우리는 어떻게 하느님의 백성을 대해야 할까?' 물으며, 자신은 자비로운 "어머니이며 여성 목자인 교회를 꿈꾼다."고 전했다.

"교회의 직분 담당자들은 자비로워야 하고, 사람들을 책임지며, 이웃을 깨끗하게 씻어 주고 일으켜 준 착한 사마리아 사람처럼 사람들과 함께 있어야 합니다. 이것이 진정한 복음입니다. 하느님은 죄보다 크십니다. 구조적이고 기관 차원의 개혁은 두 번째입니다. 말하자면 교회 구조와 기관의 개혁은 자비의 실천 다음에 따라옵니다."

교황은 교회 개혁의 선결 조건으로 태도의 변화를 꼬집었다. 교회의 봉사자들은 무엇보다 사람들의 마음을 따뜻하게 해 줄 수 있는 사람들이어야 한다는 것이다. "사람들과 함께 어두운 밤을 걸어갈 수 있는 사람, 어떻게 사람들과 대화를 나누어야 하는지, 어떻게 사람들이 어둠 속으로 빠져드는지 알지만 길을 잃지 않는 사람"이 하느님 백성의 '사목자'라고 한다. 교황은 사람들이 "관료나 정부의 공무원처럼 행동하는 성직자를 원하지 않는다."고 지적했다. 아울러 "특히 주교들은 백성들 가운데서 일하시는 하느님의 움직임을 인내를 갖고 지지해야 하며, 한 사람도 처지는 사람이 없도록 해야 한다."고 말했다. 교황은 특히 교회를 비판하며 개혁을 주장하는 이들을 의식한 듯이, 주교와 사제들에게 "새로운 길을 찾아가는 날카로운 안목을 갖고 있는 양떼들도 동반할 수 있어야 한다."며 "단지 문을 열어 놓고 환영하고 받아들이는 교회에 그치지 않고, 새로운 길을 발견하는 교회가 되도록 노력하자."고 권했다.

프란치스코 교황은 《교황 프란치스코》(RHK, 2013)에서 부에노스아이레스 보좌주교로 일하던 시절의 이야기를 전해 준다. 교구 사무실에서 작업 중이던 파일을 덮고 시계를 보니, 교외에 있는 어느 수도원에서 있을 사제 은퇴식에 가기 위해 기차를 타야 하는 시간이 빠듯했다. 그는 일과를 시작하기 전에 하던 버릇대로 잠깐이라도 성체조배를 해야 했다. 바깥의 찌는 듯한 더위와 달리 대성당 안은 고요하고 시원했다. 기도를 마치고 성당을 나서는데 정신이 온전치 못해 보이는 청년이 다가와 고해성사를 청했다. 예상치 못한 상황으로 시간이 지체될까 봐 초조해지면서, 청년에게 당황스럽고 불쾌한 표정을 숨기지 못했다. 그 청년은 술에 취한 것도 같고 정신 질환 치료제를 먹은 것 같기도 했다. 그때 베르골료 보좌주교의 입에서 나온 말은 "저는 할 일이 있으니, 이제 곧 오실 신부님께 고해성사를 하십시오." 였다. 약 기운에 취해 있는 이 남자가 아마 몇 시간은 충분히 기다릴 수 있으리라 생각하고 재빨리 발을 옮겼다. 그러나 문득 이런 모습을 보이는 자신이 너무 창피하다는 생각을 하게 되었고, 결국 청년에게 다시 돌아가 고해성사를 주었다. 그러고는 이미 기차를 놓쳤을 거라고 생각하며 기차역으로 향했다. 역에 도착하자 열차가 지연되었다는 안내 방송을 들을 수 있었고, 그 덕분에 항상 타던 기차를 탈

수 있었다. 수도원에 들렀다가 숙소로 돌아가는 길에 베르골료 보좌주교는 다시 그 청년의 집으로 갔다. 교황은 이 경험을 통해 사목의 '효율성'보다 더 중요한 게 있다는 것을 배웠다.

프란치스코 교황은 〈라 치빌타 가톨리카〉와 가진 인터뷰에서 자신을 웅변가나 문학에 나오는 인물이 아니라 그저 '죄인의 한 사람'이라고 표현했다. 교황은 "주님께서 저를 가엾게 여기시고 선택하셨다."며 "예수 그리스도의 한없는 자비와 인내를 믿으며, 그래서 속죄의 정신으로 교황직을 받아들였다."고 말했다. 교황은 예수회원으로서 '식별'을 가장 중요하게 여기는데, "우리는 큰 사업을 시도할 수도 있지만 가장 작은 것부터 구체화해야 한다."고 말했다. 더 중요한 것은 교회를 쇄신하더라도 "강력한 방법보다는 더 효과적인 약한 방법들을 사용할 것"이라고 교황이 강조한 점이다. 이는 변화와 개혁이 단시간에 이뤄질 수 없으며 "가장 실제적이고 효과적인 변화의 기반을 마련하기 위해 식별의 시간이 필요하다."는 뜻이다. 이어 "식별은 항상 주님의 현존 속에서 징표를 바라보고, 일어나는 일들에 귀를 기울이며, 사람들 특히 가난한 이들의 심정을 알아보면서 이루어진다."고 말했다.

또 교황은 36세의 젊은 나이에 아르헨티나 예수회 관구장이 된 것은 '미친 짓'이었다며, 모든 일을 혼자 처리하면서 성급하고도 권위적인 결정을 내리는 잘못을 범했다고 솔직하게 고백했다. 그래서 부에노스아이레스의 대주교였을 때는 실수를 반복하지 않으려고 격주로 여섯 명의 보좌주교들과 모임을 열었으며, 사제평의회와도 1년에 몇 차례씩 모여서 토론해 중요한 사안을 결정했다고 전했다. 교황은 추기경 회의와 주교대의원회의(시노드)가 실제적으로 살아 있는 자문 기구가 되기를 희망하며 "덜 경직된 형태로 이런 모임들을 수행해야 하며, 이 모임들에서 형식이나 상징에 불과한 자문을 원하지 않는다."고 밝혔다.

사제와 수도자, 평신도가 동반하는 교회

안토니오 스파다로 신부와 가진 인터뷰에서 프란치스코 교황은 자신이 좋아하는 교회상은 '거룩하고 충실한 하느님의 백성'의 이미지라며, "어떤 사람도 고립된 개인으로서 홀로 구원받지 않으며, 하느님은 인간 공동체에서 일어나는 복잡다단한 관계의 그물망을 바라보면서 우리를 끌어당기고 있다. 하느님은 인간관계의 그물망 속에서 역동적으로 참여하며 들어오신다."고 말했다. 교황은 자신 역시 "이런 백성의 일부로 존재한다."며 "백성들과 주교들과 교황 간의 대화가 이러한 맥락을 따라 성실하게 나아갈 때에 성령께서 돕는다."고 말했다.

이처럼 교황은, 우리는 뭐든지 하느님 백성인 교회와 함께 생각해야 하는데, 이것은 굳이 '신학자'들의 영역이 아니라고 설명했다. 그는 성모 신심과 관련해 "마리아가 누구인지 알고 싶다면 신학자에게 물을 수 있다. 그러나 마리아를 어떻게 사랑해야 하는지 알고 싶다면 사람들에게 물어보아야 할 것"이라면서 "'교회와 함께 생각하기'를 단순히 교계 관계자들과 함께 생각하는 것이라고 간주해서는 안 된다."고 말했다. 그러나 교황은 모든 하느님 백성의 무류성(無謬性)을 '인민주의'처럼 생각하는 것을 조심해야 한다면서, "하느님의 백성인 교회는 사목자들과 백성들이 함께 이루는 것"이라고 전했다.

덧붙여 교황은 하느님 백성 안에서 '일상의 거룩함'을 강조했다. "아이들을 키우는 여인, 생계를 위해 일하는 남자, 많은 상처를 지녔지만 얼굴에 미소를 띠고 있는 노인 사제들, 그들은 주님을 섬겼기 때문에 웃을 수 있다."며, 열심히 일하면서 숨겨진 거룩함을 사는 사람들의 '대중적인 거룩함'을 언급했다. 이런 점에서 교회는 선택된 몇 사람을 위한 집이 아니라 모든 사람을 품을 수 있는 풍성한 집이다.

"우리가 함께 생각해야 하는 이 교회는 선택된 작은 그룹의 사람들만을 품을 수 있는 그런 작은 경당이 아니라, 모든 사람의 집입니다. 우리는 보편 교회의 품을 우리의 미지근함을 보호해 주는 어떤 둥우리 정도로 축소해서는 안 됩니다. 그리고 교회는 어머니입니다. 교회는 풍성한 곳입니다. 그래야만 합니다. 교회의 사목자들이나 봉헌된 남성, 여성들에게서 부정적인 태도를 보게 될 때 저는 먼저 이런 생각이 듭니다. '여기 열매 맺지 못하는 미혼 남자가 있구나.' 또는 '미혼 여자가 있구나!' 그들은 영적인 생명을 줄 수 없다는 의미에서 아버지도 어머니도 아닙니다."

프란치스코 교황은 예수회 출신 교황으로서 '수도자의 명확한 자리'에 대해서 답변했다. '수도자는 예언자'라고 한마디로 말하는 교황은 "아버지 하느님께 순명하고, 가난과 공동체 생활, 정결을 통해 예수님의 삶을 모방하며 그분을 따르는 삶을 선택한 사람들이 수도자"라고 말했다.

"수도자들은 특히 예수님이 지상에서 어떻게 사셨는지 자신의 삶을 통해 표현하면서 하느님 나라가 어떻게 완성되는지 선포하는 예언자가 되라는 부르심을 받았습니다. 수도자는 절대로 예언 직분을 포기하지 말아야 합니다. 이것은 교회의 교계 제도에 반대하라는 의미가 아닙니다. 비록 예언 직분이 요구하는 것과 교회 구조가 일치하지 않더라도 말입니다."

이런 의미에서 수도자들의 서원은 '서투른 모방이나 웃음거리에 그쳐서는 안 된다'며, 만약 그렇다면 "공동체 생활은 지옥이 되고, 정결은 열매 맺지 못하는 총각들의 삶의 방식이 된다."고 지적했다. 한편 수도자들이 예언 직분을 수행하면서 "예언자로 살아간다는 것은 때때로 파문을 일으키는 것을 내포한다."고 말했다.

"예언 직분은 시끄럽고 소동을 일으킵니다. 그래서 어떤 사람은 '난장판'이라고 말합니다. 그러나 실제로 수도자들의 카리스마는 누룩과 같습니다. 예언 직분은 복음의 정신을 선포합니다."

책상머리 신학과 관료주의 교회 No!
현장 중심, 변방 중심의 교회 Yes!

끝으로 교황은 가톨릭 신앙이 '연구실 신앙'이 아니라 '여정의 신앙'이며 '역사적 신앙'이라고 말했다. "하느님께서는 당신 자신을 '역사'를 통해 계시하셨지, 추상적 진리로 계시하시지 않았다."는 것이다. 교황은 우리가 처한 문제를 연구실이나 집으로 가져가서 길들이고, 페인트칠하는 것은 "상황에서 벗어난 행동"이라면서 "우리는 변방을 집으로 가져갈 수 없으며, 경계선에 살아야 하며, 창의적이고 대담해져야 한다."고 말했다. 교황은 예수회 총장이었던 아루페 신부의 말을 인용하며 "어떤 사람이 가난을 경험하지 않았고, 가난한 현장과 아무런 관계가 없었다면, 가난에 관해 말할 수 없다."고 전했다. 그러므로 교황은 '가난한 변방의 상황에 끼어들기'를 요구했다.

"변방은 많은 곳에 있습니다. 병원에 살고 있는 수녀들을 생각해 봅시다. 그들은 변방에 삽니다. 저는 그들 중의 한 수녀 덕분에 살았습니다. 병원에 폐 질환으로 입원했을 때 의사가 페니실린과 스트렙토마이신 항생제를 처방했습니다. 그런데 저를 간호했던 담당 수녀가 약을 세 배로 썼습니다. 수녀는 대담하게 민첩한 결정을 내렸던 것입니다. 온종일 아픈 사람들과 있었기에 어떻게 해야 할지 알았던 것입니다."

교황은 '실효성 있는 신앙'을 요구한다. 의사는 좋은 분이었지만 연구실에서만 지냈기 때문에 상황에 따른 제대로 된 처방을 할 수 없었고, 수녀는 삶의 현장인 변방에 살았기 때문에 위급한 순간에 적절하게 처방을 내릴 수 있었다는 것이다. 교황은 "변방을 멀리한다는 것은 그냥 멀리 떨어진 자리에서 말하고, 연구실에 우리 자신을 가두는 일"이라며, 물론 연구실은 필요하지만, "우리의 성찰은 경험으로부터 시작되어야 한다."고 말했다. 그래서 프란치스코 교황은 〈복음의 기쁨〉에서 "우리는 모두 자신의 안위를 떠나 용기를 갖고 복음의 빛이 필요한 모든 '변방'으로 가라는 부르심을 따르도록 요청받고 있다."고 전했다. 교황은 예수의 일흔두 제자들도 선교 '여행'에서 돌아왔을 때 기쁨을 경험했다면서, "이 기쁨에는 언제나, 길을 떠나 복음을 전하고 자기 자신을 떠나 좋은 씨앗을 뿌리며 끊임없이 나아가는 힘이 있다."고 말했다. 이 때문에 교황은 "스승을 충실하게 본받으려는 교회는 오늘날 세상에 나아가 모든 이에게, 모든 장소에서, 온갖 기회에, 주저하거나 망설이지 말고 두려움 없이, 복음을 선포하는 것이 중요하다."고 강조했다.

"복음을 전하는 공동체는 말과 행동으로 다른 이들의 일상생활에 뛰어들어 그들과 거리를 좁히고, 필요하다면 기꺼이 자신을 낮추며, 인간의 삶을 끌어안고 다른 이들 안에서 고통받고 계시는 그리스도의 몸을 어루만집니다. 따라서 복음 선포자들은 '양들의 냄새'를 풍기고, 양들은 그들의 목소리를 알아듣습니다." ─〈복음의 기쁨〉 24항

프란치스코 교황의 현장 중심, 변방 중심의 교회론은 특히 책상머리 신학과 관료주의의 폐해를 신랄하게 비판하고 있다. 2013년 7월 28일 브라질 방문 중에 교황은 라틴아메리카 주교회의(CELAM)에서 연설하면서, 교회는 복음 메시지를 이데올로기로 바꿔 놓으려는 유혹, 교회를 사업체처럼 운영하려는 유혹, 그리고 성직자 중심주의의 유혹을 받고 있다고 말했다. 여기서 교황은 특히 "기능주의가 교회를 마비시키고 있다."고 비판하면서,

교회의 관료적 기능주의가 "길 그 자체에 관심을 갖기보다, 길 위에 난 구멍을 보수하는 데 관심을 갖고 있다."고 지적했다. 교회 기능주의는 교회 안에 '신비를 위한 여지'를 남겨 두지 않고, 오직 교회 운영을 위한 '효율성'만을 목표로 삼는다는 것이다. 이것은 교회의 고위 성직자들이 흔히 겪는 '유혹'이다. 교황은 이들의 관료적 태도를 문제 삼으며 "이들은 교회를 하나의 비정부단체(NGO)쯤으로 격하시킨다."고 비판했다. 교황은 "이런 교회 관료들에게 중요한 것은 단지 양적 결과와 통계 수치뿐"이라며 "나는 교회가 여느 사업체처럼 운영되는 것을 원치 않는다."고 말했다.

또한 이 자리에서 '성직자 중심주의'를 주교와 사제들이 갖기 쉬운 마지막 유혹이라고 지적했다. 프란치스코 교황은 "자주 평신도들도 이 유혹에 연루되어 있다."면서 "사제들은 성직자 중심으로 교회를 운영하면서 평신도를 아랫사람처럼 다루지만, 평신도는 내심 이게 편하기 때문에 성직자 중심주의의 대상이 되기를 자청하고 있다."고 말했다. 교황은 "상당수의 평신도들에게 그리스도 신앙이 주는 자유와 성숙함이 결핍되어 있기 때문에 성직자 중심주의가 온존하고 있다."는 것이다. 여기서 '평신도의 자유'는 "공동체적 경험 속에서" 성숙해지며, 이런 평신도의 자율성을 높이려면 리틴아메리카에서 실험되고 있는 성경 공부 모임과 그리스도교 기초 공동체가 발전하고, 사목회의에 대한 평신도의 적극적인 참여가 이루어져야 한다고 말했다.

'적당한 온도의 그리스도교'를 경멸한 빈센트 반 고흐

프란치스코 교황이 말한 현장 지향적 신앙은 빈센트 반 고흐(Vincent van Gogh)의 삶에서도 읽어 낼 수 있다. 발터 니그는 《빈센트 반 고흐, 태양을 보다》(분도출판사, 2011)에서 "고흐는 화가로 알려져 있지만, 그는 하느님을 끝없이 갈망하는 사람"으로, 애초부터 광산촌에 살며 고통받는 이들에게서 하느님을 발견한 영혼이라고 했다. 고흐는 목사가 되기 위해 신학을 공부하다가, 고전어 교사였던 멘데스 다 코스타에게 물었다. "저는 가난한 사람들이 이승에서 짊어져야 할 운명 속에서도 마음의 평화를 얻게 하고 싶습니다. 이런 일을 원하는 저 같은 사람이 이런 끔찍한 공부를 꼭 해야 한다고 생각하십니까?"

그는 결국 브뤼셀에 있는 선교학교에서 학문적 지식보다 실무를 먼저 배우고, 동정심에 이끌려 보리나주의 탄광촌으로 갔다. 고흐는 "이곳은 어둡고 음울한 곳이다. 첫눈에 이곳은 모든 것이 슬프고 죽어 있다는 느낌이 들었다. 노동자 대부분은 열병에 걸려 여위고 창백하다. 수척한 얼굴에는 피곤한 기색이 역력하다. 고생한 흔적이 그대로 드러나고 실제 나이보다 훨씬 늙어 보인다. 여자들은 창백하고 시들었다."고 보리나주에 대한 첫 인상기를 적었다.

온 삶을 어두운 땅 밑에서 보내는 그들은 일요일이 아니면 햇

빛을 볼 수 없었다. 어린이들도 작은 수레를 옮기는 일을 하고, 눈먼 말도 수레를 끌었다. 빈센트 반 고흐는 이 가난한 사람들에게 다가가고 싶은 강렬한 욕구를 느꼈다. 그들에게 복음을 전하되, 교회 전례를 통해서가 아니라 단순함을 추구하는 그의 의지에 따라 아주 간소한 형태로 전하고 싶었다. 광부들은 처음에 이 빨강 머리 젊은이를 조롱했으나, 권위를 내세우지 않는 고흐를 이내 받아들였다. 그가 마련한 모임에서는 교회에서 흔히 느껴지는 설교자와 청중 사이의 냉혹한 거리가 없었다. 그는 광부들에게 회개를 강요하지 않았고, 무섭게 진노하며 광부들을 왜소하게 만들지도 않았다. 사람을 위협하는 심판의 말을 하기에는 그들의 삶이 너무나 힘겨워 보였다.

고흐는 가난했던 그리스도를 기억하듯이, 이윽고 그들처럼 되고 싶어 했다. 자신도 굴뚝 청소부처럼 온몸에 검댕 칠을 했고, 광부들과 똑같이 가혹한 운명 속으로 들어가려고 했다. 가진 돈과 옷을 그들에게 나눠 주고, 군복 상의와 포장용 천으로 직접 지은 옷을 입었다. 그리고 처음 그곳에 도착했을 때 세 들어 살던 빵집을 나와 초라한 오두막으로 거처를 옮겼다. 길바닥에서 자주 잠을 잤고, 마른 빵과 시럽을 먹으며 광부들과 똑같이 비참한 형편으로 살기를 간절히 원했다.

이런 고흐의 모습을 두고 "그것은 미친 사람의 행동이었는가?" 묻는 사람이 있었지만, 고흐는 "주님이신 예수께서도 미친 사람이었다."라고 답했다. 그의 내면에는 성 프란치스코와 같은 열정이 타오르고 있었던 것이다. 갱내에서 사고가 발생하자, 의사도 포기한 중환자들을 돌보고 그들의 목숨을 살렸으며, 파업이 일어나자 노동자 편에 섰다. 고흐는 관리자들을 찾아가 불쌍한 광부들의 요구를 지지하는 뜻을 밝혔다. 관리자들은 선교사가 간섭할 일이 아니라면서 그를 밖으로 쫓아냈지만, 광부들은 그를 신뢰했다. 고흐는 한 편지에서 이렇게 적었다.

"친구가 되고 형제가 되어 주고 싶다. 사랑하고 싶다는 진지하고 깊은 마음은 절대적인 힘으로, 압도적인 마력으로 감옥 문을 열어젖힌다. 그러나 이런 마음이 없는 사람은 죽음 속에 머무른다. 하지만 교감이 일어나는 곳에서는 생명이 일어난다."

그런데 고흐를 선교사로 채용한 브뤼셀 선교위원회는 고흐가 움막에서 예배를 드리고 남루한 모습으로 사는 것을 불쾌하게 여겼으며, 결국 고흐가 '성직자의 품위를 손상시켰다'는 이유로 면직시켰다. 이 경험을 통해 고흐는 "미지근한 신앙생활이 복음의 적"임을 깨달았다. 그는 "부르주아 사회가 낳은 '적당한 온도의 그리스도교'가 드러내는 권태가 아니라, 관습을 완전히 뛰어넘는 종교적 열기만이 인간을 구원으로 이끈다."고 생각하게 되었다.

실제로 고흐가 화가의 길을 걷고 나서 남긴 많은 작품 가운데는 특별한 시선이 느껴지는 작품이 많다. 고흐는 잘 팔릴 수 있는 '성자'의 그림을 그리라는 동생 테오의 제안을 거절하고 가난한 사람들의 모습을 따뜻한 시선으로 그림에 담았다. 남루한 환경 속에서 고단한 삶을 살아가는 광부와 농부들, 우체부, 매춘부였던 시엔과 그녀의 딸 마리아. 고단한 하루의 노동을 마치고 호롱불 아래 소박한 밥상 앞에 둘러앉은 가족을 그린 '감자를 먹는 사람들'은 마치 '성만찬' 같다. 그러나 그의 그림에 나타나는 교회당들은 하나같이 불이 꺼져 있다. '별이 빛나는 밤에'에서도 마을의 작은 집 창문마다 불빛이 새어 나오는데, 교회당만 불이 꺼져 있다. '오베르성당'도 마찬가지다. 고흐가 경험한 교회는 가르침과 행동이 서로 다른 곳이었다. 그래서 고흐가 그린 교회당은 성령의 불이 꺼져 있는 캄캄한 곳으로 묘사된다. 프란치스코 교황은 〈복음의 기쁨〉에서 "우리가 은총보다 법을, 그리스도보다는 교회를, 그리고 하느님 말씀보다는 교황에 대해 더 많은 말을 할 때에도 그러한 일이 일어난다."고 적었다. 본당 사제가 강론을 하면서 "절제에 관해 열 번 말하고 사랑이나 정의에 관해서는 두세 번에 그칠 때" 이런 일이 발생하는 것이다.

대중신심에 싹트는
해방의 희망

어부들의 빈 그물을 채워 준 아파레시다 흑인 성모

프란치스코 교황은 해외 첫 방문지로 브라질을 선택했다. 제28차 세계청년대회(WYD)에 참석하기 위해서였다. 교황은 2013년 7월 24일 오전에 상파울루 주 아파레시다 성모 성지에서 교황 선출 이후 라틴아메리카 대륙에서 봉헌하는 첫 미사를 드렸다. 이날 성지 안팎에서는 20만 명의 신자들이 자리를 지켰다. 교황은 미사에 앞서 아파레시다의 검은 성모상 앞에서 기도를 드렸으며, "모든 브라질 사람들의 어머니의 집"이라고 부르는 아파레시다 성모 성지를 방문한 것은 "세계청년대회에 참석한 젊은이들뿐 아니라 라틴아메리카 대륙 전체 신자들에게 다가가기 위해서"라고 전했다. 또한 "교회가 예수님을 찾을 때면 항상 그 어머니의 문을 두드리듯이" 자신도 "어머니가 우리를 도와주시도록 문을 두드리기 위해 이곳을 찾았다."고 말했다.

미사 시작 전에 아파레시다 교구의 라이문도 다마세노 아시스 추기경은 프란치스코 교황에게 검은 성모상을 선물하며 "아파레시다의 성모상은 가난한 사람들에 대한 하느님의 사랑을 상징한다."고 전했다. 〈가톨릭뉴스 지금여기〉의 보도에 따르면, 이날 미사에서 교황은 "돈과 권력, 세속적 성공과 같은 우상 숭배"를 멀리하고 믿음 안에서 희망과 기쁨의 삶을 살라고 당부했다. 특히 교황은 젊은이들에게 "영성과 관대함, 연대와 인내, 형제애와 기쁨" 같은 정신적 가치를 강조하며, 교회가 "더 많은 정의와 우애로운 세계를 세우기 위해 필요한 가치들을 미래 세대에 물려줘야 한다."고 말했다.

교황은 "희망의 사람들은 하느님이 놀라움을 주신다는 것을 안다."고 강조하며, 아파레시다의 성모(Nossa Senhora da Conceiço Aparecida) 이야기를 꺼냈다. 2009년에 〈경향잡지〉에 기고한 임소라의 글에 따르면, 아파레시다 성모는 1717년 10월 12일 브라질 남동부 파라이바 강에서 고기를 잡던 세 명의 어부 도밍구스 가르시아, 필리피 페드로주, 주앙 알비스에 의해 발견됐다. 유난히 고기가 잡히지 않던 어느 날, 이들이 던진 그물에 검은 피부의 성모 마리아 조각상 파편들이 걸렸고, 이후 어획량이 엄청났다고 한다. 세 어부는 이 모든 것이 자신들이 건져 올린 성모상 덕분에 생긴 기적이라 믿고 집 안에 소박한 기도실을 꾸며 이 성모상을 소중히 모시고는 마을 사람들을 불러 모아 첫 묵주기도를 드리게 된다. 이러한 전통이 지금까지 이어져 오고 있다. 아파레시다의 첫 번째 순례지는 아파레시다 성모가 어부들에게 처음으로 그 모습을 드러낸 이타과수 항구에서 시작된다. 교황은 신자들에게 "어부들이 고기를 낚는 데 실패했던 곳이 모든 브라질 사람들이 한 어머니를 모시고 있음을 느끼게 해 주는 새로운 장소가 될 줄을 누가 생각이나 했겠는가?"라고 물었다.

아파레시다 성모 대성전에 들어가면, 다이아몬드와 루비로 장식된 금관과 브라질 왕실의 권위를 상징하는 화려한 문양의 자수가 새겨진 푸른색 망토를 걸친 아파레시다 성모상을 볼 수 있다. 이 왕관과 망토는 1888년 11월 6일 브라질의 마지막 공주인 이자벨 공주가 하사한 것이다. 당시 이자벨 공주는 '황금법'을 제정하여 브라질의 노예 해방을 선포했다고 한다. 임소라는 이 기고문에서, "16세기 초 최초로 노예무역이 시작된 이래 가톨릭교회의 탄압과 강압적인 개종 권유로 종교적 자유마저 잃어버린 노예 신분의 흑인들에게 검은 피부의 성모상의 존재는 정신적인 지주이자 수호신으로 자리 잡고 있다."고 전했다. 임소라는 "1850년 중반에 자카리아스라는 이름의 흑인 노예가 굵은 쇠사슬에 손발이 묶여 노예상인에게 끌려가던 중 아파레시다 성모 성지 앞을 지나게 되었다고 한다. 그는 기도를 드리고 갈 수 있게 해 달라고 상인에게 청했고, 그가 성모상 앞에 무릎 꿇고 간절히 기도를 드리자 놀랍게도 그의 손발을 옥죄고 있던 쇠사슬이 저절로 끊어져 바닥에 떨어졌다."는 이야기를 전해 준다. 아파레시다의 성모가 노예의 해방을 바라신다는 뜻을 이렇게 전달한 것이다.

과달루페의 성모, 천대받는 원주민에게 발현하다

프란치스코 교황은 대중신심이 지닌 복음화 능력을 높이 평가하고 있다. 교황 권고 〈복음의 기쁨〉에서 "하느님 백성은 하느님의 은사를 각자의 재능에 따라 자기 삶으로 드러내면서 자신이 받은 신앙을 증언하고 새롭고 설득력 있는 표현으로 풍요롭게 한다."고 말한다. 교황은 이 교황 권고에서 바오로 6세 교황의 〈현대의 복음선교(Evangelii nuntiandi)〉를 인용하며 "대중신심은 순박하고 가난한 사람들만이 알아볼 수 있는 하느님에 대한 갈망을 표현하고 있다."고 덧붙였다. 전임 베네딕토 16세 교황은 "대중신심에서 라틴아메리카의 영혼이 드러난다."고 했으며, 프란치스코 교황은 이를 두고 "대중영성" 또는 "민중의 신비주의"라고 표현했다. 민중은 추론보다 '상징'으로 자신들의 신앙을 표현하면서 성지 순례에 나선다고 교황은 생각했다.

한편 성모와 관련된 라틴아메리카의 대중신심 가운데 가장 돋보이는 것은 '과달루페의 성모(Nuestra Señora de Guadalupe)'이다. 레오나르도 보프는 《하느님은 선교사보다 먼저 오신다》(분도출판사, 1993)에서, "마리아는 누구에게 발현하는가? 마리아는 스페인 사람에게 발현한 것도 아니고 교회 제도에 속한 성직자나 수도자에게 발현한 것도 아니다. 마리아는 주변화된 어떤 원주민에게 발현한다."고 말했다. 이 사실은 프란치스코 교황이 〈복음의 기쁨〉에서 "구원은 제국의 변두리 작은 마을에 사는 보잘것없는 처녀가 말한 '예'를 통해 우리에게 왔다."고 한 말을 되새기게 만든다. 메시아의 잉태를 알리는 천사의 전갈을 받은 이가 가난한 처녀 마리아였듯이, 성모 마리아 또한 남루한 원주민에게 먼저 나타난다.

멕시코 시 인근의 테페야크(Tepeyac) 언덕에서 효성이 극진한 후안 디에고에게 1531년 12월 9일 만삭의 모습으로 처음 발현했다는 과달루페의 성모는 멕시코뿐만 아니라 라틴아메리카의 신앙을 상징하는 어머니로 사랑받고 있다. 여성신학자 최우혁이 〈가톨릭뉴스 지금여기〉에 기고한 글에 따르면, 과달루페의 성모는 인디언 언어인 나후아틀어로 "나는 하늘과 땅을 만드신 하느님의 어머니 성모 마리아다. 나를 사랑하고 믿으며 내 도움을 요청하는 지상의 모든 백성의 자비로운 어머니다. 나는 그들의 비탄의 소리를 듣고 있으며 그들의 모든 고통과 슬픔을 위로하고 있다."고 말했다. 사흘 뒤에 후안 디에고는 과달루페의 성모를 다시 만나 성모 발현의 징표인 장미 꽃다발을 받아 그 지역의 주교에게 가져다주었는데, 장미를 보이려는 순간 그의 외투 위에 그가 만났던 성모의 모습이 새겨져 나타났다. 성화에 새겨진 성모 마리아는 만삭의 모습으로 키는 1m 45cm이고 피부색은 인디언처럼 거무스름한 황갈색이며 머리카락은 검은색이었다.

보프는 이를 두고 "마리아는 가난하고 천대받는 원주민을 선택했다."고 말한다. 과달루페의 성모 마리아는 중앙을 차지하지 않고 '변방'에 서서, 원주민이 오히려 주교에게 복음을 전하게 한다. 그리고 번듯한 도시가 아니라 시골 변방인 테페야크에 성전을 세우도록 요구했다.

"파괴된 아즈텍(Aztec)의 피라미드 재료로 건설한 수도의 주마라가 주교의 관저에서 마리아는 말하지 않는다. 마리아는 아무 거리낌 없이 변방인 테페야크에서 말한다. 마리아는 후안 디에고를 선택하고 그를 애정이 깃든 애칭으로 부른다. 이처럼 정복자들에게 예속된 원주민 여성 마리아가 중앙에 사는 주교에게 복음을 전하고 있다. 성모 마리아는 스페인 사람들이 아즈텍 사람들을 폭력으로 다루었던 것처럼 하지 않고, 설득한다. 마지막에는 자기 외투에서 꽃을 꺼내 주교의 발치에 뿌린다."

최우혁은 500여 년이 지나도록 빛조차 바래지 않은 이 과달루페의 성모를 이해하려면 1519년부터 1521년까지 진행된 스페인의 멕시코 정복 과정을 살펴봐야 한다고 조언한다. 과달루페의 성모 발현은 스페인의 아즈텍 인디언 대학살이 발생한 지 10년 만에 이루어졌다. 성모의 발현은 역사 속에 묻혀 버린 아즈텍 사람들을 위로하기 위해, 또한 정복자인 스페인과 정복당한 인디언의 피를 함께 나누어 받은 라틴아메리카의 새로운 종족 메스티소(mestizo)의 등장을 알리는 상징으로서 받아들여진다. 인디언 여성의 얼굴로 나타난 과달루페의 성모는 곧 해산을 앞둔 만삭의 몸으로, 눈을 아래로 내리뜨고 곰곰이 생각하는 모습이다. 요한 바오로 2세 교황은 2002년 7월 31일, 로마에서 후안 디에고를 성인으로 선포했다.

온유한 사랑의 혁명을 낳는 복음화의 별, 마리아

프란치스코 교황의 성모에 대한 공경은 각별하다. 교황은 〈복음의 기쁨〉에서 마리아를 '복음화의 어머니', '복음화의 별'로 표현하면서, 그분을 따라 걸어가라고 권했다. 만삭의 몸으로 발현한 과달루페의 성모처럼, 교황은 "마리아께서 탁월한 믿음으로 세상에 주님을 낳아 주셨고, 이제 '여인이 나머지 후손들, 곧 하느님의 계명을 지키고 예수님의 증언을 간직하고 있는 이들'(묵시 12, 17)과도 동행해 주실 것"이라며, 성모처럼 신자 한 사람 한 사람은 "저마다 다른 방식으로 그리스도를 낳는다."고 전했다. 이어 성모 마리아에 대한 특별한 의미를 부여했다.

"마리아께서는 마구간에서 가난한 포대기와 지극한 사랑으로 예수님을 감싸심으로써, 그 마구간을 예수님을 위한 보금자리로 만드실 수 있었습니다. 마리아께서는 기쁨에 넘치시어 하느님 아버지께 찬양 노래를 부르시는 여종입니다. 그분께서는 우리 생명의 포도주가 떨어지지 않을까 늘 살피시는 벗이십니다. 칼에 꿰찔린 마음을 지니신 마리아께서는 우리의 모든 고통을 이해하시는 여인이십니다. 모든 이의 어머니이신 마리아께서는 정의를 낳을 때까지 산고로 고통받는 사람들을 위한 희망의 표징이십니다. 마리아께서는 우리에게 가까이 다가오시어 우리 인생의 동반자가 되어 주시고 당신의 모성애로 우리 마음을 믿음으로 열어 주시는 선교사이십니다. 참어머니이신 마리아께서는 우리 옆에서 함께 걸어가시고 우리와 함께 싸우시며 끊임없이 하느님 사랑을 우리에게 전해 주십니다." ─〈복음의 기쁨〉 286항

교황은 복음화의 길에서도 '마리아 방식'을 추천한다. 그것은 "온유한 사랑의 혁명이 지닌 힘을 믿는 것"이다. 겸손과 온유함은 강한 이들의 덕이며, 이처럼 강한 이들은 자기가 중요하다는

것을 느끼려고 다른 이를 홀대하지 않는다고 전한다. 오히려 마리아는 "통치자들을 왕좌에서 끌어내리시고 부유한 자를 빈손으로 내치시는" 하느님을 찬양한다. 우리는 마리아를 바라보며 "바로 그분께서 정의를 추구하는 우리에게 따스한 온기를 가져다주시는 분"이심을 깨닫는다. 마리아는 "크고 작은 사건들 속에서 하느님 성령의 자취를 알아보는 법"을 알고 계시며, "우리의 일상생활 안에 깃든 하느님의 신비를 바라본다." 그리고 마리아는 나자렛에서 기도하시고 일하시는 여인이며, 또한 "다른 이들을 도우시고자 '서둘러' 당신 마을을 떠나시는 도움의 성모"라고 교황은 말한다. 이처럼 프란치스코 교황을 비롯해 라틴아메리카 사람들이 열광하는 성모 마리아는 학살당하고 천대받는 원주민과 가난한 이들에게 생명을 주는 마리아였다.

상처받은 영혼을 위로하는 대중신심

라틴아메리카의 가난한 원주민들은 자신들의 토착 신앙과 얼크러진 대중신심을 통해 위로를 찾았다. 자신들의 고단한 삶을 어루만져 준 것은 그런 성모 마리아와 성인들이었다. 그러나 이런 대중신심이 항상 교회의 가르침과 일치하는 것은 아니었다. 그들의 종교는 한편으로 숙명론적이고 혼합적이며 가부장적이었기 때문이다. 하느님은 달래고 뇌물을 바쳐야 하는 대지주 같았고, 하느님의 아들 그리스도는 라틴아메리카 어디서나 십자가에 달린 사람으로 등장하여 가난한 사람들의 고통과 죽음을 상징했다. 교회의 가르침과 달리, 원주민들은 예수의 부활이 담고 있는 희망의 메시지를 현실에서 읽기 어려웠다. 오히려 자기 자신과 자신들의 아버지들이 그래 왔던 것처럼 그리스도 역시 '희망 없이' 권력자들에게 매 맞고 고문당하고 피살된 사람으로 여겨졌다. 이러한 가난한 원주민들이 그리스도 신앙을 만나면서 위안과 도움을 청하는 대상으로 삼은 것은 군주처럼 여겨졌던 하느님이 아니라 억울하게 죽은 혼백이나 성인들이었다. 이 성인과 혼백들은 일상 속에서 원주민들에게 '아주 현실적이고 개인적인' 친구가 되어 주었다. 유난히 라틴아메리카와 필리핀 등 제3세계 교회에서 성인 숭배와 그들을 기리는 축제가 환영을 받는 이유가 여기에 있다. 그들에게 그리스도는 '구원자' 이전에 '그들처럼 힘없는 불쌍한 사람'이다. 이들은 성경을 새롭게 읽게 해 준 그리스도교 기초 공동체가 출현할 때까지 예수가 선포한 하느님 나라에 대한 희망을 지니기 어려웠다.

그러나 교회는 이들의 혼합주의적 신앙을 비난하는 대신에, 이 신앙을 복음적인 방향으로 재해석하려고 노력했다. 이를테면 아르헨티나에서는 매주 2만 5천 명의 신자들이 부에노스아이레스의 노동자 거주 지역 가까이 있는 '산 카예타노' 성소를 방문한다. 카예타노 성인은 프란치스코 교황의 부모들 같은 이탈리아 이민자들의 수호성인이다. 그들은 성소에 방문하면서 달걀국수와 고기, 통조림, 가루우유, 밀가루, 수프, 그리고 옷가지 등을 챙겨 오는데, 성소에서는 이 기부 금품들을 모아 그 지역의 빈민촌과 농촌에 분배해 왔다. 《민중의 외침》(분도출판사, 1984)에서 페니 러녹스는 "카예타노 성인은 당신을 돕고, 당신은 다른 아르헨티나 사람들이 빵을 먹을 수 있도록 도와야 하기 때문에 촛불 대신 음식물을 가져와야 한다."는 분위기다. 이는 월간지 〈빵과 노동〉을 통해 교육 사업을 전개하던 앙헬 살라베렘보르데 신부가 이끄는 사제단이 성소의 관리를 맡으면서 생겨난 변화다. 실제로 라틴아메리카 신자들은 정기적으로 성당에 나가지 않지만, 자기 고장에 있는 성소를 자주 방문한다. 그래서 각성된 사제들은 이러한 대중신심을 '가난한 이들에 대한 우선적 선택'을 천명한 교회의 복음적 가르침에 연결하는 데 힘을 기울인다.

실제로 1976년 3월 24일 아르헨티나에서 호르헤 라파엘 비델라 장군이 군사 쿠데타를 일으켜 이사벨 페론 대통령 정부를 무너뜨리고 1981년까지 독재정치를 행하는 동안 10만 명 이상의 아르헨티나 사람들이 루한(Lujan)의 성모 성지로 향하는 행진에 참가하며 갈등으로 찢긴 아르헨티나에 평화를 오기를 기원했다. '루한의 성모'는 아르헨티나 전역에서 공경을 받고 있다. 17세기에 포르투갈 정착민들이 신앙을 활성화하기 위해 마리아 성화를 아르헨티나에 들여오기 시작했는데, 이 성화를 마차로 코르도바로 운반하던 중 부에노스아이레스 인근 루한에서 말이 멈추어 섰다. 성화를 그 자리에 내려놓고 나서야 말이 다시 움직이자, 사람들은 이곳에 성전을 짓고 성화를 안치했다. 매년 10월이면 수백만 명의 순례객들이 부에노스아이레스에서 루한까지 50마일을 걷는 순례 행사를 벌이는데, 베르골료 추기경도 이 순례에 참여했다. 베르골료 추기경이 교황으로 선출되고 나서, 아르헨티나는 루한의 성모 이미지가 새겨진 성작을 교황에게 헌정했다.

이처럼 성소는 민중에게 근심과 고통을 덜어 주는 역할을 한다. 루한의 성모 성지에서는 24시간 고해성사가 베풀어지는데, 어떤 두 살짜리 아기의 어머니는 독재정권 시절 우익 준군사조직에 의해 남편이 납치된 후 자살하려다가 이곳에서 고해성사를 하고 사제들의 위로로 목숨을 구했다. 여기서 중요한 것은 민중의 숙명론적인 태도를 '그리스도교적 희망으로' 뒤바꾸는 일이다.

최근까지도 그들에게 하느님은 독재자들처럼 멀리 떨어져 있는 존재였기 때문에 그들은 손쉽게 주변에서 공경할 수 있는 혼백들과 성인이나 성모 마리아에게 의존해 왔다. 그들은 복권 판매에서 빵 굽기에 이르기까지 거의 모든 활동에서 도움을 주는 성인을 따로 두고 있다. 성 파트리시오는 뱀에 물린 상처를 치료하고, 성 안토니오는 남자 친구를 유혹하는 데 도움을 준다고 믿었다. 고속도로 주변에는 죽은 자들의 혼백에게 바치는 축소판

교회들과 십자가가 즐비하다. 이런 것이 신통력을 지니고 있다고 믿는 신앙의 문제는 현실을 불가피한 것으로 받아들이는 태도다. 그러나 이러한 대중신심 안에 담겨 있는 긍정적인 측면을 발견할 수 있어야 교회는 대중과 깊은 연대감을 맺을 수 있다. 그래서 최근 라틴아메리카 교회는 원주민들의 언어와 상징을 이용해 기도문을 다시 쓰기 시작했고, 춤이나 연극을 통해 복음을 전달하고 있다.

그러나 프란치스코 교황은 영화 〈반도네온의 영혼〉의 삽입곡이었던 아르헨티나 탱고 음악인 캄발라체(Cambalache)의 가사처럼 "우리 모두 연옥에서 같이 만날 텐데 이런들 어떻고 저런들 어떠리, 대충 살자."라는 식의 대중의식에는 주의를 당부한다.

"정의로운 자와 배신자
무식한 자와 유식한 자, 그리고 도둑놈
관대한 사람과 사기꾼
그 무엇이든 요즘은 모두 똑같아
아무것도 더 나은 게 없어
우매한 인간이나 위대한 스승도 모두 똑같아."
―암브로게티 외 《교황 프란치스코》에서 캄발라체 가사 재인용

물론 이 음악은 사회 부조리를 고발하려는 내용이지만, 이중적

인 도덕적 잣대를 사용하는 데 교황은 반대한다. 교황은 늘 구체적인 사례를 들곤 하는데, "가톨릭 신자라고 하면서 탈세를 하거나, 배우자를 속이거나, 자녀들을 제대로 돌보지 않거나, 나프탈렌을 매달아 여름철 내내 옷장 한쪽 구석에 처박아 놓은 오버코트처럼 부모님을 양로원에 보내 놓고 들여다보지 않거나, 저울이나 택시 미터기를 임의로 조작해 속이는 일" 등을 파렴치한 것으로 간주했다.

제3차 라틴아메리카 주교회의는 《푸에블라 문헌》을 통해 라틴아메리카 대중신심의 긍정적인 면을 공식적으로 드러냈다. 고통받는 자들을 위로하고 해방하시는 분으로 고백되는 마리아 신심뿐 아니라, 수호성인 공경, 죽은 이들에 대한 추모, 개인의 존엄성과 형제애, 죄와 보속에 대한 자각, 합리적 이해에 매이지 않고 신앙을 표현하는 능력, 성지에 터 잡은 신앙, 사목자에 대한 자녀다운 존경, 신앙을 공동체 안에서 경축하는 능력, 교황에 대한 따뜻한 애정, 고난을 감수하면서 신앙을 고백하는 용기, 기도에 대한 감각, 다른 이를 받아들이는 포용력 등이다. 한편 〈복음의 기쁨〉에서 프란치스코 교황 역시 대중신심은 "판단하기보다는 사랑하고자 하는 착한 목자의 눈으로 접근해야 한다."고 당부하면서, "신경(信經, Creed) 구절은 제대로 외우지 못하더라도 묵주기도에 매달리며 병든 아이를 간호하는 어머니들의 강인한 믿음", "성모 마리아의 도움을 간구하는 누추한 집 안에 켜진 촛불" 등에서 퍼져 나가는 큰 희망을 떠올렸다.

 "십자고상(十字苦像)을 바라보는 깊은 사랑의 눈길을 생각해 봅니다. 하느님께 충실한 거룩한 백성을 사랑하는 사람이라면 이러한 행위들을 거룩한 것에 대한 순전히 인간적인 추구의 표현이라고 여길 것입니다. 이러한 행위들은 우리 마음 안에 부어진 성령의 활동으로 힘을 얻는, 하느님을 향한 삶의 표현입니다." -〈복음의 기쁨〉 125항

2부

교회 개혁의
첫새벽

'종신제' 교황도 사임할 수 있다는 희망

베네딕토 16세 교황의 거룩한 결단

"오늘날의 현실은 많은 것이 빠르게 변화하고 있고, 신앙생활과 깊은 관련이 있는 질문들로 흔들리고 있습니다. 교회를 다스리고 복음을 전파하려면 영적으로든 신체적으로든 강건함이 반드시 필요합니다. 그런데 지난 몇 달 동안 나의 건강은 더욱 악화되어 내게 맡겨진 직무를 수행하기에 무리라는 사실을 깨달았습니다. 이러한 심각한 이유로, 완전한 자유의사에 따라 2005년 4월 19일 추기경단이 나에게 맡긴 성 베드로의 후계자인 로마의 주교 직분에서 물러날 것을 선포합니다. 똑같은 방법으로, 2013년 2월 28일 20시부로 성 베드로 좌와 로마의 주교 좌는 공석이 될 것이며, 새로운 주교를 선출하기 위해 법적으로 자격을 갖춘 추기경들이 한 자리에 모이는 콘클라베가 열릴 것입니다."

85세의 교황 베네딕토 16세는 2013년 2월 11일 오전 바티칸에서 일하는 추기경들과 함께 회의에 참석해 2월 28일 교황직에서 물러나겠다고 사임 의사를 밝혔다. 그 자리에 있던 프란치스코 아린제 추기경은 "교황께서 의미하는 것이 무엇인지 분명해지자 추기경들은 놀라움으로 서로 쳐다보았고, 마침내 침묵이 흘렀다."고 전했다. 이어 "그분은 교회를 너무나 사랑했기 때문에 교회를 위해 당신이 떠나고 다른 분이 이 무거운 짐을 져야 한다고 생각하셨다."고 전했다.

교회법 제332조 2항에 따른 교황직 사퇴 요건은 "그 사퇴가 자유로이 이루어지고 올바로 표시되어야 하지만 아무한테서도 수리될 필요가 없다."고 규정되어 있다. 즉, 강압에 의한 사퇴는 무효라는 뜻이다.

종신제인 교황이 선종 이전에 사임한 사례는 1415년 동서 교회의 분열을 수습하는 차원에서 콘스탄츠 공의회의 결정으로 교황 그레고리우스 12세가 사임한 이후 598년 만의 일이다. 교황 베네딕토 16세는 《세상의 빛―교황, 교회, 그리고 시대의 징후》에서 "육체적·정신적·영적으로 교황 업무 수행이 어렵다고 느낄 경우 사임할 권리가 있다."면서 "육체적인 면에서 내가 교황 업무를 해낼 수 있을지 걱정되고 의문이 들기도 한다."고 밝힌 적이 있다. 그러나 그동안 이 권리를 누릴 만큼 용기 있는 교황은 별로 없었다는 점에서 베네딕토 교황의 사퇴 결단은 의미가 깊다. 신체적 어려움과 교회 안의 복잡한 상황을 고려하더라도, 교황 베네딕토 16세가 교황좌에서 물러나기로 결정한 것은 교황 종신제가 고착되어 있는 가톨릭교회 전통에서 새로운 희망을 보여 주는 사건이다. 건강상 이유든 무엇이든 교황 직무 수행이 어려운 상황에서 스스로 물러나는 모습은 교회에 좋은 선례로 남을 것이다. 실상 교황직을 제외하고는 가톨릭교회 직무 가운데 종신직은 없다. 추기경과 주교 등은 신분이지만 교회 직무를 의미하는 교구장직 등은 모두 정년이 있다.

전임 교황이었던 요한 바오로 2세는 2005년 선종하기 전 당시 신앙교리성 장관을 맡고 있던 요제프 라칭거 추기경을 "내가 가장 신뢰하는 친구"라고 불렀다. 그러나 라칭거는 밀라노의 대주교였으며 유력한 교황 후보였던 카를로 마르티니 추기경처럼 연구와 집필을 위해 은퇴할 뜻을 1991년, 1996년, 2001년 세 차례나 비추었다. 그러나 요한 바오로 2세의 만류로 교황청에 남아 있다가 2005년 78세의 나이에 '베네딕토 16세'라는 이름으로 교황에 선출되었다. 베네딕토 교황의 사임을 두고 아린제 추기경은 이렇게 말했다.

"이는 주교들에게만 해당되는 것이 아닙니다. 공동선을 위해 일을 한다면 자신들의 지위를 양보하려 하지 않는 정부나 국가의 수반인 정치인들에게도 해당되는 것입니다. 그래서 교황이 보여 준 결단은 교회, 국가, 대학 혹은 기관이든 누구에게든지 교훈이 되기를 희망합니다. 권위와 기득권을 가지고 봉사하려는 모든 사람에게 살아 있는 교훈이 되기를 기대합니다." ─매튜 번슨,《교황 프란치스코 그는 누구인가》, 하양인, 2013

교황 베네딕토 16세는 독일 출신으로 2005년 교황에 선출되었으며, 학자 출신의 첫 교황이라는 점이 인상적이었다. 그러나 라칭거는 추기경 시절 교황청 신앙교리성 장관을 역임하면서 보여주었던 보수주의 관점 때문에 우려의 목소리가 높았다. 교황 베네딕토 16세는 전임 교황이었던 요한 바오로 2세와 더불어 제2차 바티칸 공의회의 교회 개혁을 후퇴시킨 인물로 평가받고 있다. 특히 해방신학자인 레오나르도 보프는 《교회: 카리스마와 권력》이라는 책 때문에 라칭거 추기경에게 소환당해 곤욕을 치렀다. 결국 보프는 교권의 압력에 저항하다 1992년 사제직을 떠났다. 보프는 그동안 줄곧 교황을 비판해 왔는데, 독일 주간지〈슈피겔〉과의 인터뷰에서 "현 교황의 제1 관심사는 바티칸이라는 권력 기구를 공고히 하는 것"이라며 "교황 베네딕토 16세는 교회를 위한다면서 도리어 교회의 목을 조이는 천사 역할을 하고 있다."

고 말하기도 했다.

　교황 베네딕토 16세는 2009년 아프리카를 방문해 "에이즈(AIDS)의 대응 방안으로 콘돔을 배포하는 것은 적절한 해법이 아니다."라고 발언해 물의를 빚었다. 당시 각국 정치권과 국제 보건 담당자들은 콘돔이 에이즈 바이러스의 확산을 80% 줄여 준다는 조사 결과를 무시하고 인간의 생명보다 교리를 우선시하는 잔인한 처사라고 반발했다. 한편 최근에 성직자들의 아동 성추행 사건이 연이어 폭로되면서, 교황에 대한 신뢰도 또한 추락했다. 주간지 〈스테른〉의 여론 조사를 보면, 미국뿐 아니라 고국인 독일에서조차 24%의 독일인만이 베네딕토 교황을 신뢰한다고 응답했으며, 가톨릭교회에 대한 신뢰도 역시 17%로 추락했다. 게다가 바티칸은행의 부정부패, 돈 세탁 등을 다룬 내부 문서들이 공개되면서 교황청이 궁지에 몰리기도 했다. 이른바 '바티리크스(Vatileaks)'라고 부르는 교황청 유출 문서에 따르면, 바티칸은행은 유력한 정치인들과 심지어 마피아의 돈세탁 경로로 이용되었다는 것이다. 그동안 교황청은 스위스 출신 금융 비리 전문가를 고용해 개혁에 나서고 있었다.

'카이사르의 교회'와 '그리스도의 교회'

제2차 바티칸 공의회(1962~1965)의 세례를 받은 선교사들은 제3세계의 토착민들을 개종의 대상으로 삼기보다 권익 옹호 활동을 중심으로 선교 활동을 재편하고, 종교의 경계를 넘어서 가난한 이들 속에 몸을 던져 왔다. 한편 지역교회 차원에서 그동안 라틴아메리카 해방신학, 아시아신학, 흑인신학, 여성신학 등이 폭넓게 전개되어 왔다. 그러나 베네딕토 16세 교황과 요한 바오로 2세 교황이 재위한 지난 30년 동안 제2차 바티칸 공의회가 낳은 이러한 활동들이 제약을 받으면서 활력이 크게 떨어지고, 다소 위축된 감이 없지 않다. 그래서 어떤 이들은 교회가 '새로운 감옥'이 되어 간다는 극단적인 비판도 서슴지 않았다. 이는 교회가 교황청을 둘러싼 보수적인 소수 엘리트와 주교들에 의한 귀족정치로 회귀하고 있다는 반성에 따른 것이다. 이를 두고 페니 러녹스는 《로마 교황청과 국제정치》(한국신학연구소, 1996)에서 "요한 바오로 2세가 교황이 된 1978년 이래 이른바 '복고'라고 불리는 반개혁 움직임이 진행됐다."고 비판했다. 결국 지난 30년 동안 가톨릭은 권력과 돈을 가진 카이사르의 교회와 가난하지만 영적으로 풍요로운 그리스도의 교회 사이의 갈등이 지속되었다고 보는 견해가 많다.

그리스 철학자 아리스티데스는 로마 황제 하드리아누스(재위:

117~138)를 위해 쓴 《그리스도교 신앙을 위한 변증(Apology for the Christian Faith)》에서 그리스도교 신앙인에 대해 이렇게 말했다.

"그들은 서로 사랑합니다. 그들은 언제나 과부를 돕습니다. 그들은 고아를 괴롭히려는 사람들에게서 고아를 구합니다. 그들은 무언가 가진 것이 있으면 아무것도 없는 사람에게 아낌없이 줍니다. 그들은 이방인을 보면 집으로 데려갑니다. 그리고 그가 마치 친형제나 되는 것처럼 기뻐합니다. 그들이 생각하는 형제란 일상적인 의미의 형제가 아니라 성령을 통해 하느님 안에 있는 형제를 뜻합니다."

이러한 그리스도인의 태도는 정치적 전략이 아니라 하느님 말씀에 따라 사는 길이었다. 그러나 로마제국은 돈과 권력의 유혹을 통해 교회를 타락시켰다. 교회는 살아남기 위해 분명히 어떤 구조가 필요했지만, 4세기에 로마인의 법적 체계를 채택함으로써 근본적인 잘못을 범하고 말았다. 황제를 중심으로 하는 로마인의 체계는 평등과 사랑, 그리고 가난함을 기반으로 한 초기 그리스도 공동체를 본질에서 더 멀어지게 만들었기 때문이다. 여기서 혜택을 받은 사람들은 초대 교회에는 없었던 성직 계급이다.

313년 콘스탄티누스 전환 이후 국가는 교회 지도자들에게 돈과 권력을 제공했다. 일부 성직자들은 엄청난 부자가 되었고, 부유한 교구의 주교직을 차지하려는 선거전이 폭력으로 치닫는 일도 있었다. 이 과정에서 소박한 갈릴래아 사람 예수가 전파했던 메시지는 사그라졌고, 로마제국 지배자들의 형상에 따라 만들어진 하느님에 대한 맹목적 숭배가 유지되었다. 교회는 카이사르에 속하는 속성들을 하느님께 갖다 붙이기 시작했다. 교황은 홍포를 걸치고 으리으리한 대관식을 거행하며 자신을 '성부(聖父)'라 부르게 했다. 교황은 높은 계단 위에 앉아 세상을 굽어보며 통치하기 시작했다.

이런 권위주의적 교회는 1869년에 열린 제1차 바티칸 공의회에서 '교황의 무류성'을 선언함으로 극대화되었다. 교황은 모든 권한을 바티칸에 집중시켰고 주교 임명권을 가짐으로써 지역교회에서 주교를 선출하던 전통을 폐지했다. 절대 권력은 교황을 절대군주로 만들었다.

가톨릭교회는 1958년에 요한 23세 교황이 등장하면서 비로소 세속적 전통이나 신학적 해석이 아니라 복음서에서 보증하는 봉사 직분으로 교황권을 이해하기 시작했다. 요한 23세는 바티칸의 확고부동한 세속적 이익이 아니라 복음의 정신을 보여 주었다. 또한 교회와 세속 권력 사이에서 교회의 특권을 유지하기 위해 맺었던 동맹을 해체하기 시작했다.

이는 이미 종교개혁 시기에 에라스무스가 지적한 것이다. 에라스무스는 성직자들이 삶의 모든 문제에 대해 권위 있는 답을 가진 것이 아니라면서, 교황직에서 정치권력의 특성을 배제하고 도덕적 권위를 회복할 것을 요구했다.

요한 23세 교황은 제2차 바티칸 공의회를 통해 교회가 세상과 대화를 나누지 않고 스스로를 '완전한 사회'라고 여기며 취했던 '거룩한 고립 상태'에서 벗어나기를 바랐다. 교회 역시 인간의 제도이기 때문에 인간적인 오류를 범할 수 있다는 것이 요한 23세의 생각이었다. 그러므로 그는 교회가 좀 더 정의로운 사회적, 정치적, 경제적 질서를 모색하는 과정에서 현대 세계와 협력하기를 요청했다.

요한 23세 교황은 공의회를 열면서, 그 자리가 신학적 토론장이 되기를 원치 않았다. 중요한 것은 '신앙이 표현되는 방식'이었기 때문이다. 교황이 '교리'보다 '사목'을 강조한 이유가 여기에 있다. 그는 '착한 목자'가 되기를 원했지 탁월한 신학자나 교리 해설자가 되고 싶어 하지 않았다. 교황은 또한 주교들과 권한을 공유하고 민주주의를 지지함으로써 그러한 믿음을 보여 주었다. 개막 연설에서 교황은 주교들에게 "이제 더는 최후의 심판을 알리는 예언자가 되지 말고 이 세상에 자비의 치료약을 제공하라."고 요청했다. 교황은 교회의 권한을 교회의 구성원 모두와 나누어 갖기를 원했기 때문에 '교회는 (교계 제도라기보다) 하느님 백성'이라고 말했다.

제2차 바티칸 공의회를 통해 주교들은 더 많은 자유와 권한을 갖게 되었고, 평신도들은 교회의 일에 더 많이 참여하게 되었다.

라틴어로 봉헌하던 미사는 토착어(모국어)로 대체되었고, 종교적 자유와 문화적 다양성이 존중되었다. 또한 공의회는 가톨릭교회가 가난한 이들에게 특히 관심을 둘 것을 강조했고, 현대 세계와 다른 종교들과 대화할 임무를 부여했다. 바오로 6세 교황은 회칙 〈민족들의 발전(Populorum Progressio)〉과 〈노동헌장 80주년(Octogesima Adveniens)〉을 통해 제3세계의 가난한 이들이 겪는 참상 때문에 "현상 유지를 변호할 수 없다."고 주장함으로써 라틴 아메리카 대륙에서 해방신학이 나올 수 있는 토대를 제공했다. 이들은 1968년 메데인 주교회의와 1978년 푸에블라 주교회의를 통해 '제도화된 국가 폭력'을 비판하고 '가난한 이들에 대한 우선적 선택'을 강조했으며, 수만 개의 기초 공동체를 만들었다.

그러나 제2차 바티칸 공의회는 로마의 지배와 성직 계급의 힘을 약화시키기는 했지만, 근본적인 쇄신을 이루지는 못했다. 제2차 바티칸 공의회 교부들은 신설된 시노드(주교대의원회의)를 통해 주교들이 교황과 결정권을 나누어 갖고, 각 나라의 주교회의가 더 중요한 역할을 하게 되며, 교황청의 역할은 축소되리라 예상했다. 그러나 이러한 교회 개혁을 법적으로 뒷받침하고 주교 선출권 및 다른 권한들을 지역교회에 돌려주기 위한 어떤 기구도 세우지 못했다.

요한 23세와 바오로 6세 교황이 재임하는 동안 이러한 개혁에 반발하던 중앙집권적 관료주의 세력들은 1978년 요한 바오로 2

세가 교황좌에 오르면서 지난 30여 년 동안 예전에 잃어버렸던 영향력을 대부분 되찾았다. 공의회 이후 바오로 6세 교황은 새로운 길을 따라 조심스럽게 전진해 왔다.

그러나 이를 계승하려던 요한 바오로 1세 교황이 급서한 뒤에 교황이 된 요한 바오로 2세는 제2차 바티칸 공의회를 소극적으로 해석하기 시작했다. 가장 상징적이며 실제적인 표현은 신앙교리성 장관으로 요제프 라칭거 추기경(후일 베네딕토 16세 교황)을 임명한 것이다. 그리고 오푸스 데이 등 보수 성향의 교회 단체들을 적극 지원했다. 공의회 기간에도 제2차 바티칸 공의회의 방침에 원칙적으로 동의하지 않았던 요한 바오로 2세뿐 아니라 라칭거 추기경은 "그동안 제2차 바티칸 공의회가 잘못 해석되어 왔다."고 단언했으며, 지역교회들은 여기에 충격을 받았다.

그 결과 자유주의적인 네덜란드 교회가 제일 먼저 심각한 타격을 받았고, 라틴아메리카 교회의 해방신학적 견해는 경계의 대상이 되었다. 교황청은 여전히 주교 임명권을 지니고 있었으므로, 교황은 개혁 성향이 강한 교구를 분할하고, 보수적인 주교들을 새로 임명했다. 신학자들은 교수 자격을 박탈당했고, 검열 제도가 강화되었다.

요한 바오로 2세 교황은 바티칸은행의 미국인 이사인 폴 마르친쿠스 대주교가 시칠리아의 마피아와 연결된 이탈리아의 수완 좋은 사업가들과 몇 차례 거래했는데도 그를 보호함으로써, 바티칸이 복음보다 체제 유지에 더 관심이 많다는 인상을 심어 주었다. 또한 라틴아메리카에서는 레이건 행정부의 정책과 동일한 입장을 취해 군사독재로 신음하던 라틴아메리카 민중에게서 신뢰를 상실했다.

이런 역전 현상을 지켜보면서 미국 교회의 토머스 제이 검블턴 주교는 "바티칸과 교황권을 '탈신화화'할 필요가 있다."고 말했다. 때로 바티칸 역시 인간의 다른 도구들처럼 악을 행하는 도구가 될 수 있기 때문이다. 카를 라너, 라칭거 등과 더불어 독일 교회의 공의회 신학자였던 한스 큉은 요한 바오로 2세의 교황 즉위 1년 만인 1979년 12월 18일에 바티칸으로부터 가톨릭신학을 가르치는 교회법적 권리를 박탈당했다. 그가 교황의 무류성에 이의를 제기했기 때문이다. 한스 큉은 자서전에서 "공의회가 아니라 공의회에 대한 배신이 교회를 위기로 몰아넣는다."고 말했다.

공의회 이전으로 복귀해야 한다고 주장하는 사람들은 '현대 사회의 세속주의 경향'에서 교회를 보호하려는 '불가피한 선택'이라고 말한다. 그러나 공의회 이전 교회야말로 세속주의에 침식되어 하느님의 자비보다는 권력을 지향해 왔음을 역사가 증명하고 있다.

바티칸이 자본과 권력 투쟁의 아수라장으로 타락하는 것을 막을 수 있는 유일한 방법은 교회권력을 최대한 분산시키고, 교회를 '하느님 백성'의 다양한 견해가 자유롭게 공론의 장으로 나올 수 있는 투명한 사회로 변화시키는 길뿐이다. 수도회에서는 '공동 식별'을 강조하고, 현대 사회는 '다중 지성'을 호소하고 있는 상황에서 '권위적인 교회'와 '교황 유일 체제'는 시대정신에 역행한다. 교회에서도 '지방자치'가 허용되어야 하며 지역교회 사제와 신자들이 자신들의 리더십을 선택할 수 있는 시스템이 필요하다.

시스틴 성당의 미켈란젤로 '최후의 심판' 아래

도덕적 신뢰 추락한 가톨릭교회, 교황청 개혁을 논하다

"최근 몇 년 동안 교회는 기쁨과 빛의 순간들뿐만 아니라, 어려운 순간들도 함께해 왔으며 순례의 길도 함께 걸어왔습니다. 나는 갈릴래아 바다에서 배를 타고 있던 성 베드로와 똑같은 처지임을 느꼈습니다. 주님께서는 우리에게 많은 고기를 잡을 수 있는 맑은 날과 감미로운 미풍을 여러 날 주셨습니다. 그러고 나서 바다는 거칠어졌고, 교회 역사상 한 번도 겪어 보지 못한 폭풍을 맞이했습니다. 그때는 주님께서 주무시고 계신 것 같았습니다."

보수적이긴 해도 교회를 진심으로 사랑했던 베네딕토 16세 교황이 교황직에서 떠나기 하루 전인 2월 27일 베드로 광장에서 20여만 명의 군중이 운집한 가운데 한 말이다. 그는 "그렇지만 주님께서 그 배에 계시고 배는 내 개인의 것이 아니므로, 배가 가라앉지 않게 하실 것이라고 나는 굳게 믿는다."고 말했다. 배를 조종하는 이는 예수 그리스도이며, "그분은 자신이 선택한 사람을 통해" 그 일을 하리라고 말했다.

2월 28일 베네딕토 교황은 바티칸 사도 궁 클레멘스 홀에서 바티칸의 교황청 사무국 직원들과 장관들, 그리고 144명의 추기경에게 일일이 작별 인사를 했다. 그리고 "미래의 교황에게 무조건적인 존경과 순명을 약속드린다."는 마지막 말을 남기면서 '주님의 종' 로마노 과르디니(R. Guardini) 신부가 한 말을 인용했다.

"교회는 책상 위에 비치되거나 구축된 장치가 아니라, 살아 있는 실재입니다. 교회는 본질을 유지하면서도 살아 있는 존재처럼 시간에 따라 변화해야 생명을 유지할 수 있습니다. 교회의 심장은 그리스도이십니다."

영원한 도시, 바티칸에서는 수많은 순례자들이 몰려들어 바티간조폐소에서 발행한 베네딕토 16세 교황 사임 기념 동전과 우표 세트를 구입하려고 줄을 서고 있었다. 그러는 동안, 추기경단 의장인 안젤로 소다노 추기경이 3월 1일에 전 세계의 추기경들에게 로마로 모이라는 공문을 띄웠다. 이들은 3월 4일부터 바오로 6세 알현실과 주교 시노드 사무국에 모여 예비 콘클라베를 열고 교황 선출을 위한 투표 방식을 검토하고, 콘클라베 일정을 확정하며, 가톨릭교회의 현실에 대해서도 논의할 임무를 띠었다.

콘클라베 날짜가 3월 12일로 정해졌다. 그동안 추기경들은 성령의 뜻을 헤아리고, 교회의 상태를 진단하며, 후임 교황을 물색하는 데 시간을 보내게 되었다. 추기경들은 이 과정에서 서로 안면을 익히고, 인격을 확인하며, 상대방의 생각을 들을 수 있었다. 당시 추기경들이 가톨릭교회가 당면한 쟁점으로 삼은 것은 교황청 개혁과 성추행으로 야기된 교회의 위기, 세계교회의 요청과 새로운 복음화였다.

추기경들이 교황청 개혁을 가장 시급한 과제로 여긴 것은 바티칸 재무 비리 사건이 터졌기 때문이다. 'IOR'이라고 불리는 바티칸은행은 오랫동안 비리와 음모의 대상이었다. 로마 금융 담당 경찰이 은행의 운영 방식에서 심각한 비리를 발견함에 따라, 이탈리아 치안 판사는 바티칸은행이 이탈리아은행에 맡겨 놓은 2억 3천만 유로를 동결시켰다. 이 조치는 2011년 6월에 해제되었으나, 유럽연합 47개국의 돈세탁 감독 기관인 머니발(Moneyval) 위원회가 바티칸은행이 금융 체크리스트 핵심 조항 19개 중에서 9개만 통과했다면서 2012년 6월 10개 조항에 대한 비리 내용을 모아 보고서를 작성했다. 바티칸은 유럽 금융연합의 통제 시스템에 협력하겠다고 약속했지만, 교회로서는 굴욕적인 일이었다. 엎친 데 덮친 격으로 교황의 개인 비서였던 파올로 가브리엘레가 교황의 개인 문서를 비롯해 민감한 바티칸 문서들을 대량 유출시킨 이른바 '바티리크스(Vatileaks, 바티칸과 위키리크스의 합성어)' 사건이 벌어졌다. 이 때문에 바티칸은 부패와 동성애 사제들의 음모, 공갈과 협박이 난무한 곳이라는 기사가 쏟아져 나왔다. 추기경들 사이에서는 교황청 사무국과 기능을 완전히 개혁해야 한다는 이야기가 터져 나왔다. 당시 교황청 정의평화평의회 의장인 가나의 베드로 투르크슨 추기경은 요한 타비스와 가진 인터뷰에서 이렇게 말했다고 한다.

"바티칸은행에 돈을 예치하는 갱단이나 마피아가 있습니다. 이 돈이 바티칸을 시궁창에 빠뜨리고 있습니다. 우리는 반드시 신뢰를 회복해야 합니다. 나는 베네딕토의 후계자가 될 자격에 이것을 최우선 조건으로 삼고자 합니다. 이것은 매우 중요한 일입니다. 왜냐하면 우리는 지금 새로운 복음화에 대해 이야기하고 있고, 모든 교황은 끊임없이 말보다는 증언을 강조하기 때문입니다. 우리에게 주어진 짐은 모든 일에 신뢰성과 성실함을 보이는 것입니다." ─매튜 번슨,《교황 프란치스코 그는 누구인가》, 하양인, 2013

이런 분위기를 반영했는지, 프란치스코 교황은 선출된 지 한

달 만인 4월 13일 교회 개혁의 신호탄으로 교황청 관료들이 아닌 전 세계에서 선정한 여덟 명의 추기경으로 교황청 개혁을 위한 자문단부터 구성했다. 자문단은 바티칸 시국 행정 책임자인 주제페 베르텔로 추기경을 제외하면 모든 대륙에서 골고루 선정됐다. 당시 〈내셔널 가톨릭 리포터(National Catholic Reporter)〉는 자문단에 "수년간 교황청에 비판의 목소리를 내 온" 추기경들이 포함돼 있다고 전했다. 그러나 가톨릭교회에서 발생한 아동 성추행 문제에 미온적으로 대응해 온 미국 보스턴 교구의 션 오말리 추기경과 독일 뮌헨 교구의 라인하르드 막스 추기경도 자문단에 속해 있다고 지적했다. 이 자문단은 바티칸은행을 비롯해 교황청 구조와 기능까지도 개혁의 대상으로 삼아 교황의 자문에 응한다.

이 자문단인 '8인 추기경평의회'는 2014년 7월 1일부터 산타 마르타의 집에서 열린 회의에서 교황청에 '성직자성(省)'이나 '봉헌생활회와 사도생활단성(省)'이 있는 것처럼 '평신도성(省)'이 필요하다는 의견을 교황에게 전달했다. 이것은 제2차 바티칸 공의회가 교회를 '하느님의 백성'으로 규정함으로써 사제들의 '직무 사제직'에 버금가는 의미로 평신도들의 '일반 사제직'을 인정했으나, 교회 기구에서는 여전히 배제되었던 평신도의 위상을 높이는 효과를 낳을 것이다. 평신도들은 생활양식 자체가 삶의 현장 한가운데 있기 때문에, 교황이 줄곧 제안하고 있는 '현장 교회'에서 중요한 몫을 감당해야 할 주체인 것이다.

프란치스코 교황은 돈세탁과 부패 추문 등 각종 비리로 얼룩진 바티칸은행에 대한 개혁 조치로 2014년 7월 9일, 바티칸은행의 새로운 수장에 장 밥티스트 드 프랑수 전 인베스트코 유럽 최고 경영자를 새로 임명했다. 드 프랑수 바티칸은행 신임 은행장은 "내 임무는 바티칸은행의 투명성 제고를 위해 계속 노력하는 것"이라고 말했다. 최근 바티칸은행은 무자격자가 개설하거나 제3자가 사용한 것이 명백한 불투명한 계좌 1,600개를 폐쇄했다. 바티칸은행은 그동안 교황청의 모든 자금을 관리하는 공식 기관이었지만, 정확한 활동 내역은 베일에 가려져 왔다. 한편 교황은 교황청의 재정 투명성을 위해 교황청 재정을 담당할 재무부를 신설했다.

또한 추기경들은 아동 성추행 문제 때문에 교회가 잃어버린 신뢰의 회복을 강하게 요청했다. 베네딕토 16세 교황은 사임 이전에 교황청 신앙교리성을 통해 2010년 7월 15일자로 아동 성추행 등 교회법의 위반 사안을 다루는 〈더욱 중대한 범죄에 관한 규범(Norme de gravioribus delictis)〉을 이미 발표한 상태였다. 이 규범에서는 아동 성추행뿐만 아니라 사제의 아동 포르노물 이용까지도 "극히 중대한 범죄"로 규정했으며, 성추행 고발 시한 역시 피해 미성년자가 만 18세에 성인이 되고 난 후 10년에서 20년으로 연장했다. 정신질환자에 대한 성추행도 아동 성추행과 똑같은 중죄로 단죄했다. 이에 따르면, 교황청 신앙교리성은 추기경 등 고위 성직자라 할지라도 죄상이 분명하고 중대한 경우 별도의 교회 재판 없이 바로 환속시키도록 교황에게 요청할 권리를 갖게 되었다.

신앙교리성에서 이 규범을 발표하기 몇 달 전인 그해 4월에 《이기적 유전자》, 《만들어진 신》 등의 책으로 유명한 진화생물학자 리처드 도킨스(Richard Dawkins)가 교황의 영국 방문을 앞두고, 영국 경찰 당국에 '인간성에 반한 죄(crimes against humanity)'로 교황을 체포하라고 청원한 사건도 발생했다. 교황과 고위 성직자들이 미국 내에서 제기된 한 신부의 아동 성추행 혐의를 은폐하고 문제의 신부를 감쌌다는 이유에서다.

한편 10대 청소년 시절인 1965년 미국 오리건 주 포틀랜드에서 한 신부에게 여러 차례 성추행을 당한 피해자들과 변호인은 베네딕토 16세가 신앙교리성 장관으로 재직하던 2002년에 교황청을 상대로 소송을 냈다. 교황청이 그 신부의 성직을 박탈하지 않고 다른 곳으로 전출시키는 데 그친 책임을 물은 것이다. 소송을 맡은 하급 연방법원들이 성추행 사제에 대한 재판을 진행하자 교황청은 주권국가인 바티칸이 지닌 면책특권을 주장하며 소송을 중단해 달라고 대법원에 항소했지만, 대법원이 이를 기각했다. 교황 베네딕토 16세는 지난 2010년 6월 11일 성 베드로 광장에서 열린 사제의 해 폐막 미사에서 "하느님과 (성추행) 피해자들에게 절실하게 용서를 구하며, 다시는 이런 일이 일어나지 않도록 가능한 모든 일을 하겠다."고 약속했으나, 아동 성추행 문제를 둘러싼 논란은 잦아들지 않았다.

아동 성추행 문제는 프란치스코 교황 선출 이후에도 가장 뜨거운 쟁점 가운데 하나였다. 2014년 1월 16일 유엔 아동권리위원회(CRC)가 사상 처음으로 교황청을 상대로 가톨릭 사제들의 아동 성추행과 관련한 강도 높은 청문회를 실시했다. 유엔 아동권리위원회는 스위스 제네바에 있는 유엔인권최고대표(OHCHR) 청사에서 유엔 대사인 실바노 토마시 대주교와 바티칸에서 성추행 문제를 10년 넘게 조사해 온 찰스 스치클루나 주교 등 교황청 대표 다섯 명을 상대로 청문회를 벌였다. 유엔 아동인권위원회는 2월 5일 보고서를 통해 바티칸이 가톨릭계를 정화하겠다고 거듭 밝혔으나 약속을 지키지 못했다고 비판하면서, 성추행 혐의가 있거나 그렇게 알려진 성직자들의 명단을 공개하고 이들을 퇴출할 것을 요구했다. 이 보고서는 특히 아동 성추행을 한 성직자를 다른 교구 또는 외국으로 전출시키는 바티칸의 정책이 많은 나라 어린이들을 성추행 위험에 빠뜨리고 있다고 비난하면서, 낙태에 관한 교리를 변경하고 신학교에서 성교육을 강화할 것을 바티칸에 촉구했다.

이에 프란치스코 교황은 3월에 숀 패트릭 오말리 보스턴 대주교 등을 포함한 '교황청 아동 성추행 근절을 위한 대책위원회' 창설 위원을 발표하고, 성직자들의 아동 성추행 근절 및 피해자 지원에 나서는 것은 물론 성직자 행동 강령 정비 및 예비 성직자

심사 강화 등의 활동을 펼 예정이라고 밝혔다. 또한 5월 5일 스위스 제네바에서 열린 유엔 고문방지위원회에서 "지난 2004년 이후 3,400여 건의 성직자 관련 아동 성폭행 및 성추행 사건이 보고됐으며, 848명의 성직 박탈 외에도 2,572명이 평생 속죄와 기도로 지내거나 공직 취임을 금지당했다."고 밝혔다. 그러나 이 문제는 여전히 현재 진행형이다. 베네딕토 16세 교황이 심각한 부담을 느끼고 교황직 사임을 결정한 뒤 마지막 강론에서 "교회 역사상 한 번도 겪어 보지 못한 폭풍을 맞이했다."고 말한 이유가 여기에 있다. 전 세계인에게 이 시기만큼 가톨릭교회에 대한 신뢰가 무너진 적이 없었기 때문이다.

'최후의 심판' 아래서 선출된 개혁 교황

이 위기를 기회로 바꿀 만한 새 교황을 선출하는 콘클라베는 2013년 3월 12일 화요일 아침 추기경들이 성녀 마르타의 집(Domus Sanctae Marthae)에 도착하면서 본격적으로 절차에 들어갔다. 이 집은 콘클라베 기간 동안 추기경들이 머물 숙소였다. 전 세계의 추기경단은 67개국 207명이다. 그 가운데 안젤로 소다노 추기경과 한국 교회의 정진석 추기경 등 80세 이상의 추기경을 제외하면 2013년 추기경 선거인단은 50개 나라의 117명이다. 그런데 인도네시아의 율리우스 다르마트마자 추기경은 건강 때문에 불참했고, 스코틀랜드의 케이스 오브라이언 추기경은 부적절한 성행위 때문에 공적 활동에 나설 수 없었다. 결국 115명의 추기경이 숙소에서 바티칸 궁 내 바오로 성당으로 이동했다.

이 성당에는 미켈란젤로가 그린 '십자가에 매달린 성 베드로' 등 다소 음울한 프레스코화가 걸려 있었다. 그곳에서 추기경들은 살라 레지아 홀을 지나 시스틴 성당으로 이동했다. 그들은 십자가를 앞세우고 이동하는 중에 성인호칭기도를 올리며 "주님 저희를 구하소서."라고 읊조렸다. 그리고 오래된 성령찬미가인 '임하소서, 성령님(Veni, Creator Spiritus)'을 불렀다. 이윽고 시스틴 성당의 문이 닫히면서 콘클라베가 시작되었다.

교황을 선출하는 투표가 진행되는 시스틴 성당의 천장에는 미켈란젤로의 '천지 창조'가 그려져 있으며, 성당 제대 뒤에 전면으로 '최후의 심판'이 그려져 있다. 이 프레스코화는 이번 투표에서 특별한 빛을 내고 있었다. 미켈란젤로가 1525년부터 1541년까지 그린 걸작 '최후의 심판' 앞에서 투표가 이루어진 것이다.

미켈란젤로는 '종교적 본성을 타고난 사람'이었다. 미켈란젤로는 그 어떤 교리와 장식도 하느님을 대체할 수 없다고 생각했다. 그가 한창 나이 때 교황이 성당 천장에 금칠을 더 많이 하라고 명령하자 "교황 성하, 예전 사람들은 금으로 몸치장을 하지 않았습니다. 화가들이 그리는 사람들은 부자가 아니라 거룩한 사람들입니다. 그들은 호사스러움을 업신여겼습니다."라고 말했다.

한편 미켈란젤로는 항상 흠모하던 시인 단테가 "네가 너 자신의 황제, 너 자신의 교황이 되어야 한다."고 말한 것처럼, 세속과 교회 권위에 종속되지 않고 고독하게 은자처럼 자신의 길만을 따라 걸었다. 그가 활동한 15세기는 알렉산데르 6세 교황의 악취가 흑사병처럼 번지던 때였다. 이때 불같은 열정으로 그리스도교 윤리를 강조한 예언자가 나타났다. 도미니코회 수도자 사보나롤라(G. Savonarola, 1452~1498)였다. 그는 사자와 같은 열정으로 형식화된 전례와 부패한 교회에 맞서 싸웠다. 사보나롤라는 성직자들 대부분이 그리스도교적 삶을 장려하기보다 파괴하는 데 적당한 사람들이라며, 그들이 진정한 하느님의 예배를 소멸시켰다고 비판했다. 심지어 성직자들은 "그리스도께서 오늘 다시 로마에 오신다면 그분을 십자가에 못 박을 사람들"이라며 '성직자들이 주도하는 음란한 교회'의 개혁을 호소했다. 그러나 교황 알렉산데르 6세는 이 예언자를 파문하고, 붙잡아 공공장소에서 교수형에 처한 뒤 시신을 불살라 버렸다. 그러나 사보나롤라는 "사랑을 해치는 자가 바로 파문당한 자!"라는 유명한 말을 남겼다. 미켈란젤로는 사보나롤라를 마음으로 지지했으며, 사보나롤라의 성직자 비판을 받아들이며 이런 시를 썼다.

"그들은 성작을 녹여 투구와 창을,

십자가와 못을 녹여 칼과 방패를 만들게 합니다!
오, 주님, 돈을 벌기 위해
당신의 피를 주전자에 담아 팔려고 내놓았습니다.
로마에서는 당신의 인내도 지치고 말 것이 분명합니다."

이처럼 미켈란젤로는 사보나롤라를 통해 예언자를 발견했다. 그에게 예언자는 "하느님의 부르심을 받고 깨어나 일어선 사람들, 마음 가장 깊은 곳에서 소용돌이쳐 온 힘으로 백성의 영혼을 구하기 위해 싸운 사람들"이었다.

미켈란젤로는 분노하는 에제키엘과 얼음 같은 고독에 싸여 있는 예레미야를 그렸다. 미켈란젤로가 그린 예레미야는 자신이 예언한 재앙을 직접 체험해야 했다. 그는 아직 연기가 올라오고 있는 예루살렘의 폐허 한가운데 앉아서 오랜 세월 억누른 흥분과 서글픈 탄식을 토해 냈다. 예레미야는 종교적 우울로 인해 굽은 상체를 하고, 엇갈린 다리를 하고, 손으로 머리를 받치며 '단단한 고독'을 감당하고 있다.

그리고 미켈란젤로는 시스틴 성당의 성화를 통해 성직자 교회에 예언이 절박함을 다시 환기시켰다. 예언을 받아들이지 않았던 백성들에게 절망한 예레미야의 심경으로, 미켈란젤로는 단테의 《신곡》에 따라 '최후의 심판'을 그려 과거와 현재의 인류와 교회를 심판했다. 이 그림에서 수염이 없는 그리스도는 위협적인 몸

짓으로 천둥 같은 심판을 거행한다. 말년에 미켈란젤로와 깊은 우정을 나누었던 교회 개혁의 지지자 빅토리아 콜로나는 이렇게 설명한다.

"그리스도께서는 두 번 오신다. 첫 번째는 온유함 그 자체로 오신다. 어진 마음, 부드러움, 그리고 자비만을 드러낸다. 그분은 죄인과 약자들에게 평화의 빛, 그리고 은총을 주기 위해 오신다. 그분은 연민 때문에 어쩔 줄 몰라 하시며 겸허하시다. …… 그러나 두 번째로 오실 때는 무기를 들고 당신의 정의와 위엄, 위대하심과 전능하심을 보여 주신다. 그러면 더는 자비의 시간이 없으며 은총의 공간도 없다."
— 발터 니그,《미켈란젤로 하느님을 보다》, 분도출판사, 2012

미켈란젤로는 단죄 받은 이들이 느끼는 극한의 두려움을 '최후의 심판'에서 사실적으로 묘사했다. 그는 교회를 액면 그대로 하느님 은총의 중개자로 예찬하지 않았다. 미켈란젤로가 처음에 그린 '최후의 심판'에 등장하는 사람들은 교황이든 주교든 할 것 없이 모두 벌거벗은 채 그리스도 앞에 노출되어 있다. 속내가 다 들여다보이는 모습이 당대의 성직자들을 불쾌하게 만들었고 반발을 일으켰다. 이 그림을 본 교황의 의전관이 "거룩한 장소에 상스럽게 온몸을 드러내는 나체가 웬 말이냐. 이것은 교황의 성당이 아니라 목욕탕이나 음식점에 어울릴 그림이다."라며 흠을 잡았다. 화가 난 미켈란젤로는 의전관이 나가자마자 그를 지옥에 있는 미노스의 얼굴로 그려 넣었다. 심판의 날에는 옛날 아담이 나뭇잎으로 치부를 가린 것처럼 눈속임이 불가능하다. 그날에는 모든 존재가 벌거벗은 모습으로 하느님의 재판석 앞으로 나와야 한다고 미켈란젤로는 생각했다. 하느님 앞에서는 모두가 평등하기 때문이다. 그러나 결국 이 그림이 논란이 되어 훗날 트리엔트 공의회의 결정에 따라 벌거벗은 몸은 모두 옷으로 덧칠되었다.

그림으로 예언을 하던 미켈란젤로는 평생 은수자처럼 살면서 '최후의 심판 때 나는 넘어지지 않고 견딜 수 있을까?' '그날에 오른편에 서기 위해 나는 무엇을 행해야 하는가?' 고심했다고 한다. '최후의 심판'에서 바르톨로메오가 들고 있는 벗겨진 살가죽에 미켈란젤로의 자화상이 그려져 있다. 복음이 실종된 시대, 복음과 상관없는 교회에서, 이 끔찍한 자화상은 '나는 그리스도인인가?' '지금 교회는 그리스도의 교회인가?' 하고 시스틴 성당에서 여전히 묻고 있다.

바로 그 자리에 추기경들이 모였다. 향후 수십 년 동안 교회의 방향을 가늠할 수 있는 교황을 선출하기 위해서였다. 매튜 번슨은 〈가톨릭뉴스 서비스〉에 실린 네이피어 추기경의 당시 신경을 소개하고 있다.

"투표용지를 손에 들고 제단 앞으로 나아가 그것을 쥔 채 '나는 나의 판단을 심판하실 주 예수를 믿습니다. 내가 자격이 있는 사람에게 투표하는 것을 증언해 주실 것을 청합니다.' 라고 말하는 순간이 가장 엄숙하고 두려웠습니다. 이때는 정말 감정과 신앙이 동시에 복받쳐 올랐습니다. 만약 내가 적절하지 못한 마음가짐으로 투표를 한다면 예수께서 나를 심판하시고 나를 벌하실 것이므로 매순간이 엄숙할 수밖에 없었습니다." ―매튜 번슨, 《교황 프란치스코 그는 누구인가》, 하양인, 2013, 160쪽 재인용

그리고 3월 13일 수요일 오후 7시 6분, 시스틴 성당의 굴뚝에서 하얀 연기가 피어올랐다. 마침내 호르헤 마리오 베르골료 추기경, 76세의 아르헨티나 부에노스아이레스의 대주교가 새 교황으로 선출되었다. 그는 아시시의 성 프란치스코처럼 제 몸과 언어로 교회를 개혁할 것이다.

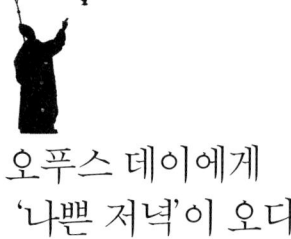

오푸스 데이에게
'나쁜 저녁'이 오다

보수 가톨릭의 상징 '오푸스 데이', 전성기는 지나갔다

예수회 출신의 호르헤 마리오 베르골료 추기경이 266대 교황으로 선출되면서, 세계교회는 새로운 국면에 접어들었다. 1773년에 예수회를 해체한 클레멘스 14세 교황은 프란치스코 수도회 출신이지만, 역대 프란치스코 수도회 출신의 교황들은 창립자인 '프란치스코'를 교황 이름으로 선택하지 않았다. 마찬가지로 베르골료 추기경도 예수회 창립자인 '이냐시오'를 교황 이름으로 선택하지 않았다. 오히려 그가 '프란치스코'를 교황 이름으로 채택한 것은 놀라운 일이다. 물론 프란치스코 교황은 프란치스코 수도회에 대한 어떤 악감정도 지니고 있지 않으며, 오히려 '가난'과 '평화'와 '생태계 보호'라는 우리 시대의 징표로 '프란치스코'를 선택함으로써, 또 다른 의미의 '아조르나멘토(aggiornamento)'를 시작한 것이다. 흔히 '현대화'로 번역하는 아조르나멘토는 제2차 바티칸 공의회의 정신을 함축하고 있는 말로 '쇄신과 적응'의 의미를 갖는다. 요한 23세 교황이 공의회를 소집하면서 "바깥의 신선한 공기를 교회 안에 가득 채우기 위해 창문을 열라."고 했던 것처럼, 프란치스코 교황은 공의회 이후 50년이 지난 지금 새롭게 '시대의 징표'를 읽으면서 '복음화'를 위한 교회 개혁을 꾀하고 있다.

프란치스코 교황은 교황 선출 이후 문장을 만들면서, 1992년 주교품을 받을 때 만들었던 디자인을 기초로 했으며, 모토 역시 주교 시절의 '자비로이 부르시니'를 그대로 사용했다. 그런데 성모 마리아를 상징하는 푸른색 바탕에 예수회와 예수회원의 상징이 새겨져 있다. 십자가의 후광으로 둘러싸인 금색 태양 안에 예수의 이름을 표시하는 'IHS'라는 문자가 있고, 그 아래에 십자가상의 세 개의 못이 있다. 이것은 교황이 예수회원임을 드러내는 것이다. 교황이 예수회원이라는 점 때문에 무엇보다 지난 30년 동안 교황청의 지원 아래 영향력을 키워 온 오푸스 데이(Opus Dei)의 영향력이 급격히 줄어들 가능성이 높아졌다. 오푸스 데이는 요한 바오로 2세 교황과 베네딕토 16세 교황의 비호 아래 정치력을 키워 왔으며 교황청뿐 아니라 특히 페루 등 라틴아메리카 교회에서 급속히 세력을 확장해 왔다. 이번 새 교황이 아르헨티나의 부에노스아이레스 교구장이었으며, 오푸스 데이에 대한 문제의식이 강한 예수회 출신이라는 점에서 이 지역에서 오푸스 데이의 발목을 잡을 공산이 커졌다.

스페인 마드리드에서 '오푸스 데이 성직자치단(Prelature of the Holy Cross and Opus Dei)'을 창설한 호세마리아 에스크리바(Josemaria Escriva)는 1975년에 사망할 때까지 오푸스 데이를 교황청에 전격적으로 진입시키지 못했다. '일상의 거룩함'을 강조하는 오푸스 데이는 에스크리바가 999개의 격언을 모아 영적 안내서인 〈길〉을 쓸 때까지만 해도 매력적인 영성 운동으로 보였다. 그러나 에스크리바는 로마로 가면서 '바티칸의 게임의 법칙'을 배웠으며, 엄격하고 권력에 굶주린 관료주의를 낳았다. 에스크리바는 자신과 추종자들을 무신론적 공산주의와 가톨릭교회 안의 '부패'와 싸우는 '기사'로 생각했기 때문에, 세상에 영향력을 행사할 수 있는 방법을 찾는 데 골몰했다. 그래서 행정부와 산업계, 금융계, 언론계에 진출할 엘리트 집단을 형성하기를 열망했다. 1973년에 오푸스 데이 동조자인 카레로 블랑코 수상이 암살될 때까지 오푸스 데이는 스페인에서 가장 강력한 정치 세력이었다. 스페인 정부의 각료와 은행장에 오푸스 데이 회원이 포진하고 있었다.

요한 23세와 바오로 6세 교황은 오푸스 데이가 시역 주교들의 관할권을 벗어나 독자적으로 세계적 관할권을 갖는 '면속구(免屬

區)'로 승격되는 데 반대해 왔다. 그러나 요한 바오로 2세가 교황이 되면서 상황이 급변했다. 폴란드의 보이티야 추기경(요한 바오로 2세)은 1978년 요한 바오로 1세의 장례 미사에 참석하기 위해 로마에 와서 3년 전에 죽은 에스크리바의 유해가 안치된 지하 납골당에서 기도했다. 요한 바오로 2세 교황은 오푸스 데이 동조자인 팔라치니 추기경을 시복시성성 장관으로 임명했고, 팔라치니 추기경은 에스크리바의 시성을 심사하는 최고 자문위원으로 에스크리바의 후계자인 폴틸리오를 임명했다. 결국 1982년에 오푸스 데이는 면속구로 추인되었고, 교황은 직접 오푸스 데이 소속 사제들에게 서품을 주었다. 오푸스 데이 소속 사제인 오카리츠는 라칭거 추기경이 맡고 있는 신앙교리성의 최고 자문위원이 되었다. 오푸스 데이는 스페인과 라틴아메리카, 그중에서도 멕시코, 콜롬비아, 페루, 칠레에서 강력한 세력을 구축했다. 오푸스 데이 회원들은 미국 CIA와 더불어 칠레 아옌데 대통령을 실각시킨 군사 쿠데타를 지지한 혐의를 받고 있다. 그들 가운데 헤르난 쿠빌로스는 쿠데타의 주역인 피노체트 군사정권에서 외무부 장관이 되었다.

한편 요한 바오로 2세 교황은 해방신학을 공인하고, 기초 공동체를 격려해 온 라틴아메리카 주교회의(CELAM)를 무력화하기 위해 교황의 주교 임명 독점권을 충분히 활용했으며, 오푸스 데이 소속 주교 등 보수적인 인물을 대거 라틴아메리카 교회에 이

식했다. 다행히 라틴아메리카 민중의 해방운동을 지지했던 브라질의 아른스 추기경과 로샤이더 추기경 등은 해방신학자로 유명한 레오나르도 보프와 마찬가지로 프란치스코회 출신이었으며, 많은 사제와 수도자들이 '라틴아메리카 수도자연합(CLAR)'을 통해 제2차 바티칸 공의회의 결정을 이어 갔다. 수도회는 회헌, 지도자 선출, 재정 조달 등에서 독립적일 뿐 아니라 창립자의 고유한 카리스마에 따라 움직이기 때문에 교황청의 영향력에서 비교적 자유로울 수 있었다.

요한 바오로 2세 교황은 선종한 지 채 30년도 되지 않은 에스크리바를 성인으로 선포했다. 후임 교황인 베네딕토 16세 교황은 2005년 9월 14일에 베드로 대성전 남쪽 외벽에 성 호세마리아 에스크리바 조각상을 만들어 축복하기도 했다. 베네딕토 교황은 2012년 6월 25일 '바티리크스' 사건으로 곤욕을 치르면서 교황청 국무원에 홍보·커뮤니케이션 수석 고문 직책을 신설하면서 미국의 주간지 〈타임〉과 〈폭스뉴스〉의 로마 특파원을 지낸 언론인 그렉 버크(Greg Burke)를 고용했다. 그렉 버크는 교황청 대변인인 예수회의 페데리코 롬바르디 신부와 별개로 교황청과 관련된 모든 언론과 출판물 등의 홍보 전략을 총괄하는 임무를 맡게 되었는데, 그는 오푸스 데이에 속한 뉴머러리(Numerary)이다. 뉴머러리는 독신 생활을 하는 오푸스 데이 평신도 정회원이다.

한국 천주교회에서도 서울대교구와 대전교구에 오푸스 데이가 진출해 있다. 오푸스 데이는 지난 1970년대에 한국 교회 안에 알려졌으나, 1986년 11월 17일부터 29일까지 서울대교구 혜화동성당에서 열린 강연회를 통해 공식적으로 모습을 드러냈다. 혜화동 강연회는 오푸스 데이 델 포르티요 총장이 한국을 방문함으로써, 당시 혜화동성당의 사목회장 박정훈의 주선으로 이루어진 것이었다. 박정훈은 1987년 이후 한국 천주교 평신도사도직협의회를 주도한 사람이다. 오푸스 데이는 1987년 초에 서울대교구장이던 김수환 추기경을 방문해 허가 지원 신청서를 제출했으나 거부당했다. 이후 당시 청주교구장이던 정진석 주교가 1998년에 처음으로 오푸스 데이 활동을 청주교구에서 승인했다. 서울대교구장이 되면서 정진석 대주교는 다시 구두로 서울대교구에서 오푸스 데이 활동을 인가했다. 그 후 대전교구의 유흥식 주교가 오푸스 데이를 승인했고, 서울대교구에서는 2011년 1월에 정진석 추기경이 공식적으로 오푸스 데이를 승인했다.

서울대교구의 오푸스 데이 성직자치단의 승인과 관련해 마산교구의 이제민 신부(명례성지, 전 광주가톨릭대학교 교수)는 〈가톨릭뉴스 지금여기〉와 가진 인터뷰에서 이렇게 말했다.

"종교란 정형화된 틀을 깨고 인간이 자유롭게 사람과 하느님을 만날 수 있게 하는 것을 사명으로 삼아야 하는데, 오늘날 교회는 오히려 자기의 틀을 더욱 강하게 만들면서 배타적인 근본주의로 치닫는 경향을 보이고 있다. 세상의 복음화는 세상과의 단절을 의미하는 것이 아니다. 세상 안에서 세상을 창조하신 하느님을 느끼게 해 주는 일이다. 그런데 교회는 그리스도의 복음을 강조하면서 세상을 부정적인 시각으로 보려고 하고 다른 문화와 다른 종교를 부정적으로 대할 때가 많다. 이것은 교회가 그리스도의 가르침(복음)을 오해하고 있기 때문이다. 복음과 자기의 종교성에 대한 이런 오해는 종교를 세상과 동떨어진 게토로 만들 뿐 아니라 결국 종교의 타락을 불러일으킨다. 우리 교회 안에서도 종교의 이름으로 종교를 타락시키는 사람들이 있다. 이 점에서 이번에 서울대교구가 오푸스 데이를 공식 승인한 것은 스스로 근본주의의 길을 택하여 종교의 이름으로 종교를 욕되게 하는 불행한 일이다."

이제민 신부는 오푸스 데이가 가톨릭교회 안에서 자라는 근본주의적 경향을 가진 단체라면서, "이들은 신심을 교회 안에서만 이룰 수 있다는 비현실적 관점을 가지고 있다."고 말했다. 그는 "신심은 예수님을 향해 기도하는 것뿐 아니라 세속적 차원을 지니고 있으며, 세상을 떠나서 존재하지 않는다. 기도와 신심을 교회의 영역 안에서만 이루어져야 하는 일로 보는 사고로는 세상의 복음화는 불가능하다."고 비판하면서 "오푸스 데이에 대한 공적인 승인을 통해 한국 교회가 더욱 보수화되고 정치와 종교를 갈라서 보려는 태도를 갖는 데 탄력을 주지 않을까 걱정된다."고 말했다.

예수회 아루페 총장, "보다 가난하게, 보다 전 세계적으로"

프란치스코 교황을 배출한 예수회는 프란치스코 수도회, 도미니코 수도회, 살레시오 수도회 등과 나란히 세계적으로 가장 강력한 수도회 가운데 하나다. 예수회 창설자인 로욜라 이냐시오는 1526년 종교재판소에서 이단으로 판정받고 감옥에 갇혔다가 가까스로 목숨을 건졌다. 예수회원들은 특별히 아메리카 대륙 선교에서 눈부신 활약을 보였으나, 롤랑 조페 감독의 영화 〈미션(The Mission)〉에서 보듯이, 스페인과 포르투갈 정부와 마찰을 일으켜 논란거리가 되었다. 결국 18세기에는 프랑스, 스페인, 포르투갈의 식민지에서 예수회원들이 추방되었다. 1773년에는 클레멘스 14세 교황이 식민지에서 정부와 마찰을 일으키던 예수회를 골칫거리로 여겨 아예 해산시켰다. 그러나 비오 7세 교황이 1814년 예수회를 다시 복권시킨 뒤 예수회원들은 가톨릭교회의 동아시아 선교에 탁월한 능력을 보여 주었다. 제2차 바티칸 공의회에서는 예수회원인 독일의 카를 라너와 미국의 코트니 머레이 등이 신학적으로 의미 있는 역할을 수행하기도 했다.

특히 제2차 바티칸 공의회의 마지막 회기였던 1965년에 총장으로 취임한 스페인 출신 페드로 아루페(Pedro Arrupe) 신부가 이끄는 예수회는 오푸스 데이와 달리 요한 바오로 2세 교황과 줄곧 불편한 관계를 유지했다. 아루페 신부는 히로시마에 원폭이 투하

될 때 일본에서 의료 활동을 벌이고 있었기 때문에 정의평화운동에 대한 관심이 컸으며, 제3세계와 대화하고 투신하려는 예수회원들을 격려했다. 특히 군사정권 아래에서 고통받는 라틴아메리카 민중에 대한 '우선적 선택'을 감행했다. 1974년 제32차 예수회 총회에서는 복음 선교와 사회정의를 동일시하는 중대한 결정을 내렸다. 총회는 예수회의 성격을 규정하면서 "각 회원의 사명은 자신을 완전하게 봉사와 정의의 실현에 바치며, 그리스도의 대리자이신 교황께 충성을 서약하고, 보다 인간적이며, 나아가 하느님의 은총으로 가득 찬 세계를 만들기 위해 같은 십자가의 깃발 아래 모인 동지로서 생활과 임무와 희생적 행위를 함께해야 한다."고 밝혔다.

'활동 안의 관상(觀想)'을 중시하는 예수회 아루페 총장은 1974년 12월 20일 로마에서 "복음적 정의는 십자가와 함께 또는 십자가로부터 설명되어야 한다."고 말했는데, "우리가 정의를 위해 몸 바쳐 일하려고 할 때마다 당장의 심한 아픔을 수반하는 십자가가 주어질 것"이기 때문이라고 했다. 이 말을 증명이라도 하는 것처럼, 아프리카와 라틴아메리카 등지에서 예수회원들의 순교가 줄을 이었다. 차드와 레바논에서 예수회원들이 연이어 암살당했다. 1976년에는 브라질에서 조안 보스코 페니노 브루니엘 신부가 가난한 인디오들을 돌보며 대변자 역할을 하나가 총에 맞아 죽었다. 1977년에는 엘살바도르에서 빈민 사목을 하던 루틸리오 그란데 신부가 총격을 받아 죽었다. 1980년에는 볼리비아의 라 파스에서 루이스 에스피날 신부가 역시 고문을 받고 총탄에 맞아 죽었다. 이런 상황에서 아루페 총장은 1977년 3월 19일 전 세계 예수회원들에게 보낸 편지에서 미래의 예수회를 위해 "늘 적극적으로 봉사하는 성실함과 교회에 대한 충성심을 구하며, 이냐시오를 따르고 성직자임을 더 깊이 자각하고, 동시에 오늘날 사람들을 괴롭히는 빈곤, 불안정, 부정 등에 실제로 접함으로써, 인류의 3분의 2에 해당하는 가난한 사람들과 똑같이 되어 '보다 가난하게', '보다 전 세계적으로' 되기를" 권고했다.

한편 요한 바오로 2세 교황 이후 교황청과 예수회의 관계가 더욱 악화되자 아루페 총장은 1980년 사임을 표명할 수밖에 없었다. 그러자 교황은 예수회에 후임자 선출을 위한 회의를 연기하라고 명령하고 총장 선거에 개입했다. 교황은 예수회 내규의 효력을 정지시키고 자기 사람인 80세의 이탈리아인 예수회원 파울로 데자 신부를 임시 총장으로 지명했다. 많은 예수회원들은 이런 교황의 방식에 격분했다. 이후 1981년에 아루페 총장이 갑자기 중풍에 걸리면서 1983년 9월 3일에 열린 33차 예수회 총회는 레바논에서 활동하던 네덜란드 언어학자 피터 한스 콜벤바흐(Peter Hans Kolvenbach) 신부를 총장으로 선출했다. 그는 공개 석상에서 발언하는 일이 별로 없던 사람이어서 처음에는 아무도 그의 성향을 알 수 없었다. 그런데 콜벤바흐 총장은 아루페 총장과 마찬가지로 해방신학과 가난한 이들을 위한 활동에 헌신적이었다. 그는 2만 5천 명의 예수회원들에게 신자들의 신앙을 깊게 하고, 동시에 더 나은 사회를 추구하도록 도움으로써 사회 참여에 적극 나서도록 권고했다. 예수회는 교황청에서 크게 환영받지는 못했지만, 한국을 포함해 제3세계에서 성소자가 크게 늘어나 안정적인 활동을 전개해 갔다. 한국 예수회의 경우에도 1980~1990년대에 성소자가 급증했고, 현재 제주 강정에서 예수회원들은 해군기지 건설을 반대하며 평화운동에 깊이 투신하고 있다.

전임 교황들은 오푸스 데이에 각별한 친밀감과 애정을 표시했다. 그런 시대가 지난 지금, 오푸스 데이가 예수회 출신인 프란치스코 교황에게도 충성을 보일지 주목된다. 베네딕토 16세 교황은 폭탄 세례를 견딜 만한 방탄유리를 장착한 시가 56만 5,000달러의 전용 차량에 탑승했다. 그와 달리, 프란치스코 교황은 전용차 탑승을 거부하고 추기경 시절처럼 공용 버스를 이용한다. 해외 순방 길에서도 '두려움 없는 사랑으로' 방탄유리 없는 오픈카를 타고 다닌다. 과연 귀족주의를 선호하는 오푸스 데이가 서민적이고 개방적인 프란치스코 교황에게 어떤 태도를 보일까?

베네딕토 16세 교황의 사임 발표 뒤에 오푸스 데이 성직자치단장인 하비에르 에체바리아 주교는 교황 선출을 기원하며 장문의 사목서한을 발표했다. 여기서 그는 요한 23세가 교황으로 선출된 1958년 콘클라베를 앞두고 에스크리바가 한 말을 옮겨 적었다.

"나는 다가올 교황 선출에 관해 이야기하고 싶습니다. 여러분은 우리가 가지고 있는 교황님에 대한 사랑을 잘 알고 있을 겁니다. 예수님과 성모님 다음으로 우리는 모든 영적인 힘을 다해 교황님을 사랑합니다. 어떤 분이 되든 말입니다. 그러므로 우리는 이미 새로 오실 교황님을 사랑합니다. 우리는 삶 전체를 통해 그분을 섬기기로 마음먹었습니다."

그러나 에스크리바는 요한 23세가 교황으로 선출되자 요한 23세 교황과 제2차 바티칸 공의회에 대해 애매한 태도를 보였다. "그동안 제2차 바티칸 공의회가 잘못 이해되어 왔다."고 말해 온 요한 바오로 2세와 베네딕토 16세 교황에게만 충성을 다했다. 제2차 바티칸 공의회 문헌 가운데 가장 진보적인 내용을 담고 있는 〈교회헌장〉과 〈사목헌장〉은 회기 마지막 해인 1965년에야 가서야 합의 인준을 받았을 만큼 공의회 문헌은 진보적 견해와 보수적 견해가 적절하게 타협한 성과물이다. 따라서 문헌에 대한 해석도 다양할 수밖에 없다. 그러나 요한 23세 교황이 추구한 '교회 개혁'의 흐름은 분명하다. 현대 세계에 교회가 조응하고, 특히 고통받는 인류에게 기쁨과 희망이 되라는 것이다.

2013년 3월 13일 예수회 출신의 프란치스코 교황이 선출되던 당일, 오푸스 데이 성직자치단장 에체바리아 주교는 "가톨릭 신자들에게는 이 순간이 큰 기쁨으로 다가옵니다. 새 교황님 프란치스코 1세는 베드로 성인의 266번째 후계자입니다. 흰 연기를 보았을 때부터 감사의 기도를 드렸고, 지금은 베네딕토 16세께서 하셨던 말씀대로 새 교황님께 존경과 순명을 약속드립니다."라는 아주 짧은 논평을 내놓았다. 교황으로 선출된 날, 프란치스코 교황은 성 베드로 성당 발코니에서 군중에게 "좋은 저녁입니다."라고 인사했는데, 오푸스 데이에게는 '나쁜 저녁'이었을 지도 모르겠다.

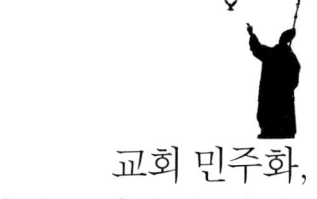

교회 민주화,
이제는 말할 수 있나?

프란치스코 교황, "주교직을 노리는 야심가들을 조심하라"

프란치스코 교황은 2013년 6월 29일 성 베드로와 성 바오로 사도 대축일에 성 베드로 대성전에서 19개국에서 새로 임명된 대주교 34명에게 팔리움을 수여했다. 팔리움은 교황과 대주교의 직무와 권한을 상징하는 것으로, 제의 위에 걸치는 하얀 양털 띠다. 이날 교황은 "그리스도교 공동체는 하느님의 계획이 작은 조각으로 나뉜 거대한 모자이크와 같다."고 말하고, 이어 "팔리움은 분열의 상처를 지닌 교회가 일치의 길로 나가야 한다는 것을 항상 일깨워 준다."면서 로마 사도좌와 지역교회의 일치를 강조했다. 이러한 점에서 지역교회 주교들과 교황의 인격적 만남이 중요할 텐데, 통상 각 나라에 파견되어 있는 교황대사들은 일상적으로 지역교회와 로마 사도좌의 일치를 도모하는 다리 역할을 하고 있다. 더군다나 여전히 주교 선출권을 교황이 독점하고 있는 상황에서, 지역교회의 주교를 선출하는 데 교황대사의 태도와 견해가 절대적이라는 점은 교황대사의 역할이 얼마나 중요한지를 새삼 확인해 준다.

프란치스코 교황은 2013년 6월 21일 각 나라에 파견된 교황대사들과 교황사절들을 만난 자리에서, 그들의 가장 중요한 임무 가운데 하나는 "공석인 교구들의 필요를 살피고 교황이 적합한 주교 후보자를 찾을 수 있도록 돕는 것"이라고 말한 바 있다. 이어 교황은 새로운 주교 후보자를 찾는 일은 "까다로운 임무"이며 "야심 있는 이들, 주교직을 노리는 이들을 조심하라."고 당부하면서 "우리는 주교가 되고 싶어 안달이 난 이들을 원하지 않는다."고 경고했다. 기업 안에서 승진을 위한 경쟁이 치열한 것처럼, 교회 안에서도 고위 성직자가 되고 싶은 열망은 사제들에게 여전히 커다란 '유혹'이다. 교회법에서 어떻게 규정하든, 교회 직무가 '봉사'보다는 '권력'으로 이해되기 때문이다.

교황은 주교란 "하느님께서 당신 백성 안에서 이루시는 계획들을 사랑과 인내로 뒷받침할 수 있어야 한다."며, 자신이 바라는 주교는 "신자들 가까이 있는 사목자, 온유하고 인내심 있으며 자비로운 아버지요 형제"라고 말했다. 이어 주교는 '군주'로 군림하지 않고, 영적이며 실제적인 가난을 살아야 한다고 강조했다. 사심이 없고, 출세 지향적이거나 권력욕에 사로잡히지 않고, '가난의 영성' 안에서 겸손하고 청빈한 인물이 주교가 되어야 한다는 뜻이다. 사실 교황 프란치스코는 줄곧 교회 안의 '출세지상주의'를 비판해 왔다. 추기경 시절의 대담이 실려 있는 《천국과 지상》에서 교황은 "가톨릭교회에 일어난 한 가지 좋은 일은 교황령이 없어졌다는 사실"이라고 말한다. 1870년까지 교황이 다스리던 중부 이탈리아 지역을 빼앗기고 나서야 교황이 영주라기보다 순전한 종교지도자가 되었기 때문이다. 그러나 교황은 지금도 교회가 "음모와 책략에 뒤엉켜 있다."고 하면서, 가톨릭교회의 주교나 사제들은 "자신이 기름부음을 받은 의미를 지키려면 바짝 주의해야 한다."고 당부했다.

한국 천주교회의 경우에도, 서울대교구는 프란치스코 교황 선출 당시에 최소한 두 석 이상의 주교가 공석으로 남아 있어서 얼마간 논란이 인 적이 있었다. 물론 2013년 12월 30일 프란치스코 교황은 서울대교구 보좌주교에 유경촌 신부와 가르멜수도회의 정순택 신부를 임명했지만, 그전까지는 주교에 대한 추가 임명을 두고 주한 교황청 대사의 의중에 관심이 쏠렸던 것이 사실이다. 보좌주교 임명에 현직 교구장 대주교의 입장이 가장 중요할 테지만, 그다음은 교황대사의 입김이 가장 짙을 수밖에 없다. 교황대사가 이른바 '주교 임명 제청권'을 쥐고 있었기 때문이다. 당시

〈가톨릭뉴스 지금여기〉와 몇몇 사제들에게 서울대교구 중견 사제들 명의로 주한 교황대사 오스발도 파딜랴 대주교를 비난하는 편지가 발송된 적이 있었다. 그 편지 내용의 진위보다 중요한 것은 이러한 논란이 일어나는 현실 자체다. 이 편지에는 주로 몇몇 주교 후보자들의 실명을 거론했는데, 그 가운데는 스캔들로 문제가 된 사제들도 있고, 어떤 사제는 교회 특권층과 모종의 거래가 진행되고 있다는 혐의도 제시되어 있다. 그런데 문제는 가톨릭교회가 민주적 원칙에 따르지 않고, 교권의 비밀스러운 결정에 따라 주교를 임명하는 제도를 취하는 데 있다. 가톨릭교회에서 지역교회의 직무 책임자를 결정하는 과정에서, 교구장과 교황대사에게 그날따라 유독 성령이 듬뿍 내리기를 기도할 수밖에 없는 하급 사제들과 신자들의 처지는 옹색할 수밖에 없다.

언제까지 지역교회의 주교 임명을 지역교회의 사정에 어두운 교황청에서 일방적으로 결정해야 하는가. 이에 대한 개혁이 필요하지 않을까 싶다. 가톨릭교회가 유럽 중심에서 탈피해 전 세계로 퍼져 나간 상황에서 교황의 주교 임명제는 '교황군주제'를 연상시킬 뿐 그다지 효율적으로 보이지 않는다. 현재 지역교회는 몇몇 현직 교구장 주변 인물과 교황대사의 천거에 의해 결정되다시피 한 인물을 자신들의 주교로 받아들여야 한다. 프란치스코 교황의 말대로, 주교 후보자가 '군주적 마인드'를 지니지 말아야 한다면, 교황대사와 교황 역시 '군주적 마인드'를 버려야 하며,

특별히 군주제적 관행이 반복되지 않도록 하는 제도적 장치를 마련해야 한다. 이런 점에서 지역교회의 주교 임명은 그 주교 후보자들을 가장 잘 알고 있는 교구 사제들과 수도자 및 평신도들의 의견이 가장 잘 반영될 수 있는 구조로 바뀌어야 한다. 퇴임 이후를 보장받기 위해 전직 대통령이 차기 대통령 선거에서 '국정원 게이트' 같은 불법을 용인하는 것처럼, 교황대사뿐 아니라 현직 교구장이 줄 세우기 차원에서 주교들을 천거하는 일이 일어나지 않도록 막을 수 있어야 한다.

인사 권력의 집중은 그 권력을 둘러싼 온갖 추잡한 거래가 등장할 위험이 언제나 있기 마련이다. 좀 다른 경우이기는 해도, A. J. 크로닌의 《천국의 열쇠》에서 프란시스 치셤 신부는 교권 세력에게 이리저리 치이면서도 고난과 궁핍 속에서 중국 선교를 마치고, 돌아와서는 시골 본당의 사제로 늙어 가는 모습을 보인다. 참 애달프면서도 아름다운 사제라는 생각이 든다. 한편 신학교 동기생인 안셀름 밀리는 뛰어난 외모와 재빠른 눈치, 빼어난 언변과 사교 수완으로 우등생, 수석 보좌, 외방 전교회 참사, 주임신부, 주교 등의 출세 가도를 달리면서 치셤 신부를 그토록 괴롭혔다. 불우한 치셤은 성공한 밀리에게 아마도 영적 열패감을 던져 준 유일한 사람이었는지도 모른다.

프란치스코 교황의 말대로 이제는 주교를 선임하는 다른 잣대와 방법이 필요하다. 프란치스코 교황은 랍비인 아브라함 스코르카 교수와 나눈 대담에서 "오늘날의 교회가 제왕교권설, 법률주의, 절대주의 시대에서 변화한 것처럼, 미래에는 새로운 시대에 맞게 다른 방식으로 변화할 것"이라고 말했다.

레오나르도 보프의 교회 민주화: 덜 군주제적이고 더 참여적인 교회

결국 이 문제는 교회권력의 분산을 통한 '교회 민주주의'가 관건인데, 해방신학자 가운데 유난히 '교회 개혁' 문제에 관심을 갖고 연구했던 사람이 있다. 브라질의 프란치스코회 사제였던 레오나르도 보프(Lenardo Boff) 신부다. 그는 교회가 세상에 들이대는 잣대를 교회 안에도 내밀 수 있어야 한다고 말해 왔다. 좀 더 민주적인 사회에서 공동선이 실현되기를 갈망한다면, 교회도 민주적 방식을 고민해야 한다. 1984년 당시 교황청 신앙교리성 장관이었던 요제프 라칭거 추기경이 자신의 제자였던 레오나르도 보프 신부를 로마로 소환해 심문한 것은 한 권의 책, 《교회, 카리스마와 권력: 해방신학과 제도적 교회(Church: Charism and Power)》 때문이었다. 1968년 메데인에서 열린 라틴아메리카 주교회의가 해방신학을 승인하고 1979년 푸에블라 주교회의에서 이를 재확인한 뒤 교황청은 줄곧 해방신학을 경계했다. 그런데 로마 중심주의를 회복하려던 요한 바오로 2세 교황이 통치하던 교황청 입장에서 가장 곤혹스러운 것은 보프의 '교회론'이었다. 보프는 군주제적 제도교회가 아닌 카리스마에 이끌리는 민중교회를 희망했기 때문이다.

보프는 "교회는 거룩하면서도 항상 정화되어야 한다."는 〈교회헌장〉의 내용을 인용하며 "과거의 교회가 로마와 중세의 구조를 따른 것처럼, 현대 교회는 높아지는 인권 의식에 걸맞은 시민사회의 구조를 따라야 한다."고 주장했다. 이를 보프는 '교회의 민주화'라고 불렀다. 즉, 예수 그리스도의 복음, 예수의 삶과 행적에 대한 기본 교리, 그리고 이 안에 담긴 도덕적 명령, 교회의 성사적 측면처럼 본질에 해당하는 것은 변할 수 없겠지만, 동시에 교회는 평신도를 포함한 많은 이들이 참여하는 자유롭고 형제애 넘치는 신앙 공동체가 되어야 한다고 호소했다. 보프는 먼저 가톨릭교회의 중앙 집중적 의사 결정 방법을 바꿔야 한다고 주장했다. 가톨릭교회는 교황부터 주교, 사제에 이르기까지 교회 내 행정 책임자를 선출할 때 하느님 백성인 평신도들의 의견이 반영될 수 없는 '수직적 구조'라는 지적이다. 보프는 교구장 등 교회 지도자는 교황과 같은 최고 교회권력에 의해서만 임명되고, 그렇게 임명된 교구장이 지역교회에서 군림하면서 전문성과 신학적 자질을 지닌 평신도들을 주변인으로 내몰고 있다고 비판한다.

히포의 아우구스티누스(Augustinus, Aurelius 354~430)와 바실리우스, 요한 크리소스토무스 등 고대 교회의 주교들은 대부분 평신도 신분이었다. 교구민들이 덕망 높은 그들을 추대해 주교로 삼은 전통이 있었지만, 비오 9세 교황이 소집한 제1차 바티칸 공의회(1869~1870) 이후 주교 임명은 교황의 고유 권한으로 완전히 바뀌었다. 보프는 사제들조차도 교구 내 중대한 결정을 내릴 때 의견을 내놓을 수 없고, 사제들의 입장을 대변하는 단체가 결성되더라도 고위 성직자들의 의심과 압력으로 해체당해 왔다고 말했다. 권력이 있는 곳에는 언제나 '권력 남용'의 위험이 있기 마련이다. 비록 교황과 주교 등 "교회권력자의 대다수는 훌륭한 신앙인이요 깨끗한 양심과 흠 없는 인격을 지닌 자들"이지만, 문제의 본질은 억압적 관행을 생산하는 '교회 구조'에 있다. 가톨릭교회는 모든 의사결정 권한이 교황과 주교와 사제에게 집중된 권위주의적 체제다. 이러한 권력 구조는 "하느님께서 정하신 것"으로 간주되고 신자들은 이를 신앙으로 받아들여야 한다고 강요받는다. 그러나 교회의 권력 구조는 수세기에 걸쳐 역사적 과정에서 형성된 것으로, 로마제국과 봉건제의 권력 구조를 모방한 것이다. 교황의 황금 삼중관처럼 교회의 관습과 명칭, 표현이나 상징들은 모두 여기서 온 것이다. 이런 구조들이 현대인들의 인권 의식과 마찰을 빚고 있다는 게 보프의 판단이다.

보프에 의하면, 로마-중세적 권위 형태는 교황-주교-사제-수도자-평신도로 이어지는 '성직자' 중심의 계급 제도다. 특히 최고 권력을 행사하는 교황과 주교들은 종신직이다. 그들이

'성무'를 통해 관철하려는 것이 '법'이 되고, 평신도 등 하위 계급은 항상 상위 계급에게 순명을 바쳐야 한다. 평신도는 수도자에게, 수도자는 사제에게, 사제들은 주교에게, 주교들은 교황에게 순종을 요구받는다. 이러한 신성하고 우주적인 교계 제도는 하느님의 뜻으로 간주되며, 교회에서 지위가 높을수록 하느님과 가까운 존재이므로, 고위 성직자들은 그만큼 하느님의 권능도 많이 나누어 갖게 된다. 여기서 하위 계급이 상위 계급에 순명하는 것은 곧 하느님께 순명하는 것이라는 식의 암묵적인 교리가 만들어진다. 이렇게 만들어진 교계 제도는 어떠한 비판도 용납되지 않는 성스러운 질서로 성화된다. 그리고 교회 질서의 개혁은 오직 하느님께 가까운 상위 계급, 그중에서도 '그리스도의 대리자'로서 교회와 세상에 대한 통치권을 가진 교황만이 가능하다는 결론에 이른다.

가톨릭교회는 그동안 이 구조에 만족해 왔으며, 사회적으로 엄청난 권력 구조의 변화를 일으킨 계몽주의와 프랑스 대혁명 등 근대 사회의 대변혁에도 불구하고 아무런 변화를 보이지 않았다. 그러나 보프는 "교회가 변호한 것은 하느님의 권위라기보다는 오히려 그 권위를 중심으로 생겨난 역사적 부산물일 뿐"이라고 비판했다. 제2차 바티칸 공의회가 혁명적인 이유는 이러한 권위적인 신학을 면밀히 분석하고, 교회가 덜 군주제적이고 더 참여적인 교회로 가는 길을 열었기 때문이다.

교회는 토론과 이견이 금지된 사회인가

2013년 3월 21일 우리나라의 헌법재판소는 1970년대 유신 체제에서 박정희 대통령이 선포한 대통령 긴급조치 1호, 2호, 9호가 모두 위헌이라고 뒤늦게 판결했다. 헌법재판소는 특히 유신헌법의 개정이나 폐지 논의 자체를 금지한 긴급조치 1호와 9호에 대해 "헌법의 개정과 폐지는 주권자인 국민이 보유하는 가장 기본적 권리"라며 "비판 자체를 원천적으로 배제하려는 공권력의 행사나 규범의 제정은 자유민주주의적 기본 질서에 부합하지 않으므로 정당성을 인정할 수 없다."고 못 박았다. 이게 시민사회의 법 감정이다. 1974년에 선포된 긴급조치 1호는 유신헌법을 부정·반대·왜곡·비방하는 일체의 행위를 금한다. 또한 헌법의 개정 또는 폐지를 주장·발의·제안·청원하는 일체의 행위를 금한다. 이 조치를 위반한 자와 이 조치를 비방한 자는 법관의 영장 없이 체포·구속·압수·수색하며 15년 이하의 징역에 처한다. 2조는 이런 범죄의 관할·심판권을 비상군법회의에 주었다. 한편 9조에는 국회의원이 직무상 국회에서 행한 발언은 처벌하지 않지만, 이 발언을 방송 보도나 기타 방법으로 공공연히 전파하면 처벌된다고 적시하고 있다. 실제로 한국 천주교 원주교구의 지학순 주교는 1974년에 유신헌법의 무효를 주장하는 '양심선언'을 발표해 15년 징역형을 선고받은 바 있다.

지금까지 교회의 사정도 유신정권과 다르지 않았다. 베네딕토 16세 교황은 교황청 신앙교리성 장관 윌리엄 조셉 레바다 추기경을 통해 2012년 7월 15일 아동 성추행 등 교회법의 위반 사안을 다루는 〈더욱 중대한 범죄에 관한 규범(Norme de gravioribus delictis)〉을 발표했다. 여기에서 신앙교리성은 아동 성추행 혐의를 받은 사제를 별도의 교회재판 없이 바로 환속시키도록 교황에게 요청할 권리를 갖는다. 아울러 이 규범은 여성 사제 서품을 '더욱 중대한 범죄'에 포함시켜, 지역교회에서 여성을 사제로 서품하는 해당 성직자는 성직을 박탈하며, 대상 여성은 '자동 파문'에 처해진다는 내용이 포함되어 있다.

보프는 교회 안에서 사제의 선택적 독신제와 여성 사제, 낙태와 피임 문제, 신학적 쟁점 등에 관한 자유로운 의사 표현의 자유가 가톨릭교회 안에서 심각하게 제한되어 있는 현실을 지적했다. 보프는 "교계 제도는 국가의 검열에 대해서는 강력하게 반발하면서도 교회의 언론 수단에는 사사건건 통제를 가하고 있다."고 비판했다. 적어도 교회 이슈에 학문적 토론의 장은 열어 주고, 이견을 가질 수 있는 자유를 주어야 한다는 것이다. 그러나 교회는 그동안 교도권의 해석과 다른 의견이나 새롭게 제기된 사회적 이슈에 대한 신학적 가설에 대해 격렬히 반발하며 단죄하기를 주저하지 않았다. 특히 신학자들의 경우에는 침묵령을 내리거나 출판을 불허하고 이단 판정을 내리기도 한다. 이를 두고 보프는 "많은 주교들이 자신들의 무분별한 지식에 바탕을 둔 '권위주의'로 자신들의 무지를 은폐하고 있으며, 교황청 기관지 〈로세르바토레 로마노(L'osservatore Romno)〉를 통해 교황청의 입장만 단조롭게 되풀이하고 있다."고 비판했다.

이어 지금은 교회가 교회의 이단자들을 처벌할 정치적―물리적 수단이 없지만, 기본적인 처리 방법은 변한 것이 없다면서 "육체적 고문은 폐지되었으나 정신적 고문은 계속되고 있다."고 말했다. 교황청에서 문제 삼은 신학이나 신학자의 경우에는 절차적 정당성이나 투명성, 자기 해명의 권리도 없이 심문이 무한정 지속될 수 있다는 점에서 반(反)인권적이라고 보프는 말한다. 이 지루한 조사와 가혹한 심문 과정에서 몇몇 신학자들은 자신이 속한 지역교회에서 외면당한 채 외로움과 심리적 불안을 경험하고, 끝내 죽음에 이르는 경우도 있다고 전했다.

교황청 신앙교리성이 1971년 1월 15일 제정한 〈교리검토규칙〉은 철저히 인권을 무시한다. 피고에게 전혀 통고하지 않은 채 조사를 시작하고, 신앙교리성의 입장이 정해지면 피고에게 통고해 질문에 답할 것을 요구한다. 피고는 기소 이유에 대한 구체적인 사유도 절차도 신앙교리성의 다양한 입장도 모른 채 심문에 응하게 된다. 변호인이 선임되지만, 피고는 변호인의 이름도 알 수 없고, 변호인을 선택할 권리도 없다. 때로 이러한 비밀스러운 종교재판에서 원고와 변호인과 재판관이 같은 사람인 경우도 있다.

여기서 피고가 할 수 있는 것은 신앙교리성의 권고에 응하는 것뿐이다. 처벌 내용을 담은 단죄 서한은 이미 작성되어 있으며, 죄명은 "신학적으로 모호하며 위험하고 오류이며 가톨릭 교리와 신앙의 규칙에 위배되는 것"이라고 명시된다.

프란치스코 교황 "교황직까지도 쇄신하겠다"

한국 천주교회의 경우에 1997년에 광주가톨릭대학 교수였던 이제민 신부와 서강대 교수인 정양모, 서공석 신부가 교황청 신앙교리성의 경고를 받았다. 당시 주교회의 의장이었던 정진석 추기경은 즉시 주교회의 상임위원회를 소집해 주교회의 기관지에 이들의 글이 실리지 않도록 조치했다. 1998년 1월 15일 신앙교리성이 마산교구장 박정일 주교에게 보낸 서한에 따르면, 이제민 신부의 《교회—순결한 창녀》(분도출판사, 1995)가 "교회를 마치 민주적 제도 형태로 조직된 그 어떤 인간 사회단체와 같이 이해함으로써 교회에 대한 불충분한 견해를 피력하고 있다."는 것이다. 결국 이제민 신부는 교수직을 내려놓을 수밖에 없었다.

보프는 "신앙의 규칙은 신앙의 본질을 보존해야 하지만, 그 본질을 불변의 공식처럼 받들어서는 안 된다."며, 그리스도교 신앙이 역사적 변동 속에서 새로운 이슈에 대해 충분히 고려하지 않으면 "공허하고 허구적인 현실만 모방하게 될 것"이라고 지적했다. 따라서 고압적인 심문 절차를 폐기해 자유로운 신학 논쟁이 가능한 환경을 만들어야 한다고 주장했다. 그는 일반적인 교리와 다르거나 신자들 사이에 논란이 되는 신학적 쟁점이 발생할 때, 이를 검토하는 기구를 주교회의에 두고, 신앙교리성이 최종 심판관이 되어야 한다고 제안했다. 또한 문제를 공개적으로 조사해야 하고, 피고는 처음부터 자신의 주장을 제시하고 변호할 권리를 지녀야 한다고 주장했다.

그동안 가톨릭교회는 교도권이 오류가 없는 거룩한 교리를 집대성해 제시했다고 믿었기 때문에, 이 주어진 교리에 의문을 품는 것을 차단해 왔다. 이런 식의 불관용과 독단주의는 심각한 인권 문제를 낳기 마련이고, 결국 교회 내 사상과 표현의 자유는 억압될 수밖에 없었다. 보프는 여기에 깊은 구조적 문제가 있는데 그것은 "종교적 생산수단과 상징적 영역을 소유한 자가 권력을 누리면서, 공적인 논의를 일방적으로 통제하는 것"이라 설명했다. 보프는 "그 결과 교리와 신학 등 종교적 상품을 생산하는 성직—교도권과 이 상품을 소비하는 평신도 집단 사이에 당연히 불평등이 생긴다."고 지적했다.

제2차 바티칸 공의회는 "교회는 항상 개혁을 요구한다."고 거듭 강조했지만 제도 개혁에까지 이르지 못한 채 지난 30년 동안 과거의 군주제적 모델로 뒷걸음질했다. 결국 교회 개혁은 선언을 넘어 구체적인 제도 개선으로 나아가야 한다. 특히 교황 제도를 비롯해 교회 주권의 민주적 분배가 선행되지 않는다면, 교회는 결정적인 순간에 '복음'을 배신할 것이다. 이를 위해 보프는 교회가 과거의 영광에 매이지 말고 복음적 원천으로 회귀할 것을 요청했다.

"교회권력을 쥐고 있는 자들이 제도에 불편함을 느끼고 있는 한 제도교회가 아직 권력에 깊이 빠지지 않았다고 볼 수 있다. 그러니 이제라도 복음의 부름을 따라 권력을 행사하는 새로운 방법을 만들어 내라고 요청할 수 있다."

프란치스코 교황은 자신을 '로마의 주교'라고 겸손하게 부르며, 작은 형제였던 프란치스코를 닮아 '황제'의 각질을 조금씩 떼어 내고 있다. 교황은 자신의 사목적 청사진을 제시한 〈복음의 기쁨〉에서 "바오로 6세 교황께서는 쇄신을 향한 호소를 더욱 확대하여 쇄신이 개인만이 아니라 교회 전체에 관한 것임을 분명히 밝혔다."면서 "교회가 통찰력을 가지고 …… 거룩하고 흠 없는 그리스도의 신부로서의 이상적인 교회상과 현대 세계에 제시되는 실질적인 교회상을 비교해 보도록" 권고하고 있다. 또한 제2차 바티칸 공의회의 문헌인 〈일치운동에 관한 교령(Unitatis Redintegratio)〉을 인용하며 "교회의 모든 쇄신은 본질적으로 교회

소명에 대한 충실성의 증대에 있다. …… 나그넷길에 있는 교회는 그 자체로서 또 인간적인 지상 제도로서 언제나 필요한 개혁을 끊임없이 계속하도록 그리스도께 부름 받고 있다."고 말했다.

　프란치스코 교황은 교회 개혁에 관한 자신의 신념을 "교회의 관습과 행동 양식, 시간과 일정, 언어와 모든 교회 구조가 자기 보전보다는 오늘날 세계의 복음화를 위한 적절한 경로가 될 수 있기를 바란다."는 말로 표현했다. 더 나아가 "제가 다른 이들에게 요구하는 것을 저도 실천해야 하므로, 교황직 쇄신에 대해서도 생각한다."고까지 말했다. 오히려 "지나친 중앙집권은 교회의 생활과 그 선교 활동에 도움이 되기보다는 이를 어렵게 만든다."고 호소했다. 사실상 예수 그리스도는 교회를 설파한 것이 아니라 가난한 이들에게 해방과 위로를 주고, 정의와 평화, 용서와 사랑이 깃든 하느님 나라를 선포하셨다. 기존 질서를 옹호하지 않고, 사람들 위에 군림하기보다 섬기셨다. 하느님께 복종하되 자유로워야 한다고 하셨고, 기성 종교를 사랑 안에서 질타하셨다. 그분은 타인을 복종시키려고 하지 않았으며, 자신의 권한을 사용하는 대신 연약하게 죽기를 원하셨다. 그분이 바라신 것은 죽음을 넘어서라도 '사랑할 수 있는 권리'였다.

여성 사제,
여전히 남은 숙제

프란치스코 교황, 여성 사제 서품 문제에 보수적 입장

"나는 금도 은도 가지고 있지 않습니다. 하지만 내가 가진 것 중에서 가장 귀한 것을 가지고 왔습니다. 바로 예수 그리스도입니다."

2013년 7월 22일 세계청년대회가 열리는 브라질에 도착한 프란치스코 교황은 브라질 대통령궁에서 열린 환영식에서 베드로 사도처럼 이같이 말했다. 교황은 "그리스도의 이름으로 모든 이들 마음속에 형제적 사랑의 불씨를 심어 주러 왔다."고 전하면서, 첫 해외 방문지로 브라질에 오게 된 것을 기뻐했다. 교황은 브라질행 비행기에서 기자들에게 "리우데자네이루에서 열리는 세계

청년대회가 젊은이들만의 대회가 되기를 원치 않는다."면서 "젊은이들은 그들의 가족과 국가, 문화와 신앙 안에서 크고 있다는 것을 알아야 한다."고 말했다.

프란치스코 교황은 7월 29일 청년대회를 마치고 바티칸으로 돌아가는 비행기 안에서 열린 기자회견에서 교황으로서는 처음으로 문서가 아닌 말로 '여성 사제 서품'에 대한 입장을 밝혔다. 편안하고 자유로운 분위기에서 진행된 이날 기자회견에서 교황은 여성 사제 서품을 분명히 반대했다. 교황은 요한 바오로 2세 교황을 비롯해 그동안 가톨릭교회가 여성 사제 서품을 허락하지 않았다며 "(여성 사제 서품의) 문은 닫혔다."고 말했다. 그러나 교황은 "성모 마리아가 사도들보다 중요한 사람인 것처럼, 오늘날 교회의 여성들도 주교나 신부보다 중요한 존재다. 이에 대한 신학적 연구가 더 필요하다."고 말했다. 그리고 여성의 사제 서품은 불가능하지만, 여성이 교회 안에서 더 많은 지도력을 발휘해야 한다는 다소 애매한 답변을 했다.

교황의 여성 사제 불가 발언에 대한 강력한 항의는 미국 교회에서 제일 먼저 나왔다. 자비의 성모 동정수녀회 소속 데레사 케인 수녀는 1979년부터 1980년까지 미국 여자수도회 장상연합회(LCWR) 회장을 지냈으며, 1979년 요한 바오로 2세 교황이 미국을 처음 방문했을 때, 여성 사제 서품이 가능한지 물어 세계적인 화제를 일으켰던 인물이다. 케인 수녀는 프란치스코 교황 발언 직후인 7월 31일 미국 가톨릭 언론 〈내셔널 가톨릭 리포터(National Catholicnews Reporter)〉와의 인터뷰에서 남성만 사제품을 받는 것은 "우상 숭배의 모습을 한 불평등"이라며, 프란치스코 교황은 여성 사제 금지 발언을 재검토해야 한다고 말했다. 케인 수녀는 요한 바오로 2세 교황이 가톨릭 여성 사제 서품을 금지했다고 해서, "프란치스코 교황조차 이 문제를 그대로 묻어 둘 수는 없다."고 말했다. 케인 수녀는 여성 사제 서품은 "정의의 문제"라고 단언했다. 그는 "인종이나 문화, 종교나 성별에 따른 어떠한 불평등이 있다면, 거기엔 언제나 불의도 있는 것"이라고 말했다. 케인 수녀는 프란치스코 교황이 "성모 마리아가 사도들보다 중요한 사람인 것처럼 교회의 여성들도 주교나 신부보다 중요한 존재"라고 언급한 것에 대해, "가톨릭 지도자들이 때때로 여성을 받들어 모시기는 하지만 평등한 존재로 보지는 않는다."고 비판했다. 이어 "여성과 남성의 참된 평등을 위해 21세기 안으로 교회를 끌어들여야 한다."면서, 어떤 사상이나 전통에 맹목적으로 사로잡혀 있는 것은 "우상화"라고 지적했다.

프란치스코 교황은 아르헨티나의 추기경 시절, 부에노스아이레스의 라틴아메리카 랍비신학교 학장이며 랍비인 아브라함 스코르카와 가진 대담에서 이미 여성 사제 문제를 한 차례 언급한 적이 있다. 이 대담이 실린 《천국과 지상》(율리시즈, 2013)에서, 먼저 스코르카는 "가톨릭교회는 히브리 성서에 등장하는 제사장에서 사제직을 차용해 왔으며, 이 사제직은 여성을 배제하고 부계 전통을 따른다."고 말했다. 즉, 여성 사제를 인정하지 않는다는 것이다. 그러나 정작 유대인들은 모계 혈통에 따라 어머니가 유대인이라면 아이도 유대인이 된다. 또, 남성이 수행해 온 제사장을 대신해 지금은 랍비가 성직을 수행하고 있는데, 율법을 아는 여성이라면 누구나 유대교인들을 가르칠 수 있고 유대교 율법에 따라 행동하는 법을 전수할 수 있다. 스코르카는 "전 세계 랍비 세미나에서 여성에게 랍비 직위를 수여하기로 결정"했으며, 탈무드에서는 남성이 쉽게 이혼하지 못하게 결혼 계약서를 여성이 갖도록 규정하고 있다고 소개했다. 그것은 이혼 후 경제적 어려움에 처할 가능성이 높은 여성을 위한 안전 장치였고, 여성에게 품위 있는 삶을 보장하려는 의도였다고 전했다.

랍비의 이야기를 다 듣고 나서, 프란치스코 교황은 "가톨릭교회에서 여성이 성직자가 될 수 없다는 사실이 여성이 남성 아래에 있다는 것을 의미하지는 않는다."고 말하면서 "성모 마리아는 사도들보다 위대하다."고 말했다. 이어 "그리스도는 교회, 즉 여성과 영으로 결합한다."는 말을 통해 교회의 여성성을 강조했다. 한편 "여성은 교회처럼 구원이 좀 더 충만한 곳이어서 사탄이 집중적으로 공격했으나, 룻과 유딧 같은 여성 영웅들에게서 보듯이 하느님은 여성들을 돌보셨다."고 말했다. 이 책에서 교황은 '독특한 철학으로서의 페미니즘'에 대해서도 비판적인 입장을 취했다. "페미니즘은 그것을 옹호하고 주장하는 이들에게 어떤 이익도 가져다주지 않는다. 그것이 오히려 여성들을 보복적인 투쟁의 장으로 몰아넣기 때문이다. 여성은 그보다 훨씬 더한 가치를 지닌다." 교황이 말하는 여성적 가치는 모성애와 부드러움의 가치다. 교황은 "만약 교회가 여성이라는 풍요로운 자산을 수용하지 않는다면 남성 우월적 사회, 근엄하고 경직되고 결코 성스럽지 못한 사회로 변모될 것"이라고 말한다.

결국 프란치스코 교황은 여성 사제 문제에 대해서는 여전히 보수적 태도를 취하는데, "인류가 매우 심각한 변화를 겪고 있는 이 시기에 복음의 정신으로 무장된 여성들이 인간성 상실을 막는 데 큰 공헌을 할 수 있다."는 요한 바오로 2세 교황의 사도적 서한인 〈여성의 존엄〉(1988년)이나 〈남성에게만 유보된 사제 서품에 관한 교서〉(1994년)의 입장을 되풀이하고 있는 셈이다. 여성은 존엄하지만, 여성을 직무 사제직에서 제외하는 것이 하느님의 계획에 부합한다는 것이다. 문제의 요한 바오로 2세의 교서에서는 이렇게 밝히고 있다.

"하느님의 모친이시며 교회의 어머니이신 거룩하신 동정 마리아께서 사도가 되거나 직무 사제직을 받지 않으신 것은 여성의 사제 서품 불허가 여성의 존엄성이 격하됨을 의미하거나 여성에 대한 차별로 간주될 수 없음을 명백히 보여 줍니다. 그것은 오히려 우주의 주인이

신 주님의 지혜에 속하는 계획에 대한 충실한 순종으로 비춰지고 있습니다."

한스 큉, "남성 중심의 교회권력 구조는 인간의 법일 따름"

프란치스코 교황은 아직 여성 사제 문제로 사제나 주교를 파문한 적은 없다. 그러나 2013년 콘클라베가 열리기 직전인 2012년 11월 29일 교황청 신앙교리성은 여성 사제 운동에 적극 참여해 온 미국의 로이 부르주아 신부의 사제직을 박탈한 바 있다. 부르주아 신부는 메리놀 외방 선교회 소속으로 '스쿨 오브 아메리카'(SOA) 감시운동 등 오랫동안 평화운동에 헌신해 왔으며 특히 여성 사제직을 위한 활동에 적극 참여해 왔다. SOA는 미국 정부가 라틴아메리카에서 좌파 정권의 확산을 막기 위해 친미 군사정권과 민병대 군인들을 데려와 군사 훈련을 시켰던 고약한 기관이다. 군인들은 이곳에서 기본적인 군사 훈련뿐만 아니라 납치, 암살, 고문, 심리전 등의 기술을 습득한 뒤에 자국에 돌아가 자국민들을 상대로 끔찍한 범죄를 저질렀다.

부르주아 신부는 2008년 8월 평화주의 활동을 하던 중에 만난 여성 제니스 세브르–두친스카(Janice Sevre–Duszynska)의 사제 서품식을 공동 집전한 후 교황청의 블랙리스트에 오른 것으로 알려졌다. 당시 부르주아 신부는 강론을 통해 "사제 생활 36년을 돌이켜보면, 교회가 건강하고 완전하게 되려면 사제직에서 여성의 지혜, 감수성, 경험, 연민, 용기가 필요하다"고 말했다.

"성차별은 죄입니다. 그러나 조앤 치티스터(Joan Chittister)의 견해에 따르면, 문제는 '성차별'이라기보다는 여성 사제 서품을 반대하는 이들이 가지고 있는 '하느님에 대한 인식'입니다. 신앙인으로서 우리는 하느님을 전능하신 생명의 원천이라고 고백합니다. 그러나 여성 사제 서품을 반대하는 이들은 전능하시고, 하늘과 땅을 창조하시고, 죽은 사람을 살릴 수 있은 똑같은 하느님이 유독 여성에게만은 사제가 되도록 힘을 줄 수 없다고 말합니다. 그래서 여성이 미사를 집전하기 위해 제대에 접근하면 하느님조차 무기력해진다고 믿습니다."

한스 큉(Hans Küng)은 《그리스도교 여성사》(분도출판사, 2011)에서 "정교회와 가톨릭교회는 도대체 무슨 권한으로 교회 직무에서 여성의 완전한 동등권을 거부하는가?" 물었다. 감리교회는 1980년에 처음으로 여성 목사를 안수했으며, 미국 성공회는 1989년에, 독일 루터교회는 1992년에 여성을 감독으로 선출했는데 "여성 주교, 사제직을 거부하는 교회야말로 자신들의 기이한 관행을 복음과 초기 교회 전통에 비추어 자기 비판적으로 검증해야 하지 않을까?" 물었다. 한스 큉은 구체적인 개혁 과제로 남자들이 지배하고 있는 교회권력 구조 안에서 "여성들이 본당, 교구, 국가, 세계 차원의 모든 의결기구에 참여해야 한다."고 주장하며, "보편공의회도 현행 교회법에 따라 남자들만 대표로 파견되며, 교황도 남성들에 의해서만 선출되는데, 이 모든 게 하느님의 법이 아니라 그저 인간의 법일 따름"이라고 말한다. 전례 언어에서도 공동체가 근본적으로 평등한 남자들과 여자들로 구성되어 있음을 표현해야 하므로 호칭도 '형제들' 또는 '하느님의 아들들'만 사용해서는 안 되고, '자매들'과 '하느님의 딸들'도 함께 언급해야 한다고 지적했다.

그러나 요한 바오로 2세 교황이 〈남성에게만 유보된 사제 서품에 관한 교서〉를 발표한 후, 베네딕토 16세 교황도 교황청 신앙교리성을 통해 〈여성 서품을 시도하는 범죄에 관한 일반 교령〉을 발표했다. 이 교령은 이전 교황의 견해보다 더 강력한 것으로, 교황이 부여한 특별 권한의 힘으로 "여성을 사제로 서품하려는 자와 사제 서품을 받으려는 여성은 사도좌에 유보된 자동 처벌의 파문 제재를 받는다."는 내용이다. 여성 사제를 시도하는 모든 행위를 당시 논란이 된 아동 성추행만큼 끔찍한 '범죄'로 규정한 것이다.

여성 혐오 사상에 뿌리박은 여성 사제 금지

여성 사제 문제와 관련해, 남성과 여성의 '동등한 제자직'을 요구하는 여성신학자 엘리사벳 피오렌자, 그리고 《예수는 그렇게 말하지 않았다》라는 책으로 한국에서 유명해진 평신도 신학자 게리 윌스는 그동안 신랄한 어조로 교황청의 여성 사제 금지의 이유에 대해 공박해 왔다. 이들은 초기 교회의 평등주의의 관점에서 성직주의와 사제 직분을 비판적으로 바라본다.

여성 사제에 대한 교황청의 반대 입장은 바오로 6세 교황이 영국 성공회의 여성 사제 임명을 반박하면서 제시한 배제 사유에서 아직까지 크게 벗어나지 못하고 있다. 신앙교리성에서 1976년에 발표한 〈명백한 징표 가운데서〉라는 문헌에서는 "그리스도께서 원래 남자만 사도로 임명했기 때문에 교회는 여성을 서품할 권한이 없다."고 말한다. 예수와 열두 사도가 모두 남성들이었기 때문에 모든 사제는 남성이어야 한다는 것이다. 그렇게 따지자면, 모든 사도는 결혼했으며 모두 다 유대인이었다는 점도 고려되어야 할 것이다. 이처럼 복음서 시대의 상황을 우리 시대에 그대로 적용해야 한다면 정작 베드로나 바울로 등 사도들 자신도 본래 '사제'가 아니었음을 기억해야 한다. 요한 바오로 2세 교황 역시 1994년에 발표한 〈남성에게만 유보된 사제 서품에 관한 교서〉에서 "교회는 여하간 여성들에게 사제 서품을 줄 수 있는 권한이 전혀 없으며, 교회 신자들 모두는 이러한 판결을 명확하게 받아들여야 한다."고 선언했다. 그러나 예수가 남성이었고, 사도들이 남성이었다는 사실은 여성의 사제직 배제 근거로는 아주 취약하다. 오히려 수세기에 걸쳐 여성을 사제직에서 배제해야 하는 이유로 제시되어 온 것은 먼저 여성은 '열등한 존재'여서 이 존엄한 직분을 담당할 자격이 없다는 것이다. 또한 여성은 예식 수행에 걸맞지 않은 '불결함' 때문에 제단에 다가가서는 안 된다고 한다. 즉, 여성 사제 금지는 여성 혐오 사상에 뿌리를 두고 있는 것이다.

중세 신학자 토마스 아퀴나스는 오로지 남성만이 하느님의 모습으로 창조된 까닭에 신성한 사제 직분은 남성들만 받을 수 있다고 했으며, 둔스 스코투스는 여성은 인류를 타락하게 만든 하와의 후계자이므로 인간의 구원을 담당하는 공직자가 될 수 없다고 했다. 이러한 생각은 아리스토텔레스의 철학을 이어받은 것이다. 그는 수태의 형식 요소가 남성 씨앗인데, 자궁의 토양이 불결한 경우에 어머니를 닮은 남성을 낳거나 아버지를 닮은 여성을 낳거나 또는 어머니를 닮은 여성을 낳는다고 보았다. 즉, 여성은 수태될 당시에 이미 '실패한 남성'이거나 하나의 '기형'이라는 것이다. 그래서 여성은 남성보다 허약하게 태어나며 이성과 미덕과 기상 면에서 떨어지며 불안정하고 변덕스럽고 쉽사리 걱정에 빠져들고 자신과 타인을 통제하는 능력에서 남성에게 뒤진다고 말한다. 교부 테르툴리아누스는 여자는 "악마가 들어오는 통로"라고 말했다.

  그런데 더 일반적인 것은 여성의 불결함에 호소하는 것이다. 도미니코 수도회 신학자였던 이브 콩가르(Yves Congar) 추기경은 레위인이나 유대교 사제를 뜻하는 사제, 제사장(hiereus)이라는 말은 신약성서에 30번 나오는데, 대사제, 대제사장(arhiereus)이라는 낱말은 130번 정도 나온다고 한다. 여기서 '대사제'라는 말은 그리스도나 신자 모두를 부를 때만 사용했다. 복음서에서는 구체적인 개인을 '사제'로 부른 적이 없었다. 그러나 그리스도교가 유대교의 성전사제직을 모방하면서 이와 관련된 예식상의 규제와 금기들도 모방했다. 예수가 복음서에서 그리도 경계하던 정결법을 교회로 고스란히 되가져온 것이다. 가톨릭 사제들은 희생 제사를 드리는 유대인 사제들처럼 성찬식을 행하기 전에 아내와 잠자리를 같이하지 못했으며, 이윽고 아예 아내를 두지 못하게 금지했고, 이들이 행하는 성찬식은 일상과 아주 다른 비밀 제의처럼 바뀌었다. 제단 칸막이는 평신도들의 시야를 가로막고, 성직자용 라틴어는 다른 신자들이 알아들을 수 없는 신비한 언어가 되었다. 축성을 할 때 사용하는 엄지손가락과 집게손가락이 없는 자는 사제가 될 수 없었으며, 평신도는 혀를 빼고는 신체의 어느 부위로도 축성된 면병(성체)을 만질 수 없었다. 그리스도께서 동정녀에게서 태어났다는 '놀라운' 믿음 때문에 동정녀인 수녀들이 손으로 면병을 만질 수 있는 특권을 얻게 된 것도 최근의 일이다.

9세기 바젤의 하이토 주교는 유대교처럼 여성은 월경 때문에 예식상 불결한 존재이므로 축성된 성체를 만질 수 없다는 내용을 교회법령 안에 포함시켰다.

"누구나 여자가 제단에 접근하지 않도록 유의해야 한다. 하느님께 봉헌된 여자(수녀)라도 어떤 종류의 제단 예식에도 개입해서는 안 된다. 만일 제대포를 세탁해야 할 경우 성직자가 그것을 걷어 내서 제단 난간 너머로 건네주어야 하며, 돌려받을 때도 같은 방법으로 해야 한다. 봉헌 예물 역시 마찬가지로 여자가 운반해 올 경우 사제가 제단 난간에서 받아서 제단으로 가져갈 것이다."

여성은 중세 대성당에서 성소 뒤에 자리 잡고 있던 성가대석에 발을 들여놓을 수 없었고, 그래서 성가대는 모두 남성만으로 구성하는 게 원칙이었다. 그 결과 소프라노는 남자를 거세하는 방법으로 얻어 냈다. 바티칸 성가대는 이 점에서 유명했는데, 남자는 불구라도 여자보다는 덜 불결했던 것이다. 그러니 여성의 사제 서품이란 생각할 수도 없었을 것이다. 그러나 이러한 태도는 복음이나 초기 교회의 전통과 동떨어진 것이다. 우리는 신약성경 안에서 한결 맑은 세계를 호흡하게 된다. 바울로 사도가 갈라디아 사람들에게 보낸 편지에 인용한 '세례찬가'에서는 남성과 여성의 온갖 불평등을 배척하고 있다. "그리스도와 하나 되는 세례를 받은 여러분은 다 그리스도를 입었습니다. 그래서 유다인도 그리스인도 없고, 종도 자유인도 없으며, 남자도 여자도 없습니다. 여러분은 모두 그리스도 예수님 안에서 하나입니다."(갈라 4, 26~28)

예수는 남자도 사제로 세운 적이 없었다

예수는 여성들과 사귀되, "천한 인생"들을 비롯하여 불결한 여성들, 매춘부들, 사마리아 여인처럼 따돌림받는 여성들과도 교류를 가졌다. 이 점은 그분의 적들뿐 아니라 제자들에게도 충격을 주었다. 예수는 하혈하는 여자가 당신을 만지도록 허락했으며, 여자에게 머리털로 자신의 발을 닦도록 내어 주고, 마르타의 동생 마리아와 깊은 이야기를 나누었다. 예수를 따르던 여자들은 갈릴래아에서 예루살렘에 이르기까지 줄곧 그분을 함께 따라 다녔으며, 요한복음을 보면, 남자들이 한 사람만 빼고 모조리 도망쳤을 때도 그분을 떠나지 않고 십자가 곁에 서 있었다. 세 복음서에서 예수의 빈 무덤을 맨 먼저 발견한 사람들은 갈릴래아 여자들이었고, 주님이 부활하셨다는 기쁜 소식을 전하는 임무를 부여받은 이들도 그들이었다.

여기서 우리는 그렇다면 왜 예수께서 여자를 사제로 세우지 않앉느냐고 반문할 수 있다. 그러나 예수는 남자도 사제로 세운 적이 없었다. 우리는 초기 교회의 사목 직분을 고스란히 알고 있는데 사도들, 복음의 일꾼들, 예언자들, 사목자들, 원로들, 전도자들, 교사들, 목자들, 안내자들, 권고자들, 기적을 행하는 자들, 치유하는 자들, 이상한 언어를 하고 알아듣는 자들, 영을 식별하는 자들이다. 이런 직분은 누구나 성령의 은사에 따라서 맡을 수 있었으며, 다른 직분은 없었다. 우리는 '사제인 백성'이라는 그리스도인 공동체 전체가 수행하는 사제직에 대해 성경에서 읽을 수 있지만, 개인적인 사제들에 관해서는 아는 바가 없다.

바오로 사도 역시 자신의 수고를 인정해 주는 분이 예루살렘의 열두 사도나 다른 누가 아니라 주님이시라고 말한다. (갈라 1, 1~20) 신약성경의 어느 사도도 누군가를 사제로 서품한 적이 없으며, 바오로 역시 평신도 아나니아에게 세례를 받은 뒤에 오로지 하느님에게서, 또는 자신을 일꾼으로 삼은 안티오키아 교회에서 권한을 위임받았을 뿐이다. 요한 바오로 2세 교황은 교서에서, 예수께서 성체성사를 설립하셨다는 최후의 만찬 때에 참석한 이도 남자들밖에 없었다고 하면서, 성찬례를 행할 사제는 당연히 남자여야 한다고 말했지만, 그 자리에 사도들의 아내들이 참석했을 가능성도 없지 않다. '열둘'이라는 것 자체가 12지파로 이뤄진 모든 이스라엘에 대한 은유일 따름이라고 학자들은 말한다.

실제로 초기 교회에서 회당에서 집회할 때는 여자들이 발언할 수 없었겠지만, 유대교와 갈등을 빚어 그리스도인들이 회당에서 쫓겨나 가정에서 집회를 하게 되면서 자연스럽게 여자들이 예언도 하고 기도를 주도할 뿐 아니라 지역교회 창립의 주역이 되었다. 유니아와 브리스카 등 여성 지도자의 이름이 복음서에서 연거푸 등장한다. 부부로 사도 직분을 행하던 이도 많았다. 미사의 원초적 형태였던 빵을 나누는 공동 식사에서 주례자가 사제라는 뜻이라면, 빵을 나눠 주던 여성들도 사제 직분을 수행한 것이 된다. 그런데 실상 정해진 사제는 없었다. 사제직은 회중 전체에 해당되는 일이었다. 예수께서 함께했던 무리들과 초기 교회 안에서, 여성들은 칸막이 뒤에 격리되지도 수녀들처럼 자기들만의 공동체를 만들어 세상을 등지고 살지도 않았다. 그들은 팔레스타인에서 단정하지 못하게 방랑하던 동정녀도 아니었고, 틀림없이 사도들을 비롯한 대다수 제자들처럼 결혼을 했을 것이다. 그리고 성령강림절에 사내와 함께 이층 방에 있었을지도 모른다.

그럼에도 교회는 가부장적인 로마 질서에 편입하는 과정에서 스스로 가지고 있던 해방된 자의식과 고유한 길을 벗어났으며, 여성 혐오적이고 성차별적인 그리스와 유대교의 사상을 통해 공동체 주역에서 여성을 배제하며 여성에 대한 편견을 심어 왔다. 게리 윌스는 《교황의 죄》(중심, 2005)에서 "우리가 흑인을 열등하게 보면 그들에게 불의한 행동을 자행하는 걸 정당화하게 되고, 유대인을 그리스도의 살해자라고 믿으면 유대인에 대한 학살에 기이하게 된다."고 말했다. 마찬가지로 여성에 대한 혐오는 여성에 대한 부당한 판단과 실천을 낳는 법이다. 예수께서 여성들에게 주신 '자유'를 교회가 도로 빼앗아 가두어서는 안 된다.

어차피 교회 질서는 절대 불변의 진리가 아니라 역사적 변형에 따른 교회법적 규정에 따른 것이기에, 교황령 상실을 '은총'으로 고백하는 프란치스코 교황에게서 성령이 어떤 모습으로 교회 개혁의 불길로 작용하실지 예측할 수는 없다. 이미 프란치스코 교황은 이전 교황들과 확연히 다른 행보를 걷고 있다. 지금은 교황 개인의 겸손한 삶을 드러내고, 가장 가난한 이들의 손을 잡아 주고 있지만, 어느 순간에 굳센 믿음을 지닌 어떤 여인의 이마에 성유를 바를지 아무도 장담할 수 없다.

한편 그래도 남는 문제가 있다. 여성 사제 허용에 앞서 선결되어야 하는 것은 사제직 그 자체가 여전히 권력을 의미하는 관행을 개혁하는 일이다. 이미 교황은 먼저 겸손과 섬김의 자세로 모범을 보임으로써 사제들에게 변화를 촉구하고 있는 것으로 보인다. 사제직 자체가 온전한 의미의 '봉사직'으로 변화되지 않는 한, 여성 사제는 여성들의 권력 참여 확대 이상의 의미를 담기 어렵다. 정양모 신부는 "여성 사제 서품보다 성직자들의 비복음적 권위주의가 훨씬 더 심각한 문제"라고 지적하면서, 성직자들의 권위주의를 그대로 두고서 여성 사제가 생겨난다면 '남녀 성직자 합작 권위주의'가 생길 수도 있다고 경고한다.

교황청 신앙교리성의 변화와 해방신학의 복권

해방신학 경계하던 신앙교리성, 해방신학 옹호자가 장관이 되다

　오랫동안 '로마 중심주의'를 관장해 왔으며, 전통신학의 수호자처럼 군림했던 신앙교리성이 변화를 거듭하고 있다. 신앙교리성(Congregatio pro Doctrina Fidei)은 교황청 기구의 하나로 신앙의 순수성과 정통성의 유지 발전을 사명으로 삼고 있으며, 16세기에 '이단'을 감찰하고 처벌하기 위해 설립된 검사성성(檢邪聖省)이 그 기원이다. 이른바 교황청의 '종교재판소'였던 셈이다. 신앙교리성은 특히 1980년대 이후 라틴아메리카와 아시아, 아프리카 해방신학과 여성신학 등을 경계해 왔으며, 특히 세계의 진보적인 신학자들의 신앙을 검열해 온 위태로운 기관이었다. 교황을 배출할 정도로 그 감찰 기능만큼이나 위세가 대단했던 신앙교리성에 새 바람이 불어온 것은 2012년 전임 베네딕토 16세 교황이 그해 7월 2일 루드비크 뮐러(Gerhard Ludwig Müller) 대주교를 신앙교리성 장관으로 임명할 때 예고된 것이었다.

    나중에 베네딕토 16세 교황이 된 라칭거 추기경은 요한 바오로 2세 교황 시절에 25년 동안 신앙교리성 장관으로 복무하면서 한스 큉과 스힐레벡스 등 현대신학자들과 레오나르도 보프와 혼 소브리노 등 해방신학자들을 감찰하고 단속하는 데 심혈을 기울여왔다. 이 라칭거 추기경이 2005년에 교황이 되었을 때, 보프는 "가난한 사람들과 함께 고통을 나눌 수 있는 교황을 희망하며, 바티칸보다는 리우의 판자촌에서 더 많은 기적이 일어나고 있다는 사실을 깨닫기 바란다."고 말하면서 "불행하게도 나는 교황에게 기적이 일어나기를 기대하지는 않으며, 다만 교황이 지난 25년간 해방신학을 억압했던 것과 같은 행동을 더는 보이지 않기만을 바란다."고 말했다. 그런데 기적처럼, 베네딕토 16세 교황은 사임 일 년 전에 미국의 레바다 추기경에 이어 페루의 해방신학자 구스타보 구티에레즈(Gustavo Gutierrez)와 절친한 것으로 알려진 뮐러 대주교를 후임 신앙교리성 장관으로 임명했다.

    뮐러 대주교는 베네딕토 16세의 형 게오르그가 아직도 살고 있는 교황의 고향 교구 레겐스부르크의 주교이며, 역대 교황들의 신학적 저작들을 빠짐없이 수집하고 있는 〈오페라 옴니아(Opera

Omnia)》의 편집인이고, 그동안 400여 편의 신학 논문을 제출한 학자이기도 하다. 뮐러 대주교는 독일 주교회의에서 중도파의 수장이었던 카를 레만(Karl Lehmann) 신부에게서 1977년 박사 학위를 받았는데, 당시 그의 논문은 나치에 저항한 독일 개신교 신학자인 디트리히 본회퍼(Dietrich Bonhoeffer)에 관한 것이었다. 또한 뮐러 대주교는 라틴아메리카 해방신학의 아버지라고 불리는 구티에레즈의 가까운 친구다. 뮐러 대주교는 1998년부터 매년 페루에 가서 구티에레즈의 강의를 들었고, 볼리비아 국경 근처의 농촌 본당에서 농민들과 함께 생활했다.

뮐러 대주교는 2004년 구티에레즈와 함께 《가난한 이들의 편에 서서: 해방신학(On the Side of the Poor: The Theology of Liberation)》이라는 책을 쓰기도 했다. 뮐러 대주교는 "제2차 바티칸 공의회 이후 세계 여타 지역으로 확산되면서 '해방신학'이라고 알려지게 된 라틴아메리카의 교회적, 신학적 운동은 제 생각에, 20세기 가톨릭신학에서 가장 중요한 흐름들 가운데 하나로 포함되어야 할 것"이라고 말한 적이 있는데, 이런 발언을 신앙교리성 장관의 입을 통해 들을 수 있으리라고는 아무도 생각하지 못했다.

뮐러 대주교는 그동안 구티에레즈와 나눈 친밀함을 한 번도 숨기지 않았으며, 2008년 페루 교황청립 가톨릭대학교가 수여하는 명예학위를 수여받으며, 자신의 스승이자 친구였던 구티에레즈의 신학 사상이 "완전히 정통신앙과 부합한다."고 분명히 밝혔다. 한편 구티에레즈와 공동으로 지은 《가난한 이들의 편에 서서: 해방신학》에서 뮐러 대주교는 "해방신학의 가치는 라틴아메리카 가톨릭교회의 범위를 넘어선다."고 말했다. 그는 "라틴아메리카 해방신학 운동은 모든 참된 신학적 조류들이 향해 있는 하나의 이미지, 즉 구세주이시자 해방자이신 예수 그리스도의 이미지를 향해 왔다."고 강조했다. 뮐러 대주교는 해방신학이 '가난한 이들을 향하는 복음'이며, 죽음만을 유일한 출구로 여겨야 했던 라틴아메리카의 가난한 사람들을 상기시키고, "서구의 신학운동과 다르게, 해방신학은 라틴아메리카 민중의 현실을 추상화하지 않는다."고 전했다. 그는 프란치스코 교황과 마찬가지로, 그리스도의 몸을 '가난한 이들 안에서' 보았다.

물론 뮐러 대주교가 신임 신앙교리성 장관으로 내정되는 과정에서 반대하는 목소리가 없었던 것은 아니다. 보수적인 교황청 관료들 사이에서 뮐러 대주교가 "신앙 교리를 제대로 알고 있는 사람이 아니다."라는 이메일이 떠돌아다녔다. 바티칸에 정통한 기자로 알려진 존 알렌이 밝힌 바에 따르면, 그 이메일들이 주장하는 비판은 주로 이런 것이었다. 그들은 뮐러 대주교가 성모 마리아의 처녀성을 의심하고 있으며, 미사에서 축성된 빵과 포도주를 "그리스도의 몸과 피"라고 분명하게 말하는 데 주저하며, "개신교 역시 그리스도가 세운 교회의 일부"라고 선언하는 등 "의심스러운 입장을 취하고 있다"는 것이다. 특히 제2차 바티칸 공의회의 개방적 태도에 반대하는 성 비오 10세회의 알퐁소 드 갈라레타 보좌주교는 "신앙교리성 장관이 이단적인 사고를 가지고 있는 것은 받아들일 수 없다."고 비판했다. 성 비오 10세회는 라틴어가 아닌 모국어 미사를 허용한 제2차 바티칸 공의회의 전례 개혁에 반발해 프랑스 교회의 르페브르 대주교가 창설했으며, 트리엔트식 라틴 전례만을 인정하며 로마 가톨릭에서 분리되어 나간 독립 교회다.

해방신학을 반대하는 자들은 누구인가?

아르헨티나 출신의 프란치스코 교황은 이처럼 해방신학에 친화적인 뮐러 대주교를 신앙교리성 장관으로 유임시켰을 뿐 아니라 2014년 1월 12일에는 그를 추기경에 서임했다. 교황이 된 지 한 달 만에 엘살바도르의 오스카 로메로 대주교에 대한 시성 절차를 다시 승인한 교황으로서 당연한 조치였다. 로메로 대주교는 군사정권이 통치하던 엘살바도르에서 "교회는 목소리 없는 자의 목소리가 되어야 한다."면서 가난한 이들을 대변하고, 인권을 옹호하다가 우익 암살단에 의해 살해당한 순교자였다. 2014년 7월에 세계청년대회가 열려 프란치스코 교황의 첫 해외 순방지로 선택된 곳도 공교롭게 해방신학의 본산지였던 브라질이었다. 브라질은 돔 헬더 카마라 대주교와 레오나르도 보프 신부가 활동하던 곳이다.

프란치스코 교황이 신임하고 있는 신앙교리성 장관 뮐러 추기경은 "해방신학을 배격하는 태도는 정치적인 동기가 작용한 결과"라고 지적했다. 뮐러 대주교는 교황청에서 해방신학을 공개적으로 비난하기 시작하기 전인 1980년에 산타페 위원회가 레이건 대통령에게 보고한 비밀문서를 폭로했다. 뮐러 대주교는 "이 문서는 미국 정부에 해방신학에 대한 적극적인 대책을 주문하면서, 해방신학이 가톨릭교회를 그리스도교 신앙보다는 공산주의에 가까운 사상들로 물들이고, 사적 소유권과 생산적 자본주의를 반대하는 정치적 무기로 가톨릭교회를 변질시킬 것이라고 비난했다."고 밝혔다. 그러나 뮐러 대주교는 "이 문서의 집필자들은, 그들 자신이 잔혹하고 강력한 군사독재와 소수독재를 저지른 죄인이라는 점에서, 그 뻔뻔스러움이 충격적"이라며 "사유재산과 자본주의적 생산 체제에 대한 그들의 이해관계가 그리스도교를 대신해 버렸다."고 비판했다. 뮐러 대주교는 오히려 페루의 친구 구티에레즈의 말을 빌어 "가난한 이들과 함께 직접 일하라. 진리는 우리를 가난한 이들에게 더 가까이 가도록 이끈다.(Commit to working directly with the poor. The truth brings us closer to the poor.)"라고 말씀하신 분이 바로 '주님'이라고 전했다.

그러나 여전히 한국 교회 안에서는 해방신학을 불편하게 생각하는 고위 성직자들과 사제들, 유력한 평신도들이 남아 있는 게 현실이다. 최근에 '박근혜 정부 사수'를 외치면서 천주교정의구현전국사제단 등 민주화와 인권을 위해 투신하는 사제들을 '해방신학에 오염된 이단자'로 매도하고, "좌익 용공 사상인 해방신학에 물든 정치 사제들은 교회를 떠나라"는 구호를 만들어 낸 '대한민국수호천주교인모임'이 대표적이다. 이들은 2013년 9월 "어쩌다가 양들이 목자들을 걱정하는 천주교회가 되었습니까?"라는 제목으로 조선일보, 중앙일보, 동아일보 등에 광고를 내고 서울대교구 명동성당을 시작으로 서울, 경기, 충청, 강원 지역의 주교좌성당과 심지어 서울 종로구 궁정동 주한교황청대사관 앞에서도 피켓 시위를 하며 "나라 망치고 교회 망치는 종북의 온상, 정의구현사제단은 교회를 떠나라!"고 외쳤다.

그러나 해방신학을 경멸하는 이들이 전거로 삼고 있는 교황청 신앙교리성 문헌들을 꼼꼼히 살펴보면, 요한 바오로 2세 교황과 당시 신앙교리성 장관 라칭거 추기경조차도 해방신학을 일방적으로 매도해 온 것이 아님을 알 수 있다. 교황청의 해방신학에 관한 문헌은 크게 두 가지인데, 1984년 신앙교리성에서 발표한 〈자유의 전갈―해방신학의 일부 측면에 관한 훈령〉과 1986년에 발표된 〈자유의 자각―그리스도인의 자유와 해방에 관한 훈령〉이다. 신앙교리성 훈령 〈자유의 전갈〉 1항은 "해방을 향한 민중의 강력하고도 억누를 수 없는 열망은, 교회가 면밀히 탐구하고 복음의 빛으로 해명해 주어야 하는, 주요한 시대의 징표들 가운데 하나를 이루고 있다."고 말한다. 다만 "마르크스주의 사상의 여러 경향으로부터 빌려 온 개념들을 충분한 비판 없이 사용하고 있는 일부 해방신학의 형태에 의해 초래되는, 그리스도인의 생활과 신앙을 손상시키는 일탈 또는 일탈의 위험"이 있음을 경고했다. 그러나 이러한 경고가 "결코 진정한 복음 정신으로 '가난한 사람들을 위한 최우선의 선택'에 헌신적으로 응답하고자 하는 모든 사람에 대한 비난으로 해석되거나, 비참하고 절박한 인간 불행과 불의에 직면해 무관심하거나 애매한 태도를 지키는 자들을 위한 핑계로 이용되어서는 절대로 안 된다."고 말한다. 문서의 제목 그대로 '해방신학의 일부 측면'만을 문제 삼을 뿐, 해방신학의 전체적인 기조를 문제 삼지는 않았다. 더구나 모든 해방신학자들이 마르크스주의를 참고한 것도 아니었다.

프란치스코 교황 역시 마르크스주의와 연루된 부분을 빼고는 해방신학의 기본 입장에 동의하고 있다. 교황은 추기경 시절 프란체스카 암브로게티 등과 나눈 인터뷰에서 "해방신학이 등장한 1960년대, 가톨릭 신앙 안에 스며든 소외된 계층들에 대한 우려와 관심은 모든 이데올로기를 받아들일 수 있는 배양액 같은 것이었다."고 말하며, 가난한 이들에 대한 관심은 제2차 바티칸 공의회 이후 더욱 강화되었고 "라틴아메리카에서 해방운동에 참여하는 사목자들과 평신도 등 대부분의 사람들은 교회가 원하는 방식으로 헌신해 왔다."고 말했다. 이어 교회가 세상에 참여하는 방식은 '정당정치'라기보다는 "십계명과 복음서를 기반으로 하는 위대한 정치에 참여하는 것"이라고 밝혔다.

모든 신학은 '해방적'이어야 한다

라틴아메리카 해방신학의 대헌장으로 불리는《해방신학(A Theology of Liberation: History, Politics and Salvation)》을 쓴 구스타보 구티에레즈 역시 마르크스주의의 분석 방법을 무비판적으로 수용하지도 않았고, 결코 계급투쟁을 통한 해방을 지향하지도 않았다. 사실 해방신학 논란은 이론적인 문제가 아니라 '반공주의'와 '국가 안보' 이데올로기에 편승한 기득권 세력에 대한 저항을 둘러싼 실천적인 논란이었다고 말하는 게 옳다.

그럼에도 1984년 당시 한국 천주교 주교회의가 성명을 발표해 "그리스도인들은 '해방신학'이라는 이름에 편승하는 마르크스주의적 분석을 경계해야 한다. 성서와 교의를 순전히 정치적으로 해석하고, 성서의 가난한 사람들과 마르크스의 무산자들을 혼동하며, 폭력적인 계급투쟁으로써 진정한 개혁을 지체시키는 것은 교회의 정통 신앙에서 일탈하는 것이다. 그것은 다만 정신적인 파멸 위에 새로운 빈곤과 예속을 가져올 뿐이다."라고 말한 것은 당시 한국 교회가 얼마나 해방신학에 대한 오해를 거듭하고 있었는지 알 수 있게 한다. 당시는 전두환 정권이 관제 언론을 동원해 교황청 훈령의 일부 측면을 확대 해석해 천주교정의구현전국사제단 등 정치 참여에 나서는 사제들에 대한 파상 공세를 펼치고 있는 상황이었다.

그렇지만 정작 교황 요한 바오로 2세는 그 후 2년 동안 라틴아메리카 주교들과 많은 토론을 거친 뒤에 브라질 주교에게 편지를 보내 해방신학이 깊은 신학적 숙고를 통해 새로운 무대를 열었으며, "시의적절하고 유용한 신학"이라고 밝혔다. 그 결론이 1986년 신앙교리성에서 뒤이어 발표한 〈자유의 자각〉에 실려 있다. 이 두 번째 훈령은 '가난한 이를 선호하는 사랑'을 통한 '교회의 해방 사명'을 잘 드러낸다.

"억압을 당하고 자유를 갈망하는 이 시대 인간의 고뇌에 응답하고자 하는 교회의 결의는 확고하다. 사회의 정치적 경제적 운영은 교회의 직접적인 사명은 아니다. 그러나 주 예수께서는 양심을 밝혀 줄 수 있는 진리의 말씀을 교회에 맡기셨다. 교회의 생명인 하느님의 사랑이 고통받는 모든 사람과 더불어 진정한 연대를 이루라고 교회를 재촉한다. 교회의 구성원들이 이러한 사명에 충실할 때에, 자유의 근원이신 성령께서는 그들 안에 머무르실 것이고, 그들은 자기 가정에서 그리고 자기가 일하고 살아가는 모든 곳에서 정의와 평화의 열매를

맺게 될 것이다." —〈자유의 자각〉 61항

엘살바도르에서 해방신학을 공부한 평신도 신학자 김근수는 "프란치스코 교황은 〈복음의 기쁨〉 등에서 한 번도 해방신학에 대해 직접 언급하지 않았지만, 내용적으로는 해방신학의 긍정적인 면을 줄곧 드러내고 격려하고 있다."고 말했다. 사실상 모든 신학은 '해방적'이어야 한다. 그리스도교 신앙이 고백하는 하느님은 히브리 노예들을 해방시키신 분이기 때문이다. 그분에 대한 학문이 '신학'이라고 할 때, 자본주의 사회에서 노예처럼 사는 이들에게 '해방'의 메시지를 전달하지 못한다면, 이미 신학이 아니다. 프란치스코 교황도 "하느님은 모든 형태의 노예적 삶에서 해방되기를 원하신다."고 하지 않았던가. 이제 해방신학은 한 대륙의 신학이 아니라, 우리에게도 해방의 전갈로 다가온다.

요한과 요한 바오로,
'공의회' 성인과 '교황' 성인

같지만 서로 다른 두 교황, 성인이 되다

프란치스코 교황은 2013년 7월 5일 첫 회칙 〈신앙의 빛(Lumen Fidei)〉을 발표했다. 이 회칙은 전임 교황 베네딕토 16세가 2005년에 발표했던 〈하느님은 사랑이십니다〉, 2007년의 〈희망으로 구원된 우리〉를 이은 '믿음에 관한 삼부작' 회칙의 완결판이다. 이 회칙은 베네딕토 16세 교황이 사임하기 직전에 완성한 초고에 프란치스코 교황이 "몇 가지 생각을 덧붙여" 완성한 것이다. 베네딕토 교황은 가톨릭교회가 처한 '위기'를 직감하면서 제2차 바티칸 공의회 개막 50주년이 되는 2012년 10월 11일에 시작하여 2013년 11월 24일 그리스도왕 대축일까지 '신앙의 해'로 선포했다. 그리고 신앙의 해를 마무리 짓기 전에 사임함으로써 이 모든 과업은 고스란히 프란치스코 교황에게 위임한 셈이다. 프란치스코 교황은 〈신앙의 빛〉을 발표하면서, 동시에 교황 요한 23세와 교황 요한 바오로 2세를 성인으로 선포했다. 시성식은 2014년 4월 27일 바티칸 성 베드로 광장에서 거행되었다.

가톨릭교회는 순교자 또는 높은 성덕을 지니고 죽은 이들 가운데 선정된 인물을 일정한 심사를 거쳐 성인품에 올려 왔다. 성인이 되면, 미사 경본과 성무일도 기도문에 그 이름이 들어가고, 동방과 서방 교회 모두의 전례력에 축일이 지정된다. 성체 행렬에서 성인의 유해를 공경하고, 성화를 그릴 때 천국의 영광스러운 빛을 가진 인물로 묘사할 수 있게 된다. 요한 23세 성인 교황의 축일은 제2차 바티칸 공의회 개막일인 10월 11일, 요한 바오로 2세 성인 교황의 축일은 그의 교황 즉위일인 10월 22일로 정해졌다. '교회사적 전환'을 이룬 제2차 바티칸 공의회를 소집한 요한 23세 교황은 1963년 6월 3일 선종한 뒤 37년 만에 시복되고, 50년 만에 시성된 셈이다. 그러나 제2차 바티칸 공의회에 대해 다른 시선을 품고 있던 요한 바오로 2세 교황은 2005년 4월 2일 선종한 뒤 6년 1개월 만에 획기적으로 시복되고, 9년 만에 시성되었다. 이는 교황 베네딕토 16세가 엄정하고 객관적인 조사를 위해 해당자가 죽은 뒤 5년간 시복 절차를 추진하지 못하도록 규정한 관례를 깨고 서둘러 요한 바오로 2세의 시복 절차에 돌입했기 때문이다. 결국 두 교황의 동시 시성은 두 가지 서로 다른 신앙관의 절묘한 결합처럼 보인다.

철학자 알프레드 노스 화이트헤드는 "서구 세계가 카이사르가 정복한 그리스도교를 받아들였을 때, 그리고 카이사르의 법률학자들이 편집한 서구 신학의 텍스트를 받아들였을 때, 겸손을 모토로 하는 소박한 갈릴래아의 신앙관은 여러 시대에 거치면서 수그러들었다. 반면에 이집트와 페르시아 및 로마제국 지배자들의 형상에 따라 만들어진 하느님에 대한 뿌리 깊은 맹목적 숭배는 계속 유지되었다. 교회는 오로지 카이사르에게만 속하는 속성들을 하느님께 갖다 붙였다."고 말한 바 있다. 그리고 가톨릭교회는 황제에게 속한 것을 교황에게 적용했다. 이를 두고 독일 신학자 카를 라너는 '제국교회'라 이름 붙였다. 제2차 바티칸 공의회는 가톨릭교회에서 '제국교회'적 관행과 시각에서 탈피해 갈릴래아의 예수를 닮은 소박한 교회로 가려는 교회 개혁의 출발점이었다.

요한 23세 교황과 제2차 바티칸 공의회
"거룩한 고립 상태에서 벗어나자"

그전까지 교황은 제1차 바티칸 공의회(1869~1870)가 선언한

'교황의 무류권'을 지닌 절대군주처럼 행동했다. 교황이 주교 선출과 임명권을 독점하고, 교리 해석 등 모든 권한은 바티칸에 집중되었다. 또한 가톨릭교회야말로 '완전한 사회'라는 믿음으로 모든 세속 제도와 종교 제도의 수호자임을 강조하고, 진부한 교리문답을 되풀이하면서 성인 숭배와 유물에 대한 의식주의(儀式主義)와 헌신을 강조했다. 결국 가톨릭 신자들은 교회권력의 지배에 복종하거나, 아니면 교회를 떠나갔다. 종교개혁 당시 에라스무스는 성직자들이 삶의 모든 문제에 대해 권위적인 답을 갖고 있는 것은 아니라고 강조하며, 교황직에서 정치성을 배제함으로써 교황직의 도덕적 권위를 회복하기를 앞질러 요청했다. 당시 교회는 공감보다 훈계를 좋아하는 심판자로서의 교회였다. 신학상의 사소한 문제를 꼬치꼬치 따지는 것보다 그리스도 중심적인 교회를 원했던 에라스무스는 이렇게 말했다.

"여러분이 성부와 성자로부터 유래되는 성령이 한 몸이신 성부나 성자에게서 나온 것인지, 아니면 성부와 성자 두 분에게서 나온 것인지 알지 못한다고 벌을 받지는 않을 것입니다. 하지만 여러분이 성령의 열매인 사랑, 기쁨, 평화, 친절, 선량, 인내, 성실, 겸손, 절제, 순결 등을 위해 애쓰지 않는다면 벌을 면할 수는 없을 것입니다."

요한 23세 교황은 제2차 바티칸 공의회를 열면서 공의회가 신학적인 토론장이 되기를 원하지 않았다. 그는 개막 연설에서 "주교들은 이제 더는 최후의 심판을 알리는 예언자가 되지 말고 이 세상에 자비의 치료약을 제공하자."고 말함으로써, 프란치스코 교황이 〈복음의 기쁨〉에서 교회는 상처 많은 세상에서 아픈 삶의 현장으로 달려가는 '야전병원'이 되어야 한다고 말한 것과 비슷한 이야기를 꺼냈다. 교회가 '철저히 세속적이면서도' 짐짓 세상 문제에 무심한 듯이 나뭇가지 위에 걸려 있는 '거룩한 고립 상태'에서 벗어나야 한다는 게 요한 23세의 생각이었다.

한편 요한 23세는 15세기의 콘스탄츠 공의회와 바젤 공의회에서 천명한 것처럼, 초대 교회로 돌아가 교회가 교회의 모든 구성원과 권한을 공유하는 원칙을 재확인했다. 이러한 생각은 '교회는 하느님 백성'이라는 말로 표현되었다. 제2차 바티칸 공의회 이후 지역 주교들은 더 많은 자율성을 갖게 되었고, 평신도들은 교회의 일에 더 많이 참여하게 되었다. 라틴어는 토착어로 대체되었고, 종교적 자유와 문화적 다양성이 존중되었다. 또한 가톨릭 교회가 가난한 이들에게 특별한 관심을 가질 것이 강조되었으며, 다른 종교 및 세상과 대화할 임무가 주어졌다.

이후 교회는 '세속 권력으로부터 받은 특권들'을 원치 않으며, 교회의 정당한 권리들이라도 그것을 사용하는 것이 교회의 복음적 신실성에 의문을 던지는 것이라면 거부할 준비를 갖추었다. 이후 교황들은 교황의 대관식을 거부하고 '즉위 미사'로 대체했으며, '짐', '전하', '각하' 등 제국교회에서나 사용할 만한 권위적인 용어들을 폐기해 나갔다. 물론 교황직은 '친교와 일치의 반석'으로서 특별한 역할을 맡는 것으로 재확인되었지만, 몸체로서 주교들의 중요성이 재천명됨으로써 힘의 균형을 회복했다. 이는 로마 바티칸 중심의 중앙집권적 태도에서 벗어나려는 것이었다. 이에 따라 대륙과 지역교회의 주교회의가 강조되었고, 주교들의 정기적인 자문회의인 시노드(Synod, 세계 주교 대의원회의)를 신설했다. 공의회는 시노드가 입법 기능을 갖는 상임의회로 발전하기를 바랐다. 유럽 교회 중심이었던 공의회에서 미국과 라틴아메리카, 아시아 교회 등은 중요한 역할을 하지 못했지만, 공의회의 영향을 가장 직접적으로 받았다. 미국 주교회의에서 평신도와의 협의는 관례화되었고, 금육과 연옥을 강조하던 이전 교회와 대조적으로 미국 교회는 무엇보다도 자비와 정의, 공동체에 관심을 두게 되었다.

공의회의 영향이 극적으로 표출된 곳은 라틴아메리카였다. 브라질, 칠레, 페루를 중심으로 변화를 보이기 시작한 라틴아메리카 교회는 1968년 메데인 주교회의에서 가난한 이들을 위해 온 힘을 쏟기로 결정했다. 주교들은 '제도화된 폭력'을 사회악이라고 비판하며, 종속이론에 기초해 민족해방운동에 참여하기 시작했다. '가난한 이들에 대한 교회의 우선적 선택'은 11년 뒤에 멕시코의 푸에블라에서 열린 주교회의에서 재확인되었다. 교회가 민중운동에 참여하는 과정에서 수많은 사제와 수녀와 교리교사들이 군사정부에 의해 암살당했다. 이 새로운 순교에 이어 가난하고 억압받는 이들의 해방을 강조하는 해방신학이 등장했고, 성경을 의식화 도구로 사용한 교육 방법이 개발되었으며, 그리스도인으로서 증거 행위를 통해 사회 변혁을 꾀하는 수많은 민중의 '기초공동체'가 건설되었다. 한국 교회도 민주화운동에 적극 참여했고, 그 시기에 천주교정의구현전국사제단이 출범해 유신독재에 맞서 싸웠다.

제2차 바티칸 공의회에 대한 다른 해석, 요한 바오로 2세 교황

그러나 1978년 요한 바오로 1세 교황의 갑작스러운 선종 이후 교황직에 오른 요한 바오로 2세 교황의 등장은 제2차 바티칸 공의회에 대한 재해석을 요구했다. 착좌 직후에 멕시코를 방문한 요한 바오로 2세는 기꺼이 군중과 함께 노래하고 박수치고 춤추는 인민주의자의 모습을 보여 주었다. 교황은 쉴 새 없이 전 세계를 순회하면서 거리낌 없이 인권 옹호를 부르짖음으로써 교회 내 진보 세력에게 투사로 추앙받았지만, 한편에서는 사제들과 수녀들이 정치에 직접 개입하지 말고 주교들에게 순명하라고 당부했다. 사제와 수도자들이 가난한 이들을 돕는 것은 당연하지만, 사회적 행동주의에 빠지면 안 된다는 것이었다. 그는 인권을 옹호했지만 교회 구성원의 권리를 옹호하는 데는 주춤거렸다. 서로 어울릴 것 같지 않은 인권 옹호와 교회 안의 순종이 그의 인격 안에서 무리 없이 통합될 수 있었다는 것은 놀라운 일이다. 이처럼 교황의 사회론과 별개로 그의 교회론은 공의회 이전의 '절대군주제로서의 교회 모델'에 가까웠다. 이러한 태도는 교회 밖의 군사독재에 저항하는 과정에서 교회 내 민주화를 추진했던 라틴아메리카 교회의 경험과 다른 것이었다. 요한 바오로 2세의 모델은 폴란드 교회였다. 폴란드 교회는 공산 정권에 대항하는 과정에서 신자들에게 교계 제도에 대한 절대적 충성을 요구했고, 또 그러한 충성을 받았다. 그는 로마 중심의 가톨릭이야말로 부패하지 않는 진리를 제공한다고 믿었다. 그래서 "순종하라, 그러면 구원을 받을 것이다."라는 슬로건을 내세울 수 있었다.

  요한 바오로 2세 교황은 단일 정부가 아니라 단일한 신앙으로 통일된 유럽을 원했다. '인권'은 그토록 자비로운 심성을 지녔던 교황이 내세우던 중요한 구호 중 하나였지만, 일차적 권리는 언제나 종교의 자유, 더 구체적으로 가톨릭교회의 권리였다. 그의 강론과 연설문, 회칙 등에서 쉽게 찾아볼 수 있듯이, 교황은 냉혹하고 퇴폐적이며 물질주의적인 자본주의에 몹시 의구심을 품고 있었다. 그는 물질적 소유에 관심이 없었고, 매우 영성적이며, 아이들과 가난한 이들을 사랑했다. 또한 지칠 줄 모르고 교회에 봉사하며 때로는 교회에 적대적인 정부도 위험을 무릅쓰고 방문하곤 했다. 그러나 그가 경험한 것은 폴란드와 로마뿐이었기에 숱한 여행 중에도 다른 민족들의 사회문화적 특성을 이해하기는 무척 어려웠다.

그는 지식인이었지만 다른 편협한 지식인들처럼 대중에 대한 경멸감이 없었으며, 동정녀 마리아에 대한 숭배와 성인들에 대한 찬양, 종교적 행렬에 대한 열광을 잘 이해하고 있었고, 민중의 집단적 목소리를 대변하는 가톨릭 상징들을 사제들이 잘 이용할 수 있음을 알고 있었다. 그는 교황에 대한 대중적 열광을 통해 자신이 요구하는 바를 관철하는 방법도 터득했다.

라틴아메리카 교회와 사회 문제에 대한 전문가였던 페니 러녹스는《로마 교황청과 국제정치》(한국신학연구소, 1996)에서 요한 바오로 2세 교황에게 가장 골치 아픈 교회는 브라질 교회였다고 전한다. 이러한 교황의 태도 때문에 가장 먼저 고통을 경험한 교회는 브라질 교회였다. 로마 교황청은 브라질 교회를 그토록 힘차게 만든 해방신학과 기초 공동체를 문제 삼았다. 민중 지향적인 것은 받아들일 수 있었지만, 아래로부터 탄생하는 자율적이며 수평적인 교회는 받아들이기 힘들었다. 교황은 브라질 교회가 제2차 바티칸 공의회가 추구하던 개혁을 너무 멀리까지 밀고 나갔다고 판단했다. 교황청이 '지배 계급처럼' 제2차 바티칸 공의회의 성과인 '지역교회의 권한'을 축소하려고 하자 지역교회의 많은 주교와 성직자들이 볼멘 목소리를 냈지만, 정작 논쟁을 불러일으킨 것은 브라질의 신학자 레오나르도 보프였다. 그는 《교회: 카리스마와 권력》이라는 책에서 가톨릭이 직면한 문제는 '교회 안의 인권'이라고 밝혔다. 교회는 인권을 선포하는 세계의 '양심'이지만, 교회가 자신의 구조 안에서 인권을 실천하지 않으면 '자기의 대들보는 보지 못하면서 다른 이의 눈에 들어 있는 티끌을 보는 교회'라는 비판을 받게 될 것이라고 선언했다. 그리고 보프는 교회가 가난한 이들 속에서 새롭게 태어난다는 해방신학자 구스타보 구티에레즈의 입장을 지지했다.

아마 보프가 민중에 대한 당파성만을 주장했다면 1984년에 교황청의 심문을 받지 않았을 것이다. 그가 가난한 이들을 위한 세상뿐 아니라 '가난한 이들에 의한 교회'에 대해 언급하자, 교황청은 그의 말문을 막았다. 그러나 요한 바오로 2세 교황 이후에 나타난 진보적 신학자에 대한 교황청의 제재는 보프 심문 사건에 그치지 않았다. 보프를 심문했던 당시의 신앙교리성 장관이었던 라칭거 추기경(베네딕토 16세 교황)은 스힐레벡스와 한스 큉의 입도 틀어막았다. 이브 콩가르를 비롯해 이들은 대부분 제2차 바티칸 공의회의 신학자들이다.

그럼에도 대부분의 종교인들은 왜 교회 내 인권을 논해야 하는지 잘 묻지 않았다. 선교사들조차 제3세계의 사회적 고통을 치유하느라 바빠서 교회 내에 도사린 무력한 이들의 고통과 권력화는 돌아볼 겨를이 없었기 때문이다. 실제로 가톨릭교회의 성직자들과 신학자, 수도자, 그리스도인들은 세상의 구조를 변혁하고 정치권력에 저항하는 것보다 교회권력에 저항하는 것을 더 어렵게 여긴다. 교황 한 사람의 견해가 전 세계 가톨릭교회에 전일적으로 적용된다고 할 때, 사뭇 상황이 서로 다른 지역교회는 본래 의도와 상관없이 복음을 저버릴 위험이 있다. 이를테면 요한 바오로 2세처럼 신자들이 자신의 반공주의 노선을 따르기 원할 때, 이는 1970년대 이후 수십 년 동안 제3세계에서 군사독재를 유지해 오던 나라에서는 우익 정권에 대한 지지를 뜻하곤 했다.

장엄한 행사를 통해 굳어진 확신 "교황은 옳다"

페니 러녹스에 따르면, 요한 바오로 2세 교황 재임 시 교황청에 가장 큰 영향력을 행사해 온 것은 독일 교회였다. "미국 교회 다음으로 부유한 독일 교회는 재정적으로 취약한 바티칸에서 유연한 미국 교회와 달리 재정적 근육을 사용할 줄 아는 교회였다."고 페니 러녹스는 말한다. 특히 쾰른의 요제프 회프너 추기경은 1987년에 선종할 때까지 바티칸의 재정을 관장했다. 그리고 라칭거 추기경은 교황청에서 회프너 추기경의 손발이 되어 주었다. 한스 큉에게서 가톨릭신학의 교수 자격을 박탈한 것뿐 아니라,

메츠 역시 그의 '정치신학'이 라틴아메리카의 해방신학을 고무했다는 이유로 처벌했으며, 여기에 격노한 예수회 신학자 카를 라너가 〈나는 항의한다〉는 글을 썼지만, 라너 역시 라칭거 추기경의 블랙리스트 안에 들어갔다.

1981년에 발표된 요한 바오로 2세 교황의 회칙 〈노동하는 인간〉에 대해서도 말이 많다. 교황은 이 회칙에서 자본에 대한 노동의 우위를 역설하고, 작업장에서의 민주주의를 어느 노동조합 지도자보다 잘 표현하고 있다. "교회와 그리스도인들이 새롭고 다양한 공헌을 하고 있는 노동운동은 새로운 세계 질서를 건설할 책임을 져야 하는 자신의 당연한 역할을 요구하고 있다. 만일 우리가 정말로 인간의 선의 관점에서 모든 사회문제를 보려고 한다면, 인간의 노동은 그 문제들을 해결하기 위한 열쇠다. 아마도 없어서는 안 될 열쇠일 것이다." 그러나 이 인간 평등의 원리를 교회 안에 적용시키는 것은 거부했다. 종교학자인 폴 레이크랜드는 이를 두고 "교회를 구성하고 있는 커다란 부분들(여성들, '참견하기 좋아하는' 신학자들, 라틴아메리카 교회, 은퇴한 사제들, 사제가 되기를 원하는 기혼 남성들 및 여성 사제를 지망하는 사람들)을 취급하는 교회의 태도를 보면, 그동안 교회가 선포해 온 것의 진정성에 의문을 지니게 된다."고 비난했다. 이 점에 대해 레오나르도 보프는 "제도교회가 권력 유지에 관심이 많지만, 그리스도는 약함과 권력 없음을 당신 메시지의 토대로 삼았다."면서, "그리스도를 따르는 사람은 권위에 대한 복종 때문이 아니라 그의 설득력 있는 사랑의 메시지 때문에 그분을 따랐던 것"이라고 말했다.

그러나 일반 대중에게 요한 바오로 2세 교황의 인기가 대단했던 것은 사실이다. 이는 교황이 1978년 교황에 된 뒤로 바티칸에 숨어 있지 않고, 104차례에 걸쳐 해외 순방 길에 올라 129개국을 방문하는 과정에서 빚어진 것이다. 젊어서 아마추어 배우 생활도 했으며, 생전에 극장을 사랑했던 요한 바오로 2세는 장엄한 행사를 선호했다. 몇 차례에 걸쳐 베드로 대성전에서 열린 장엄 예식의 준비를 영화감독인 프랑코 제피렐리에게 맡길 정도였다. 1985년 베네수엘라의 카라카스에 방문했을 때는 꽃으로 뒤덮인 높은 피라미드 꼭대기에서 열린 옥외 미사가 제일 중요한 행사였다. 이런 미사에서는 늘 수많은 행상들이 교황의 모습이 그려진 티셔츠나 수건, 초상화 들을 팔았으며, 기업주들은 교황을 광고로 이용했다. 이를 두고 많은 진보적 신학자들은 교황이 장엄한 행사를 통해 교황권을 강화하려고 방문한 것이라며 볼멘 목소리를 냈다. 그러나 교황은 자신을 둘러싼 수많은 군중이 환호하는 모습을 지켜보면서 "교황은 옳다."는 확신을 다져 갔다.

다수의 언론은 프란치스코 교황이 요한 23세와 요한 바오로 2세 교황을 동반 시성한 것을 가톨릭교회 안의 진보와 보수, 좌익과 우익에 대한 균형감 있는 배려의 결과라고 평가했다. 교회 안의 다양한 입장을 가진 세력들을 다독거리면서, 교황이 바라는 교회 개혁과 '새로운 복음화'로 '천천히 그러나 분명하게' 교회를 개혁하려는 세심한 발걸음이라는 것이다. 실제로 아르헨티나 교회의 베르골료 추기경, 프란치스코 교황은 요한 바오로 2세 교황처럼 물욕이 없으며 재치 있고 발랄하며 소박하다. 가난한 이들을 사랑하며 그들의 해방을 후원한다. 한편 요한 23세 교황처럼 로마 중심주의에서 자유로우며, 성직자들의 출세주의와 관료주의를 혐오한다. 그리고 겸손하고 개혁적이다. '땅 끝에서' 로마로 온 교황, 프란치스코는 지역교회를 충분히 신뢰한다. 그래서 교황청 개혁 자문단을 꾸리면서 교황청 관료들이 아닌 지역교회에서 두루 인재를 호출했다. 그가 요한 바오로 2세와 요한 23세 교황을 성인품에 올리면서 "따뜻한 사목자의 시선으로", "가난한 이들에 대한 우선적 선택"과 "교회의 민주화"에 대한 갈망을 현실로 조금씩 옮기고 있다.

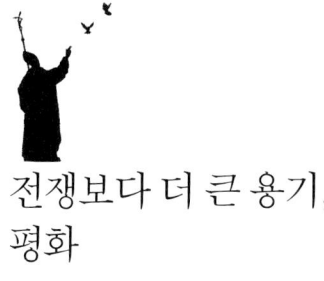

전쟁보다 더 큰 용기, 평화

팔레스타인을 이스라엘보다 먼저 방문한 교황

프란치스코 교황은 2013년 9월 1일, 성 베드로 광장에 모인 신자들과 함께 정오 삼종기도를 바치면서 시리아의 내전 종식과 평화를 위해 9월 7일을 '시리아와 중동과 전 세계의 평화를 위한 단식과 기도의 날'로 선포했다. 이날 교황은 이렇게 호소했다.

"사랑하는 형제자매 여러분, 오늘 저는 세상 모든 곳에서, 모든 민족과 한 인류 가족, 그리고 우리 한 사람 한 사람의 마음속에서 커져 가는 고뇌와 더불어 점점 드높아지는 외침에 저의 목소리를 보태고자 합니다. 이는 평화를 향한 외침, 힘주어 부르짖는 외침입니다. 우리는 평화로운 세상을 바랍니다. 우리는 평화의 사람들이 되고자 합니다. 분열과 분쟁으로 찢기고 갈라진 우리 사회 안에 하루 빨리 평화가 자리하기를 바랍니다! 전쟁은 결단코 안 됩니다!"

교황은 "사람들이 저마다 무기를 내려놓고 평화를 염원하고 평화로 나아가기를" 기원했다. 교황은 러시아 상트페테르부르크에서 열리는 G20 정상회담을 앞두고도 주최국인 러시아 푸틴 대통령에게 서한을 보내 대화와 협상을 통한 시리아 내전 종식을 촉구했다.

2014년 사흘 예정으로 중동을 방문한 프란치스코 교황은 첫날인 5월 24일 제일 먼저 요르단 수도 암만으로 가서, 요르단으로 피난 온 시리아와 이라크 난민들을 만났다. 이 자리에서 교황은 "전쟁을 원하는 사람들, 무기를 만들고 파는 모든 사람이 회개할 수 있도록 주님께 기도를 드린다."고 말했다. "우리는 모두 평화를 원한다. 그러나 전쟁의 비극을 바라보며, 이처럼 많은 사람이 상처받고 고국을 떠나 고통받는 것을 보면서 나는 누가 이 사람들에게 무기를 팔았는가 생각하게 된다."고 안타까운 심경도 드러냈다. 교황은 시리아 난민들을 받아들여 준 요르단 정부에 대해 감사를 표시하며, "이 모든 증오와 악행의 뿌리는 돈에 대한 사랑"이라고 지적하며, 시리아의 내전 사태가 빨리 해결될 수 있도록 국제 사회가 협조해 달라고 부탁했다.

교황은 다음 날인 25일 요르단을 출발해 제일 먼저 팔레스타인 지역인 서안 지구 베들레헴으로 직행해 팔레스타인 자치정부 마무드 아바스 수반의 환영식에 참석했다. 이전 교황들이 이스라엘의 텔아비브를 거쳐 팔레스타인 지역으로 들어갔던 관례를 깨는 일이었다. 당시 바티칸 당국이 만든 공식 프로그램 책자에서 아바스 수반을 팔레스타인 국가의 '대통령'으로, 베들레헴 수반 관저를 '대통령 궁'으로 적어 놓음으로써 팔레스타인을 '국가'로 승인한 셈이다. 여전히 이스라엘이 팔레스타인 지역에 대한 통제권을 장악하고 있지만, 2012년 11월 유엔 총회에서는 1967년 전쟁으로 이스라엘이 점령한 서안 지구, 가자 지구 및 동예루살렘 등 '팔레스타인 국가'를 비회원 옵서버로 인정했다. 교황은 미사를 집전하기 위해 구유광장으로 가는 길에 세 면에 걸쳐 베들레헴을 둘러싸고 있는 콘크리트 분리장벽 앞에서 내려 담장에 이마를 대고 잠시 침묵의 기도를 드렸다. 이스라엘은 분리장벽이 이스라엘 사람들을 보호하기 위해 안보상 어쩔 수 없다는 입장이지만, 팔레스타인 사람들에게는 차별과 배제의 장벽이다. 교황은 팔레스타인 국기와 바티칸 국기가 나부끼는 광장에서 미사를 마치고 텔아비브로 이동하기 전에 20여 분 동안 팔레스타인 난민 캠프도 방문했다.

교황은 이스라엘을 제일 마지막에 방문했다. 전날 팔레스타인에 전적인 지지를 표명한 데 보상이라도 하듯이, 26일에는 홀로

코스트와 테러로 숨진 유대인의 추모지를 참배했다. 야드 바셈 홀로코스트 메모리얼에 방문한 교황은 희생자 유골당 앞에서 기도한 뒤 '기억의 홀'에서 화환을 바쳤다. 이어 홀로코스트에서 생존한 여섯 명의 유대인들 손에 일일이 입을 맞추고 나서, 그들이 나치 시절 겪은 이야기를 경청했다. 교황은 이 자리에서 "주님, 여기 우리는 당신 자신의 형상으로 창조된 인간들이 자행한 일 때문에 몸 둘 바를 모르고 부끄러워하고 있습니다."라고 말함으로써, 600만 명이 희생된 홀로코스트에 대한 분명한 비판적 태도를 보여 주었다. 이는 2009년 독일 출신의 베네딕토 16세 전임 교황이 보여 준 애매한 태도와 비교된다. 프란치스코 교황은 유대인들이 신성한 기도를 올리는 통곡의 벽에서도 기도를 했으며, 이스라엘의 요청으로 테러 희생자 추모관을 들렀다. 이 자리에 참석한 베냐민 네타냐후 이스라엘 총리는 교황에게 베들레헴에 콘크리트 장벽을 세운 이유를 해명했다.

순방 이후에 프란치스코 교황은 시몬 페레스 이스라엘 대통령, 마무드 아바스 팔레스타인 자치정부 수반, 그리스 정교회 총대주교인 바르톨로메오 1세와 유대교, 가톨릭, 이슬람교 신자 등을 6월 8일 바티칸 정원에 초대해 '중동 평화를 위한 합동기도회'를 열었다. 이 자리에서 이스라엘과 팔레스타인 지도자들에게 중동 평화 정착을 위해 용기를 보여 달라고 촉구했다. 교황은 전쟁 때문에 너무 많은 어린이가 숨졌다면서 "이런 순수한 죽음들에 대한 기억이 평화적 대화와 공존을 위한 모든 작업에 인내와 용기와 힘을 불어넣어 줄 것"이라고 말했다. 이어 "평화를 정착시키는 것은 전쟁을 하는 것보다 더 큰 용기가 필요하다."고 전했다. 합동기도회를 마치면서 교황은 이스라엘 페레스 대통령과 아바스 팔레스타인 자치정부 수반과 더불어 평화의 상징인 올리브 나무를 심었다.

'전쟁의 부재' 넘어선 정의의 실현이 '평화'

프란치스코 교황은 권고문 〈복음의 기쁨〉이 사회교리 문헌이 아니라고 밝혔지만, '공동선과 사회 평화'의 장을 따로 마련했다. 여기서 교황은 "평화는 단순히 '힘의 불안한 균형으로 전쟁만 피하는' 것이 아니다. 평화는 하느님께서 원하시는 질서, 더욱 완전한 정의를 인간 사이에 꽃피게 하는 질서를 따라 하루하루 노력함으로써 얻어지는 것"이라고 말한다.

"사회 평화는 사회의 일부가 다른 이들에게 강요하여 얻은 화친이니 단순한 폭력의 부재로 이해되어서는 안 됩니다. 평화가 가난한 이들을 침묵시키거나 구슬리는 사회구조를 정당화하려는 구실로 쓰인다면 이는 거짓 평화입니다. 이러한 사회구조에서 기득권을 누리는 이들은 그들의 생활 방식을 거리낌 없이 고수할 수 있는 반면에, 다른 이들은 어떻게든 살아남으려고 애써야 합니다. 부의 재분배, 가난한 이들의 사회 통합, 인권에 대한 사회의 요구를 배부른 소수를 위한 잠시뿐인 평화나 허울뿐인 서면 합의를 이룬다는 구실로 짓누를 수 없습니다. 인간 존엄성과 공동선은 자신의 특권을 좀체 포기하지 않으려는 이들의 안위보다 훨씬 드높은 것입니다. 이 가치들이 위협받을 때 예언자적 목소리를 드높여야 합니다." ―〈복음의 기쁨〉 218항

프란치스코 교황이 세계 평화를 위해 내놓은 기준 가운데 '시간이 공간보다 위대하다'는 원칙이 특별히 팔레스타인을 공간적으로 점령하고 있는 이스라엘에게 주는 시사점이 크다. 교황은 〈복음의 기쁨〉에서 "사회 정치 활동에서 보는 잘못들 가운데 하나는 공간과 힘을 시간과 진전보다 더 중시하는 것"이라며 "공간을 우선시한다는 것은 자신을 내세우는 권력이 공간들을 독점하고 모든 것을 현재에 가두어 두려는 무모한 시도"라고 비판했다. 교황은 "우리에게 필요한 것은 사회 안에서 새로운 진전의 열매를 맺도록 다른 사람들이나 단체들과 함께하는 활동들을 우선시하는 것"이라고 말했다. 또한 '일치가 갈등을 이긴다'는 원칙도 의미심장하다. 교황은 "갈등 앞에서 어떤 사람은 그냥 바라보다가 아무 일도 없는 것처럼 제 길을 가거나 갈등 속에 들어가 포로가 된 채 방향 감각을 잃고 그들 자신의 혼동과 불만을 제도에 투

사하여, 일치를 불가능하게 만든다."고 지적했다. 여기에 교황은 제3의 길을 제시하는데, "갈등을 받아들여 해결하고, 이를 새로운 전진의 연결 고리로 만드는 것"이라며 "행복하여라, 평화를 이루는 사람들!"(마태 5, 9)이라는 성경 구절을 덧붙였다. 한편 이런 평화는 '협상'이 아니라, "다양성을 인정한 가운데 이루어지는 화해"임을 강조했다. 덧붙여 교황은 2012년 콩고 주교회의가 발표한 국가 안전 상황에 관한 메시지를 제시했다.

"우리의 민족적 다양성이 우리가 가진 부요(富饒)입니다. …… 오로지 일치를 통하여, 마음의 회개와 화해를 통하여, 우리는 우리나라를 발전시킬 수 있을 것입니다."

두 차례의 세계대전을 경험한 제2차 바티칸 공의회의 교부들 역시 〈사목헌장〉(Gaudium et Spes, 1965)을 통해 평화 문제에 관해 단호한 입장을 표명하고 있다. 인류는 참된 평화를 찾아 새로이 회심해야 하며, 평화의 건설자들은 "하느님의 아들이라 불릴 것이므로"(마태 5, 9) 행복하다고 선언한 복음의 메시지가 새로운 빛을 발하게 된다고 말한다. 따라서 공의회는 "진실하고 숭고한 평화의 뜻을 해명하며 전쟁의 야만성을 단죄하고, 평화의 주 그리스도의 도우심으로 정의와 사랑에 뿌리박힌 평화를 확립하고 평화의 수단을 강구하기 위해 모든 사람과 협력하도록" 열렬히 호소한다. 프란치스코 교황도 언급했듯이, 〈사목헌장〉은 평화는 단순히 전쟁의 부재만이 아니며 정의의 실현이라고 강조한다. 하느님께서 인간들에게 당부한 더 완전한 정의가 실현되는 것이 평화라는 것이다. 그리고 이 평화는 한 번에 얻어질 수 없으므로 언제나 꾸준히 건설해야 한다고 말한다.

"지상의 평화는 이웃에 대한 사랑에서 생겨나며 하느님 아버지에게서 나오는 그리스도의 평화의 모습이며 결실이다. 육화하신 성자께서는 평화의 임금으로서 당신 십자가를 통하여 모든 사람을 하느님과 화해시키시고 한 백성, 한 몸 안에서 모든 사람의 일치를 회복시키셨으며, 당신 육신 안에서 미움을 죽이시고, 부활하시어 영광을 받으시고, 사랑의 성령을 모든 사람의 마음속에 부어 주셨다. 그러므로 모든 그리스도인은 사랑 안에서 진리대로 살면서(에페 4, 15 참조) 참으로 평화를 사랑하는 사람들과 일치하여 평화를 찾아 건설하기를 간절히 바란다.

권리를 옹호함에 있어 폭력을 쓰지 않고 약자에게도 가능한 방위 수단을 택하는 사람들을 동일한 정신으로 칭찬하지 않을 수 없다. 단, 그 방위수단이 타인이나 타 공동체의 권리와 의무를 침해하지 말아야 한다. 인간은 죄인인 한, 전쟁의 위험이 인간을 위협하고 또 그리스도께서 다시 오실 때까지 그러하겠지만, 인간이 사랑으로 결합되어 죄를 극복한다면, 폭력도 극복할 수 있을 것이다. 그때에는 '나라마다 칼을 쳐서 보습을 만들고 창을 쳐서 낫을 만들리라. 민족들은 칼을 들고 서로 싸우지 않을 것이며, 다시는 군사 훈련도 하지 아니하리라'(이사 2, 4)고 하신 성경의 말씀이 채워질 것이다." ―〈사목헌장〉 78항

공의회에서는 "전쟁 행위는 모두 다 하느님과 인간 자신을 거역하는 범죄이므로 단호히 단죄하기를 주저하지 말아야 한다."고 강력히 말하며, 힘의 균형을 위해 필요하다고 역설하는 군비 경쟁도 진실한 평화의 길이 아니며 오히려 전쟁 요인만 증대된다고 보았다. 실제로 군비 경쟁은 인류의 막심한 상처이며 또한 가난한 사람들을 견딜 수 없게 해치는 일이라고 선언한다.

"우리는 그릇된 희망에 속지 말아야 한다. …… 현대가 지닌 불안의 소용돌이 속에 현존하는 그리스도의 교회는 이렇게 경고하면서도 굳은 희망을 버리지 않는다. 교회는 현대를 향하여, 기회야 좋든지 나쁘든지 몇 번이고 되풀이하여 바오로 사도의 메시지를 전하며, 마음을 고치기 위하여 '지금이 바로 그 자비의 때이며 오늘이 바로 구원의 날'(2코린 6, 2)이라고 외치고자 한다." ―〈사목헌장〉 82항

도로시 데이와 토머스 머튼의 '그리스도교 평화주의'

요한 23세 교황의 회칙 〈지상의 평화〉와 제2차 바티칸 공의회의 〈사목헌장〉에 가장 큰 영향을 끼친 인물을 꼽으라면 도로시 데이와 토머스 머튼을 지나칠 수 없다. 1933년 가톨릭일꾼운동을 창립한 도로시 데이는 제2차 바티칸 공의회가 시작된 1963년에 '평화를 위해 일하는 어머니'들과 함께 로마 순례를 떠나 요한 23세 교황을 알현했다. 공의회 마지막 회기인 1965년에는 제2차 바티칸 공의회에서 모든 전쟁에 반대하는 '평화주의 선언'을 발표해 달라고 청원하며 로마에서 열흘간 단식했다. 도로시 데이는 "예수가 제일 먼저 행한 기적은 가나의 혼인 잔치에서 행한 기적이었으며, 배고픈 군중에게 빵을 먹이신 기적이었고, 예수가 마지막으로 행한 기적은 예수를 체포하려는 사람들에게 맞서서 베드로가 그들 가운데 한 사람에게 입힌 상처를 치유하신 것이었다."고 말했다. 예수는 "칼을 치워라. 칼을 쓰는 사람은 칼로 망하는 법이다."라고 날카롭게 명령하셨는데, 도로시 데이는 그 말씀이 베드로에게만 하신 것이 아니라 예수를 따르는 모든 이에게 하신 말씀이라고 전했다.

도로시 데이와 가톨릭일꾼운동의 평화주의는 중립 노선을 달리지 않았다. 히틀러가 유대인을 탄압하자 뉴욕의 가톨릭일꾼들은 1935년 부둣가로 달려가 독일의 정기 여객선인 브레멘호 앞에 모인 시위대에 합류했다. 독일 대사관 앞에서 시위하고, 호소문을 통해 "미국의 환대를 원하는 유대인들에게는 자유롭게 들어올 수 있도록" 나라의 문을 열어야 한다고 주장했다. 그러나 이러한 호소는 정책에 반영되지 않았고, 특별히 운이 좋은 사람만 입국 허가를 받을 수 있었다. 대부분은 유대인 수용소에서 죽임을 당했다. 한편 도로시 데이는 인종 차별과 나치의 사악함을 알고 있었으나, 전쟁을 수단으로 하여 악과 싸운다는 생각에는 동의하지 않았다.

세계대전에 미국이 참전하고 나서도 가톨릭일꾼운동은 전쟁에 줄기차게 반대했고, 그 영향을 받은 젊은이들은 전쟁터에 나가지 않고 교도소나 시골의 노동 단지에서 일을 했다. 어떤 사람은 무장하지 않는 위생병으로 군복무를 하기도 했다. 그리고 〈가톨릭일꾼〉 신문은 프란치스코 성인이 길들인 늑대 옆에 서 있는 그림과 함께 "승리 없는 평화"라는 말을 곁들여 계속 실었다. 〈가톨릭 양심적 반대자〉라는 신문도 발간했다. 이러한 입장은 애국적인 사람들에게는 배신자처럼 느껴졌고, 많은 주교들에게는 곤란한 일이었다. 그러나 도로시 데이는 전쟁 중이라고 해서 우리의 적을 사랑하고 우리를 저주하는 사람들에게 선행을 하라는 의무에서 벗어날 수 있는 것은 아니라고 주장했다. 도로시 데이는 거듭 말했다. "우리 삶의 법칙은 애덕(愛德)의 일을 하는 것이다." 도로시 데이는 가톨릭일꾼운동의 애덕활동을 평화운동과 따로 떼어 놓을 수 없다고 생각했다. '가난한 이들을 위한 놀라운 애덕활동을 평화주의로 더럽히지 마라'는 비난이 쏟아져 들어오자 이렇게 응수했다. "우리가 굶주리는 이들에게 먹을 것을 주는 데 반해 전쟁은 기아를 가져다주었고, 우리가 괴로워 우는 이들에게 위로를 가져다주는 데 반해 전쟁은 비참과 폐허를 가져왔다. '지극히 작은 내 형제'들에게 해 준 것은 무엇이든, 친절이든 폭력이든 그분께 직접 해 드린 것과 마찬가지라는 점에서 가치 있는 것이다."

한편 토머스 머튼은 1961년부터 신문 〈가톨릭일꾼〉에 '전쟁의 뿌리는 두려움'이라는 연재물을 투고하기 시작했다. 이 글은 1962년에 4월에 《포스트 그리스도교 시대의 평화(Peace in the Post-Christian Era)》라는 책으로 묶여 나올 예정이었다. 그러나 토머스 머튼이 소속해 있던 트라피스트 수도원의 돔 가브리엘 소르테스 총원장이 전쟁과 평화에 대한 글을 쓰지 말라는 지시를 내렸다. 결국 토머스 머튼은 책의 원고를 등사본으로 만들어 비밀리에 돌리게 되었는데, 훗날 바오로 6세 교황이 된 밀라노의 몬티니 추기경도 받아 볼 수 있었다. 또한 1962년 12월에는 공의회 토의 자료로 교황청에 사본이 들어갔으며, 중요한 내용들이 1965년에 발표된 제2차 바티칸 공의회의 문헌인 〈사목헌장〉에 반영되었다. 이를테면 "도시 전체나 광범한 지역과 그 주민들에게 무차별 파괴를 자행하는 모든 전쟁 행위는 하느님을 거스르는 범죄이다. 이는 확고히 또 단호히 단죄받아야 한다."(80항)라고 했으며, 또한 공의회에서는 "양심의 동기에서 무기 사용을 거부하는 사람들의 경우를 위한 법률을 인간답게 마련하여, 인간 공동체에 대한 다른 형태의 봉사를 인정하는 것이 마땅하다."(79항)는 내용도 포함되었다. 사목헌장의 이러한 내용은 이미 1963년 초에 요한 23세 교황이 발표한 회칙 〈지상의 평화〉를 통해 확인된 것이었다.

빌라도의 제국주의, 예수의 비폭력 평화주의

이와 관련해 예수의 예루살렘 입성에서 죽음과 부활까지를 다룬 마커스 보그와 존 도미니크 크로산이 지은 《마지막 일주일》(다산초당, 2012)에 담겨 있는 내용은 주목할 만하다. 서기 30년 어느 봄날 예루살렘에 입성하는 두 행렬이 있었다. 이날은 그리스도인들이 성지주일로 기념하는 유월절 첫날이었다. 첫 번째 행렬은 예루살렘 동쪽에서 당나귀를 타고 추종자들의 환호를 받으며 올리브 산을 내려오고 있는 예수의 일행이었다. 예수는 나자렛 출신으로 농민들의 지지를 받으며 줄곧 하느님 나라를 선포해 왔다. 그들은 갈릴래아에서 남쪽으로 100마일 정도 떨어진 예루살렘을 향해 여행을 해 왔다. 맞은편 서쪽에서는 이두메와 유대와 사마리아를 다스리는 로마 총독 본디오 빌라도가 예루살렘에서 서쪽으로 60마일 떨어져 있는 가이사랴 해변을 출발해 제국의 기병대와 보병들을 거느리고 예루살렘으로 들어오고 있었다. 이 책에서는 이 광경을 두고 "예수의 행렬은 하느님 나라를 선포하는 것이었으며, 빌라도의 행렬은 제국의 권력을 과시하는 것이었다."고 적었다. 유대교의 중요한 절기들에는 수많은 대중이 순례하기 때문에, 로마 총독은 그 기간에 예루살렘에 머무는 게 관행이었다. 빌라도가 이끌고 온 군대의 임무는 유대교 성전과 성전 뜰이 내려다보이는 곳에 위치한 안토니아 요새에 상주하는 주둔군을 지원하는 일이었다. 제국의 군대가 입성하는 모습은 이렇게 묘사되었다.

"말을 탄 기병들, 보병들, 가죽 갑옷, 투구들, 병기들, 깃발들, 깃대 위에 앉은 황금독수리들, 금속에 반사되어 빛나는 태양, 그 소리는 또 어떤가? 행군하는 군화 소리, 가죽이 스치면서 삐걱거리는 소리, 말고삐가 쩔렁거리는 소리, 진군의 북소리. 먼지의 소용돌이. 말없이 응시하는 눈, 호기심을 가지고 보는 눈, 놀라움으로 바라보는 눈, 분노로 이글거리는 눈."

로마의 '제국주의 신학'에서 황제는 단순히 로마의 지배자가 아니라 하느님의 아들이었다. 이런 신학은 기원전 31년부터 기원후 14년까지 로마를 다스린 아우구스투스 황제와 함께 시작되었다. 그의 아버지는 그의 어머니 아티아에게서 그를 낳게 한 아폴로 신이었다. 전해지는 비문에 따르면, 그는 지상에 평화를 가져다준 '하느님의 아들'이며 '주님'이며 '구원자'였다. 죽은 뒤에도 하늘로 올라가 신들 사이에서 영원히 머무는 것이 목격되었다고 전해진다. 예수가 활동한 14년부터 37년까지 로마의 황제였던 티베리우스도 그중에 하나였다. 그러므로 빌라도의 위압적인 행렬은 '힘에 의한 평화'를 과시하는 제국의 신학을 잘 보여 주고 있다. 그들은 황제의 탄생뿐 아니라 황제 자신이 '복음'이라고 선포했다.

그런데 예수의 행렬은 어떠한가? 예수는 마치 계획된 정치적 퍼포먼스처럼 '한 번도 멍에를 매지 않은' 어린 나귀를 타고 추종자들과 같은 눈높이에서 교감하며 그들이 벗어 놓은 겉옷을 밟고 지나간다. 예수는 즈카르야 예언자의 상징을 사용하고 있다.

"딸 시온아, 한껏 기뻐하여라. 딸 예루살렘아, 환성을 올려라. 보라, 너의 임금님이 너에게 오신다. 그분은 의로우시며 승리하시는 분이시다. 그분은 겸손하시어 나귀를, 어린 나귀를 타고 오신다. 그분은 에프라임에서 병거를, 예루살렘에서 군마를 없애시고 전쟁에서 쓰는 활을 꺾으시어 민족들에게 평화를 선포하시리라. 그분의 통치는 바다에서 바다까지, 강에서 땅 끝까지 이르리라." (즈카르야 9, 9~10)

마태오 복음에서는 예수의 예루살렘 입성을 두고 직접 즈카르야 예언서를 인용해 "딸 시온에게 말하여라. 보라, 너의 임금님이 너에게 오신다. 그분은 겸손하시어 암나귀를, 짐바리 짐승의 새끼, 어린 나귀를 타고 오신다."(마태 21, 5)고 전한다. 예수의 행렬이 선포하는 평화의 임금은 더는 전차와 말이 필요 없도록 전쟁을 추방하고 평화를 선포할 것이다. 그러나 예수의 행렬 맞은편에서 일어나고 있는 빌라도의 행렬은 제국의 권력과 폭력을 상징했다. 교회는 도로시 데이와 토머스 머튼, 요한 23세 교황이 이미 전했고, 제2차 바티칸 공의회가 선포했듯이, 무력에 의한 평화를 반대한다. 양심적 병역 거부를 지지하며, 십자가에 사람을 못 박는 폭력이 아니라, 스스로 십자가를 짊어지시는 비폭력을 통해 평화를 이루고자 한다. 이것은 폭력을 용인하는 것이 아니라, 폭력을 자비로 대함으로써 폭력의 '극악함'을 폭로하고, 그 적개심을 증발시켜 버리려는 하느님의 마음이다. 그리스도인은 빌라도의 '황제'인 하느님이 아니라 예수의 '아빠'인 하느님을 믿는다.

시류를 거스르는 예수처럼, '복음의 기쁨'을

넝마주이의 수레를 제단 삼아 거리 미사를 봉헌하는 추기경

"성직자가 빠질 수 있는 가장 큰 유혹은 목자가 아니라 관리자가 되는 것"이라고 말하는 프란치스코 교황은 성직자든 평신도든 누구나 '밖으로 나가는 일'이 가장 중요하다고 말해 왔다. 교황은 부에노스아이레스의 대주교 시절부터 "교회가 교구의 일을 처리하는 데 급급하면 교회가 곰팡이가 피고 습기로 눅눅해진 밀폐된 방에 사는 것과 같다."고 말해 왔다. 일종의 편집증과 자폐 증상을 보이는 교회를 비판한 것이다. 그는 밖에 나가서 고통받는 교회가 병든 교회보다 낫다는 입장인데, "다른 양을 찾아 나서지 않는 교회는 우리 안에 있는 양의 털만 매만져 주는 미용사일 뿐"

이라고 말했다. 그가 최종 문서의 책임을 맡았던 〈아파레시다 문헌〉이 '선교하는 교회'를 강조한 것처럼, 그에게 복음을 전하는 것은 사목자로서 가장 중요한 책무였다.

프란체스카 암브로게티 등과 나눈 인터뷰에서 프란치스코 교황은 교황청 국무원장을 역임한 안토니오 카사롤리(Antonio Casaroli) 추기경이 수단을 입고 서류가방을 든 채 버스를 타고 주말마다 소년원을 방문했다는 이야기를 들려주었다. 이런 행보는 자칫 교황청에 매몰되어 관료화되지 않도록 추기경이 스스로를 돌보는 일이었다. 요한 23세 교황은 당시 카사롤리 추기경에게 소년원에 방문하는 일을 "절대로 그만두지 마라."고 했다는데, 요한 23세 교황 역시 베네치아의 대주교로 있을 때, 수시로 '응달 아래의 의식'을 행했다. 이것은 나무 그늘이나 식당 처마 아래에서 백포도주 한 잔을 마시면서 교구 신자들과 대화를 나누는 일이었다. 실제로 요한 23세 교황은 베네치아 교구장 시절에 누구나 사전에 정해진 약속 시간이나 의전 절차를 밟지 않고도 주교관에 들어갈 수 있도록 했으며, 물의 도시 베네치아에 어울리게 자가용 모터보트가 아니라 곤도라 같은 대중교통을 이용하며 사람들과 격의 없이 만나는 것을 즐겼다. 특히 성 마르코 광장 근처에 있는 카페에 앉아 비노비앙코 한 잔을 하든지 카날레 그란데 부둣가에 있는 계단에 걸터앉아 곤돌라 사공들과 정담을 나누었다. 마르게라의 공장에 찾아가 산업재해를 당한 노동자들을 위해 미사를 봉헌했고, 교구장으로 재임한 5년 동안 공단 지역에 무려 30개의 본당을 세웠다.

프란치스코 교황은 거리에서 사람들과 어울리지 않는다면 교회가 부패한다고 믿었다. 실제로 프란치스코 교황은 베르골료 추기경 시절에 우리나라의 대한문 앞이나 서울 시청 앞 광장과 마찬가지인 부에노스아이레스 도심에 있는 콘스티투시온 광장에서 넝마주이의 수레를 제단 삼아 거리미사를 봉헌하는 등 '바깥으로 나가는 사목'을 중요하게 여겼다. 그뿐 아니라 2008년부터 이 콘스티투시온 광장에서 '인신매매 희생자'를 위한 미사를 집전해 왔다. 이 미사에는 불법 이민자들과 매춘으로 희생된 여성들의 어머니들이 참석했다. 추기경은 이렇게 거리 미사만 봉헌한 것이 아니라 노숙인 구호 활동을 하는 '알라메다 재단'에 '개인적으로' 후원했다. 종교 지도자들이 교회나 기관 차원에서 시민 단체를 지원하는 경우는 종종 있지만, 개인 차원에서 후원하는 경우는 많지 않다. 알라메다 재단은 노숙인들을 돌보았을 뿐 아니라 강제 노역을 고발하고, 인신매매 퇴치 활동을 벌여 왔기 때문에 늘 범죄 조직의 위협 속에 있었다. 그래서 추기경은 미사 강론을 통해 '현대판 노예 제도의 폐해'에 대해 강력히 고발하곤 했다. 더 흥미로운 것은 이 알라메다 재단이 가톨릭 단체가 아니었다는 점이다. 이 사실을 재단 관계자가 추기경에게 알렸지만, 추기경은 오히려 "그게 무슨 상관입니까? 제가 어떻게 도와드리면 좋겠습니까?"라고 반문했다. 교회 사목자의 사목 대상은 신자만이 아니라는 것이다. 추기경에게는 세례를 받지 않았더라도 지역 주민 모두가 하느님의 자녀였기 때문이다. 교회와 사목에 대한 이런 교황의 생각이 가장 잘 드러나는 것은 〈복음의 기쁨〉이라는 교황의 권고다.

그러나 〈복음의 기쁨〉에 친밀하고도 장엄하게 선포된 내용은 이미 프란치스코 교황이 선출된 2013년 콘클라베 예비 모임에서 그가 강연한 내용의 해설판이었다. 교회가 나아갈 방향에 대한 청사진을 제시한 그의 강연은 예비 모임에 참석한 다른 추기경들에게 커다란 감명을 주었고, 그가 교황으로 선출되는 데 결정적인 영향을 미쳤다. 당시 베르골료 추기경은 "복음화는 교회가 존재하는 이유"라고 밝히면서, "교회는 복음화를 위해 자기 자신 안에서 나와 밖으로 나가려는 열망을 포함한다."고 말했다. 죄와 고통, 불의와 종교적 배제, 온갖 비참한 현실 가운데로 나가야 한다는 것이다. 교회가 자기중심주의에 빠져 있으면 교회는 병들고, "예수님을 자기 안에 가두고, 그분이 밖으로 나가시지 못하게 막는다."고 지적했다. 그런 교회는 "오직 서로 얼굴에 금칠하기 바쁘다."면서, 교회 개혁을 호소했다. 그는 추기경들에게 "새 교황은 예수 그리스도에 대한 묵상과 흠숭(欽崇)을 통해, 교회가 자기 안에서 나와 소외된 곳으로 갈 수 있도록 돕고, '복음화'라는 감미롭고 위안을 주는 기쁨으로 사는 풍요로운 어머니가 될 수 있도록 돕는 사람이기를 바란다."고 말했다. 이 강연을 마치고 며칠 후 열린 콘클라베 본회의에서 프란치스코 교황은 자신이 그 일을 떠맡아야 한다는 사실을 받아들였다.

복음의 기쁨, 교회 개혁에 대한 강력한 요구

이처럼 2013년 11월 24일자로 발표된 프란치스코 교황의 사도적 권고 〈복음의 기쁨〉은 새삼스러운 것이 아니었다. 이 권고문은 '그리스도교 신앙의 전수를 위한 새로운 복음화'를 주제로 한 2012년 10월 세계 주교 대의원 회의의 요청에 따라 작성되었지만, 프란치스코 교황의 사목적 관심사가 응축되어 있는 문헌이다. 교황은 "이 권고를 통해 저는 그리스도인들이 이 기쁨으로 두드러진 새로운 복음화 단계로 들어서도록 격려하면서, 앞으로 여러 해 동안 교회가 걸어갈 새 길을 제시하고자 한다."고 1항에서 미리 밝히고 있다. 이 점에서 〈복음의 기쁨〉은 교황이 바라보는 가톨릭교회의 비전을 이해하는데 가장 중요한 문헌이다.

한편 기존의 교황 문헌들은 신학적 용어와 외교적 언사로 가득 차서 평범한 사람들이 읽기에 늘 난해하다는 느낌을 주곤 했는데, 프란치스코 교황은 마치 앞에 사람을 두고 강론을 하고 있는 것처럼 〈복음의 기쁨〉을 "단순하고 친숙하고 직접적인 언어"로 썼다. 2014년 5월 10일 대전가톨릭대학교에서 열린 〈복음의 기쁨〉 학술 세미나에서 김유정 신부는 "이는 교황의 깊은 사목적 감각에 기인한다."고 말했다. 교황은 이론적인 체계를 세우기 위해서가 아니라, 모든 교회 구성원들과 대화하는 가운데 구체적이고 실천적인 열매를 바라며 이 권고를 썼다는 것이다.

이 자리에서 김유정 신부는 '복음의 기쁨'이 '교회 쇄신'에 대한 강력한 요구를 담고 있으며, 오늘날 세계에 대한 예언자적 성찰을 시도하고 있다고 밝혔다. 실제로 교황은 특유의 친숙한 언어로 '복음화'를 위해 필요하다면 교회의 전면적인 구조 개혁과 쇄신이 필요하다는 파격적 발언을 서슴지 않았다. 교황은 필요하다면 본당이나 교구뿐 아니라 '교황직까지' 개혁할 필요가 있다고 강력히 말했다.

"교회의 관습과 행동 양식, 시간과 일정, 언어와 모든 교회 구조가 자기 보전보다는 오늘날 세계의 복음화를 위한 적절한 경로가 될 수 있기를 바랍니다. 사목 쇄신을 요구하는 구조 개혁은 이러한 의미에서만 이해될 수 있습니다. 곧 모든 구조를 더욱 선교 지향적으로 만들고, 모든 차원의 일반 사목 활동을 한층 포괄적이고 개방적인 것으로 만들며, 사목 일꾼들에게 '출발'하려는 끊임없는 열망을 불러일으켜, 예수님께서 우정을 맺도록 부르신 모든 이에게서 긍정의 대답을 이끌어 내는 것입니다." —〈복음의 기쁨〉 27항

또한 교회는 참된 복음화를 위해 "세상을 복음적으로 식별할 뿐 아니라 성령의 움직임을 선택하고 악한 영의 움직임을 거부하는 실천으로 나아가야 한다."고 역설한다. 교황은 "우리 시대의 현실에 대해 상세하면서도 완전하게 분석하는 것이 교황의 직무는 아니"라고 하면서도, 교회가 "시대의 징표를 주의 깊게 살피도록" 권고한다. 특히 불평등을 영속시키며 인간이든 환경이든 연약한 대상을 '먹어 치우는' 세계 경제 시스템과 자유 시장의 '독재'를 비난하는 데 많은 지면을 할애하고 있다.

김유정 신부는 '복음의 기쁨'이라는 제목이 무슨 뜻인지, 이 문헌에서 열세 번이나 언급되고 있는 바오로 6세 교황의 회칙 〈현대의 복음 선교〉를 인용해 설명했다.

"우리의 열정을 되찾고, '눈물을 흘리며 씨를 뿌려야 할 때에도 즐거움과 위안을 주는 복음화의 기쁨'을 되찾고, 이를 더욱 키우도록 합시다. '때로는 불안 속에서 때로는 희망 속에서 무엇인가를 찾고 있는 현대 세계에 기쁜 소식을 전하는 이들이, 낙심하고 낙담하며 성급하고 불안해하는 선포자가 아니라, 그리스도의 기쁨을 먼저 받아들여 열성으로 빛나는 삶을 살려는 복음의 봉사자가 되기를 빕니다.'"
―〈현대의 복음 선교〉 80항

프란치스코 교황은 "복음의 기쁨은 예수님을 만나는 모든 이의 마음과 삶을 가득 채워 준다."며 "예수님께서 주시는 구원을 받아들이는 사람들은 죄와 슬픔, 내적 공허와 외로움에서 벗어나게 된다."고 말한다. 또한 탐욕스러운 마음과 고립된 정신에 갇혀 있는 사람들은 "자기 자신의 이해와 관심에만 갇혀 있기 때문에 다른 사람을 위한 자리가 없다."고 말했다. 이런 사람들에게는 "가난한 이들이 들어오지 못하고, 하느님의 목소리를 더 들을 수 없고 그분 사랑의 고요한 기쁨을 느끼지 못하며 선행을 하고자 하는 열정도 식어 버린다."고 전했다. "이는 품위 있고 충만한 삶을 위한 선택이 아니고, 우리에게 바라시는 하느님의 뜻도 아니고, 부활하신 그리스도의 마음에서 솟아오르는 성령 안에서 사는 삶도 아니다."라는 게 교황의 생각이다. 그래서 교황이 요구하는 것은 "풍요로운 우정으로 꽃 피우는 하느님 사랑과 새롭게 인격적으로 만남으로써, 자신의 고립감과 자아도취에서 벗어나는 것"이다.

교황은 "그리스도의 사랑이 우리를 다그칩니다."(2코린 5, 14)라는 바오로 성인의 말처럼, 받은 사랑을 다른 이들에게 전달하기 위해 나서라고 촉구한다. "해방을 맛본 사람은 누구나 다른 이들의 요구에 더욱 민감해지기" 때문이다. 그래서 참으로 즐기는 사람은 "자신의 안위를 제쳐 두고 다른 이들에게 생명을 전해 주려는 열정에 불타오른다."고 교황은 말한다. 이런 사람들에게 주어지는 것이 '영원한 새로움'이다. 하느님은 "당신을 믿는 이들을,

나이에 상관없이, 늘 새롭게 하시기" 때문이다. 예수 그리스도 역시 '영원한 복음'이며 그분의 풍요와 아름다움은 다함이 없다고 교황은 말한다.

"주님께 바라는 이들은 새 힘을 얻고, 독수리처럼 날개 치며 올라갑니다. 그들은 뛰어도 지칠 줄 모르고, 걸어도 피곤한 줄 모릅니다." (이사야 40, 31)

거리에서 멍들고 상처받고 더러워진 교회

교황은 자신이 직접 편집과 집필 과정에 참여한 제5차 라틴아메리카 주교회의의 《아파레시다 문헌》(2007년)을 인용하며, 라틴아메리카 주교들이 "수동적으로 가만히 교회 건물 안에 앉아서 기다릴 수만은 없다."고 말한 것처럼, 교회 역시 "단순한 현상 유지를 넘어 참으로 선교하는 사목으로" 옮아 갈 필요가 있다고 말한다. 그리고 이 선교 활동이야말로 "무한한 기쁨의 원천"이라고 선언했다. 그래서 교황은 〈복음의 기쁨〉을 통해 세상을 향해 출발하고, 뛰어들고, 함께 기며, 열매 맺고, 기뻐하는 교회를 요청했다. 교황은 "문 밖에서 백성들이 굶주릴 때, 예수께서는 끊임없이 '어서 저들에게 먹을 것을 내어 주라'고 가르치셨다."면서 "안온한 성전 안에만 머무는 고립된 교회가 아니라 거리로 뛰쳐나가 멍들고 상처받고 더러워진 교회를 원한다."고 말했다.

교황이 믿는 교회는 "통행료를 받는 곳이 아니라, 하느님께서 머무시는 집"이기에 모든 사람을 위한 자리가 마련되어 있어야 한다. 성체도 "완전한 자들을 위해 내리시는 상이 아니라, 약한 자들을 위해 주시는 강력한 치료제요 영양제"라면서 "성사를 향해 나아가는 문은 어떤 경우에도 닫혀서는 안 된다."고 권고했다. 교황은 이 시대의 요구를 무시한 채 전례와 교리에만 "과시적으로 집착하는 것"을 경계하면서 교회를 "바깥을 향한 존재"로 규정한다.

그 연장선상에서 〈복음의 기쁨〉은 사회문제와 관련해 "가난한 이들과 연대하고 평화를 촉진하는 것이야말로 선교적 교회가 되기 위한 구성적 요소"라고 강조하며, 배제와 불평등의 사회를 비판하고 "오늘날은 경쟁과 적자생존의 법칙에 지배되고 있으며, 힘 있는 사람이 힘없는 사람을 착취하고 있다."고 비판했다. 이처럼 사회에서 배제된 사람은 "사회의 밑바닥이나 변방에 속한 것이 아니라 사회의 일원도 아니며, 버려진 잉여가 되었다."고 고발했다. 이러한 차별과 배제와 불평등을 낳는 자유 시장 경제를 '우리 시대의 우상'으로 지목하는 교황은 "하느님은 모든 형태의 노예 상태에서 해방되길 원하신다."고 말했다.

〈복음의 기쁨〉이 교회와 세상에 대해 급진적인 것은 신앙의 원천인 '예수'가 급진적이기 때문이다. 교황은 "성령으로 충만한 복음 선포자는 두려움 없이 성령의 활동에 자신을 열어젖히는 복음 선포자"라고 장엄하게 선언했는데, "성령께서는 담대하게, 큰 소리로, 언제 어디서나, 또한 시류를 거슬러, 복음의 새로움을 선포할 힘을 불어넣어" 준다고 말했다. 이 복음의 새로움은 나를 변화시키고 교회를 변화시키고 하느님의 발판인 이 세상을 변모시킨다. 그런데 이 성령은 "말만이 아니라 삶으로" 하느님 나라를 선포한 예수의 영이다.

시대의 징표를 읽고 응답하는 교회

교회가 성령의 힘에 사로잡혀 '세상을 위한 구원의 성사'가 되기로 작심하고, 교회 자신과 세상의 복음적 변혁을 위해, 교회 울타리를 박차고 나가 교회 안에 '신선한 세상의 바람'을 불어넣고, 세상과 소통하며, 세상 안에서 하느님 나라를 맛보려고 변신을 시도한 가장 탁월한 역사적 사건은 제2차 바티칸 공의회(1962~1965)였다. 프란치스코 교황이 자신의 사목적 청사진을 제시한 〈복음의 기쁨〉은 공의회를 소집했던 요한 23세 교황의 성령에 의한 교회 개혁 의지를 담고 있다. 요한 23세는 공의회를 앞두고 발표한 소집 서한에서 "이번 공의회는 교리나 교회법을 다루지 않고 먼저 세계의 문제와 교회를 바라보되, 시대의 징표에 제대로 응답해야 한다."고 밝혔다. 교리 논쟁이 아니라 사목 대안을 마련하자는 것이다.

1962년에 열린 제2차 바티칸 공의회 개막식에서 교황은 "교회의 가르침이란 박물관의 보물처럼 보존해야 할 것이 아니라 우리 시대가 요구하는 대로 탐구하고 해석해야 할 것"이라고 천명했다. 이제 교회는 세상을 단죄하고 가르치는 심판관이 아니라, 측은지심(惻隱之心)을 갖고 어머니다운 모습을 가져야 하며, 이제 모든 신자가 일치하고, 다른 교회와 일치하고, 모든 종교와 일치하려는 희망을 가져야 한다고 말했다. 교황은 이 공의회가 "성령의 갑작스러운 이끄심"에 의한 것이었다며, 공의회 회기를 시작할 때마다 세비야의 주교학자 성 이시도로가 지은 '성령의 기도'를 바쳤다.

"성령이여,
당신의 이름으로 특별히 결합되어 모인 우리에게 오사
우리와 함께하소서.
우리 행동의 인도자가 되사
우리가 나아갈 길을 밝혀 주시고, 해야 할 바를 일러 주소서.
당신의 도우심을 입어
우리가 하는 모든 것이 당신 뜻에 들게 하소서.

우리 머리를 당신의 영감으로 채우사

우리가 의도하는 바를 바로잡아 주소서.

당신은 홀로 성부와 성자와 더불어

빛나는 이름을 지니신 분이기 때문입니다.

당신은 끝없이 정의로우신 분이시니,

우리로 하여금 정의를 거스르지 않게 하소서.

무지로 말미암아 악으로 기울지 말게 하시고,

아첨으로 인하여 동요되지 말게 하소서.

물욕에 더러워지지 않게 하소서.

우리 마음을 강한 힘과 은총으로 당신과 하나 되게 하사

무슨 일을 하든 진리에서 벗어나지 말게 하소서.

당신의 이름으로 결합된 우리로 하여금

당신의 자비와 정의를 따라 판단함으로써

오늘도 우리의 행동이 당신 뜻에 맞게 하사

영원히 복을 누리게 하소서.

아멘."

한국 교회에 대한 제2차 바티칸 공의회의 직접적인 영향은 1966년 3월 5일, 김수환 신부가 마산교구장에 착좌되고, 가톨릭 노동청년회 총재이기도 했던 김수환 주교가 1969년 3월 28일, 추기경으로 서임된 사건이다. 바오로 6세 교황은 추기경 서임 직전

에 미국 보고타에서 새로 서품된 사제와 부제들을 앞에 두고 이렇게 당부했다.

"주여, 여기 있는 새 사제와 부제들을 보소서. …… 우리는 주께 기도드립니다. 그들의 봉사와 그들의 모범으로 이 지방에 가톨릭 신앙을 보존하시고, 새로운 빛이 이 땅을 비추게 하시며, 이 빛이 활동적이고 너그러운 사랑으로 반사되게 하소서. 그들의 증거는 주교들의 증거를 따르고 동료들의 증거를 강화하며, 하느님 백성의 참된 신앙 생활을 기를 줄 알게 하소서. 명철하고 용감한 정신으로 사회정의를 진작시키며, 빈자를 사랑하고 보호하며, 복음적 사랑의 힘과 어머니요 스승인 교회의 지체로써 현대 사회의 요구를 위해 봉사하게 하소서." — 한국 천주교 주교회의 〈사목〉 1968년 11월 9~14쪽 참조

유신정권에 맞선 영적 지도자, 김수환 추기경

당시 제2차 바티칸 공의회 결정에 충실히 응답한 김수환 추기경은 한국 교회에 내려진 축복이었다. 주교와 사제 등 성직자의 자기 변혁을 촉구했던 흐름은 결국 한국 교회가 유신정권에 맞서는 영적 힘으로 작용했다. 원주교구 지학순 주교의 양심선언과 구속 사건은 '천주교정의구현전국사제단'을 탄생시켰고, 김재덕

주교와 두봉 주교, 윤공희 대주교 등이 이들 사제들을 지지하고, 배경이 되어 주었다. 교회가 가장 활력적으로 세상과 소통하던 시절이었다.

가장 위급한 시절에 그 사람의 진면목이 드러나는 법이다. 박정희 대통령이 1971년 12월 6일 '국가 비상사태'를 선언하고, 집권당인 공화당이 대통령에게 비상 대권을 부여하는 '국가보위에 관한 특례조치법'을 국회에 제출하여 통과시키려고 했을 때, 김수환 추기경을 비롯한 한국교회 주교단은 그해 12월 13일부터 왜관 피정의 집에서 정기 총회를 열고 1972년을 '정의평화의 해'로 선포했다. 이를 시작으로 전국 각 교구와 본당에서 사회정의에 관한 교육을 실시하기로 결정했으며, 이 사업을 위해 주교회의에 설치된 '사회정의추진위원회' 위원장을 김수환 추기경이 직접 맡았다. 그해 성탄절 메시지를 통해 김 추기경은 "이 법은 북괴의 남침을 막기 위해서입니까? 아니면 국민의 양심적인 외침을 막기 위해서입니까?"라고 항의하며 '국가보위에 관한 특례조치법'의 반민주적 성격을 비판했다.

천주교 원주교구의 지학순 주교가 '유신헌법 무효'를 주장하며 양심선언을 하고 구속되자, 한국 주교단은 〈1975년 성년 반포에 즈음하여〉(1974. 7. 5)라는 담화문을 발표하여 사목자들이 사회정의에 관한 교회의 가르침을 범교회적 차원에서 교육하고 선전할 것을 촉구했다.

"성년(聖年)은 예로부터 '하느님을 위한 해, 인간을 위한 해, 세계를 위한 해였고, 특히 가난한 사람을 위한 해였습니다.' …… 때문에 교황은 '쇄신과 화해의 호소는 오늘날 도처에서 목격할 수 있는 자유와 정의와 일치와 평화에 대한 가장 절실한 소망과 합치된다'고 천명하셨습니다.

하느님과 진정한 화해를 위해서는 먼저 이웃 사람과의 화해가 이루어져야 합니다. 또한 개인과 단체와 국가는 하느님의 모습으로 창조된 모든 인간의 기본 권리를 존중해야 합니다. 때문에 사회정의를 가르치고, 사회문제 각성에 대한 필요성을 사람들에게 일깨워 주며, 모든 인간의 기본권을 거듭 강조함은 교회의 의무와 책임이며, 특히 교회의 지도자들인 주교들과 성직자들의 책임입니다. 우리들은 성년 동안 모든 신부들과 전교를 담당하는 수도자, 교리교사들이 강론 혹은 교리교육에, 교회에서 가르치는 사회교의와 교황들의 회칙을 가르칠 것을 당부합니다."

한편 김수환 추기경은 주교단의 담화문을 강력히 뒷받침하는 발언을 '국민 기본권을 보호해야 할 공권력'이라는 제목으로 〈사목〉지에 기고했다. 이 글은 특히 불의에 도전하는 양심세력의 신장을 강력히 요청하고 있다.

"오늘날 우리나라에서 절박하게 요구되는 것은 정권 담당자들의 사리와 아집이 아니고 민주적 양심 세력의 신장이다. 시대와 상황에 따라서는 부당하게도 양심 세력이 봉쇄당하는 비극을 보게 되는데 이것이 바로 하느님이 용납하시지 않는 불의이다. 오늘 우리 크리스천들은 그리스도의 뒤를 이어 자기를 바침으로써, 이 불의를 해소하는 일에 부름받고 있다." —〈사목〉 1975년 1월

전두환 정권 때에도 김수환 추기경이 머물던 명동성당은 '민주화 운동의 해방구'였다. 명동성당 들머리에는 늘 도시 빈민들의 농성장이 들어서고, 노동자들과 농민들이 김 추기경을 찾아가 지지와 지원을 호소했다. 당시 명동성당은 각계각층의 사람들이 모여 무엇인가를 주장하고 성토하는 '아고라(agora)'였던 셈이다. 1987년 서울대생 박종철 군 고문치사 사건으로 촉발된 6월 민주화 운동 과정에서도 명동성당은 학생들과 시위 군중의 피난처가 되어 주었다. 당시 김수환 추기경은 명동성당에서 시위대와 경찰이 대치하고 있는 상황에서 "폭력은 폭력을 낳는다."며 학생들에게는 각목과 화염병을 버리라고 이야기하고, 경찰도 최루탄을 쏘지 말라고 요구하며 사태 수습 방안으로 학생들의 안전 귀가를 보장하라고 요구했으나 받아들여지지 않았다. 경찰의 강제 진압 결정을 통보하러 온 정부 고위 당국자에게 김수환 추기경은 역사에 남을 만한 말을 건넸다.

"제가 하는 말을 정부 당국에 전해 주십시오. 경찰이 성당에 들어오면 제일 먼저 나를 만나게 될 것입니다. 그다음 시한부 농성 중인 신부들을 보게 될 것입니다. 또 그 신부들 뒤에는 수녀들이 있습니다. 당신들이 찾는 학생들은 수녀들 뒤에 있습니다. 학생들을 체포하려거든 나를 밟고, 그다음 신부와 수녀들을 밟고 지나가십시오."

그러나 한국 교회뿐 아니라 전 세계적으로 지난 30년 동안 제2차 바티칸 공의회가 불러온 신선한 활력은 점차 가라앉고 말았다. 급기야 교황직 사임으로 낡은 창문을 닫고 프란치스코 교황이라는 새로운 창문을 열어 준 베네딕토 16세 교황은 공의회 개막 50주년을 전후해 '신앙의 해'를 선포하고 '신앙 쇄신'을 다시 부르짖기 시작했으며, 프란치스코 교황은 권고 〈복음의 기쁨〉을 통해 그 물꼬를 더 분명히 열어 주었다. 이 역시 요한 23세 교황이 50년 전에 밝혔던 것처럼 "성령의 갑작스러운 이끄심" 때문이라고 믿는다.

그렇다면 이 모든 영감의 바탕이 된 예수는 누구인지 궁금하지 않을 수 없다. 교황뿐 아니라 모든 그리스도인이 예수를 '주님'으로 고백하고, 그분의 영에 따라 살고 싶어 하지만 정작 그분을 어떻게 이해하고 있는지에 따라 신앙 실천에 뚜렷한 차이가 나타날 것이기 때문이다. 예수가 전한 복음이 누구에게 '기쁜 소식'인지 알아야 교황이 요청하는 '복음화'의 가닥이 잡힐 것이다. 복음서

가운데 제일 먼저 쓰였다는 마르코 복음은 "하느님의 아드님 예수 그리스도의 복음의 시작"이라는 말로 시작한다. 자칫 복음이라는 말이 그리스도교의 전유물처럼 들린다. 과연 그럴까? 그러나 예수 이전에 또 다른 복음이 있었다.

황제와 목수의 아들이 전한 두 가지 복음

로마 역사가 수에토니우스는 예수와 같은 시기에 태어난 아우구스투스 황제에 대한 특별한 잉태 이야기를 전해 준다. 기원전 63년 9월 23일에 태어난 옥타비아누스는 나중에 로마 원로원에서 '존엄자'라는 뜻의 '아우구스투스(Augustus)'라는 칭호를 받은 황제다. 그의 어머니 아티아는 아폴론 신전에서 깊은 잠에 빠져 뱀의 모습을 한 신에 의해 아기를 갖게 되었다고 한다. 같은 시간에 아버지 가이우스 옥타비아누스는 아내의 자궁에서 태양이 떠오르는 꿈을 꾸었다고 한다. 복음서에 따르면 예수는 '성령으로 말미암아'(마태 1, 18) 마리아의 몸에 잉태되었다고 전한다. 그렇다면 아우구스투스 황제 역시 예수처럼 어머니가 신적 기운을 입어 잉태한 셈이다. 베르길리우스의 〈전원시〉에도 하느님의 아들인 왕이 탄생해 황금시대가 도래할 것으로 예언한다.

"이제 동정녀가 자신의 모습을 드러낸다. 그녀와 함께 등장하는 토성의 지배. 높은 하늘에서 내려오는 새로운 인간. 그 아이는 나중에 세상을 다스리며, 타락한 철의 시대를 끝내게 하고, 현세에 찬란한 황금의 시대를 가져다줄 것이다."

마르코 복음서에서 사용한 '복음'이라는 말은 본래 황제의 출생이나 즉위식과 관련된 용어였다. 즉, 로마제국에서 황제를 '하느님의 아들'이라고 부르기도 하고, 세상을 다스리는 하느님이라고도 불렀다. 이런 메시아의 출현을 '복음'이라 부른 것인데, 당시 로마 황제 아우구스투스는 로마제국의 예언을 성취하기 위해 이 땅에 인간의 옷을 입고 등장한 하느님으로 숭배되었다. 기원전 9년 소아시아 도시 연맹(Asian League)은 프리에네(Priene)에서 로마 황제 아우구스투스가 이루어 놓은 업적을 경축하는 다음과 같은 비문을 기록해 놓았다.

"인간을 향한 신의 섭리는 신의 열심을 가지고 아우구스투스를 보내심으로 인생들을 위해 역사적으로 최고 정점의 시간들을 마련해 주었다. 신은 우리와 우리 자손들을 위해 메시아(구세주)를 보내 주었다. 이 메시아(아우구스투스)는 세상의 전쟁을 종식시켰고, 세상의 모든 것을 평화로운 상태로 만들었다. 그가 세상에 등장함으로 이전에 우리 앞에서 '복음'을 주었던 모든 사람이 주었던 소망보다 더 뛰어난 존재가 되었다. 그는 그 앞에 존재했던 은인들보다 더 뛰어났을 뿐만 아니라 미래에 올 어떤 사람도 그가 준 소망보다 더 뛰어난 소망을 남기지 못할 것이다. 그래서 세상을 위한 그의 업적 때문에 '복음의 시작'은 그 신의 생일날(9월 23일)이 되어야 한다. 아시아에서 스미르나가 칙령을 발표했기 때문에 아우구스투스의 생일은 우리 인생의 시작이 되어야 한다. 우리에게 준 행운과 그가 우리에게 준 구원 때문에 아시아에 있는 헬라 도시들은 새해를 아우구스투스의 9월 23일에 시작하기로 칙령을 내린다."

이처럼 로마와 소아시아 백성들이 아우구스투스 로마 황제를 메시아이며 하느님이라고 부르고 있는 상황에서, 그리스도인들은 예수의 탄생과 그분 자신, 그분의 말씀과 행적 모두를 '복음'이라 부르기 시작했다. 곧 그리스도인들이 아우구스투스의 복음이 세상의 시작이라는 메시지에 도전한 것이다. 세상 사람들이 아우구스투스의 복음으로 새로운 시대가 열렸다고 말했지만, 그리스도인들은 예수가 새로운 시대를 열 것이라고 기뻐한다. 결국 예수와 아우구스투스는 출생의 시기와 과정이 엇비슷하며, 평화의 왕으로서 복음을 만방에 전해 줄 신의 아들, 메시아로 추앙받았다. 그러니 그들을 추앙한 사람들은 제가끔 전혀 다른 사람들이었다. 로마와 그 식민지의 모든 권세 있는 자들은 아우구스투스를 따랐겠지만, 식민지 통치 아래에서 고난받던 백성들은 예수를 선택했다. 아우구스투스는 로마의 유력한 가문 출신이었으나 예수의 부모는 가난한 노동자였다. 아우구스투스는 로마를 삼켜 성공한 황제로 천수를 다 누렸으나, 예수는 뼈저린 적빈(赤貧)의 처지에서 복음을 선포하다가 결국 세력가들에게 체포되어 십자가에서 극형을 당한 실패자로 요절했다. 아우구스투스는 군대로 세상을 평정했지만, 예수는 제자들마저 달아난 상태에서 외롭게 죽어 갔다. 한 사람은 세상 사람들이 갈망하는 모든 것을 다 소유했지만, 한 사람은 단벌옷마저 빼앗긴 채 십자가에 매달렸다.

그 출생의 비밀이 사실이든 아니든 중요한 것은 이런 예수를 그리스도로 고백했던 자들이 그리스도인들이었고, 황제를 주님으로 숭배했던 자들은 그리스도교를 박해했다는 사실이다. 그리스도인들은 황제 숭배를 거부하고 예수처럼 외롭지만 고단한 길을 잠잠히 걸어갔다. 심지어 시몬 베유는 그리스도교를 '노예의 종교'라고 말했다. 칼 마르크스는 《헤겔 법철학 비판》 서문에서 "종교는 곤궁한 피조물의 한숨이며 무정한 세계의 감정이고 또 정신을 상실해 버린 현실의 정신"이라고 말했다. 예수가 공적인 생활을 시작하면서 제일 먼저 한 일은 회당에서 이사야 예언서를 읽는 일이었다. 주는 대로 읽는 게 아니라, 바로 두루마리를 펴고 이 구절을 찾아 읽었다.

"주님께서 나에게 기름을 부어 주시니

주님의 영이 내 위에 내리셨다.
주님께서 나를 보내시어
가난한 이들에게 기쁜 소식을 전하고
잡혀간 이들에게 해방을 선포하며
눈먼 이들을 다시 보게 하고
억압받는 이들을 해방시켜 내보내며
주님의 은혜로운 해를 선포하게 하셨다." (루카 4, 18~19)

 예수는 가난한 이에게 '먼저' 기쁜 소식, 곧 복음을 전하는 게 당신의 사명임을 밝힌 것이다. 게다가 "오늘 이 성경 말씀이 너희가 듣는 가운데에서 이루어졌다."고까지 말한다. 그러니, 회당에 모여 있던 바리새파 사람들과 기득권층에서 예수를 벼랑으로 데려가 죽이려 들었던 것이다. 프란치스코 교황은 〈복음의 기쁨〉에서 "복음을 전하겠다는 결심을 불러일으키는 최선의 동기는, 복음을 사랑으로 관상하고 조금씩 찬찬한 마음으로 읽는 것"이라며 "이러한 방식으로 복음을 읽을 때마다 거듭 매료된다."고 했다. 그리고 "예수님의 온 생애, 가난한 이들을 대하시는 그분의 방식, 그분의 몸짓, 그분의 한결같음, 그리고 소박한 일상에서 보여 주신 그분의 관대함, 그리고 마지막으로 그분의 완전한 봉헌, 이 모든 것이 소중하고 우리 인간의 삶에 말을 건넨다."고 전한다. 이처럼 복음은 '배타적인 것은 아니지만' 우선적으로 가난한 이들에게 기쁨을 전한다. 복음은 가난하고 억압받는 남루한 백성들의 상처를 싸매 주기 때문이다.

그러므로 프란치스코 교황이 전한 소식을 통해 우리는 다시 물어야 한다. "나는 복음의 시작을 황제 아우구스투스에게서 시작할 것인가, 아니면 목수의 아들 예수에게서 시작할 것인가?" "아우구스투스의 운명을 사랑할 것인가, 아니면 예수의 운명을 사랑할 것인가?" 그리고 "나는 지금 하느님의 아들을 황제의 모습에서 찾는가, 가난한 사람들의 모습에서 찾는가?"

에필로그

가난하고 외롭고 높고 쓸쓸하니……
사랑으로 슬픔으로

"하느님, 껍데기뿐인 영성과 사목으로 치장한 세속적인 교회에서 저희를 구하소서." 프란치스코 교황의 간절한 기도다. 교황은 교회가 하느님 없는 종교적 겉치레 밑에 감춘 자기중심성에서 벗어나게 해 달라고 애타게 기도한다. 그만큼 그리스도교 교회가 지금 '깊은 영적 세속성'의 늪에 빠져 있기 때문이다. '영적 세속성'이란 "신앙심의 외양 뒤에, 교회에 대한 사랑의 겉모습 뒤에 숨어서 주님의 영광이 아니라 인간적인 영광과 개인의 안녕을 추구하는 것"이다. 교황은 이런 영적 세속성이 교회 안에 스며들면 "다른 모든 세속성보다 더 엄청난 재앙이 될 것"이라고 말한다. 한국 교회만 봐도, 고위 성직자로 갈수록 이런 모습이 너무 분명하게 보여 눈을 감고 싶을 지경이다.

'모년 모월 모시까지 복음화율 몇 퍼센트 달성'이라니, 경제개발계획도 아니고 보험회사 성과 지표를 적어 놓은 것도 아니다. 한국 가톨릭의 교구 사목 지표가 양적 통계에 목매고 있는 현실이다. 알게 모르게 교회에도 효율과 성과에 집착하는 실적주의가 스며들어 있다. 마찬가지로 '빌어먹는 교회'는 포기하고, '벌어먹는 교회'가 되기 위해 성전이 사업장으로 변해 가고 있다. 미국 개신교의 번영 신학이 한국 개신교를 삼켜 버려 '브랜드 교회', '명품 교회'라는 말이 일반화되기 시작하더니, 급기야 한국 가톨릭교회도 '성공하는 교회'를 위해 교회의 물적 자원을 총동원해서 돈을 벌어들이고 인적 자원을 총동원해서 '고객 늘리기'에 열과 성을 다하고 있다. 이 모든 일이 '하느님의 영광을 위해' 이루어진다고 믿는 게 가장 큰 문제다. '교회를 위한 교회' 콘셉트가 대세다.

이 마당에 나타난 프란치스코 교황은 우리에게 과연 은총일까, 걸림돌일까? 가톨릭 신자지만, 사제지만, 주교지만, 추기경이지만 교황의 언행 때문에 심기가 불편한 사람이 생각보다 꽤 많을 것이다. 그러나 교황을 가공 처리하는 사람들도 있다. 어떤 이들은 체 게바라가 '혁명의 아이콘'으로 상품화되고 대중에게 소비되듯이, 교황 역시 브랜드화해서 소비시킬 수 있다고 믿는다. 이들에게 '교황님 말씀'은 그저 '공자님 말씀'일 뿐이다. 교황이 '가난'을 강조했다면, 예전보다 한두 차례 더 보육원이나 장애인 시설에 방문하고, 마음

내키면 수용자들 발을 씻기는 퍼포먼스를 보여 주면 충분하다. "빌어먹을 힘만 있어도 주님의 은총"이라는 슬로건을 내걸고 대규모 수용 시설을 운영하는 꽃동네처럼 말이다. 이처럼 때로 '가난'도 교회 성장을 위한 콘셉트가 될 수 있다. 그러니 프란치스코 교황이 껍데기뿐인 영성과 사목으로 치장한 '대책 없는' 세속적인 교회에서 저희를 구해 달라고 기도할 수밖에 없다. 세월호 사건에서 드러난 '구원파'의 경우에서 여실하게 확인했듯이, 종교 뒤에 숨어 있는 속물성은 구제받을 방법이 없다.

교황이 〈복음의 기쁨〉에서 지적하고 있듯이, "세속성에 빠진 이들은 …… 형제자매의 예언을 거부하며, 문제를 제기하는 이들을 무시하고, 다른 이들의 잘못을 계속 들추어내며 겉치레에 집착한다." (97항) 여기서 교황이 내놓은 해법은 한 가지뿐이다. "교회는 끊임없이 자기 자신에서 벗어나 예수 그리스도를 중심으로 한 사명을 지속하며, 가난한 이들을 향한 투신을 계속해야 한다."는 것이다. 지금은 어쩌면 복음에 충실한 사람이 오히려 외로운 시대인지 모른다. 어쩌면 '예언자'의 반열에 서 있는 프란치스코 교황도 예레미야처럼 내심 교황청에서 외로울지 모르겠다. 시인 백석은 '흰 바람벽 있어'에서 "나는 이 세상에서 가난하고 외롭고 높고 쓸쓸하니 살아가도록 태어났다. 그리고 이 세상을 살아가는데, 내 가슴은 너무도 많이 뜨거운 것으로 호젓한 것으로 사랑으로 슬픔으로 가득 찬다."고 했다. 이 시어가 가슴에 전율을 일으키는 이는 행복하다. 가슴 한편이 젖어 오고, 급기야 '동무'를 만난 기쁨이 스며드는 이는 행복하다. 교황에게 백석의 시 '남신의주 유동 박시봉방(南新義州 柳洞 朴時逢方)을 읽어 주고 싶다.

그 교황이 8월이면 한국에 온다. 그분 얼굴을 직접 볼 수 있을지 나도 모른다. 먼발치에서 보든, 텔레비전으로 보든 그게 중요한 것은 아닐성싶다. 한 하늘 아래 호흡이 닿을 듯한 내 나라에서 그분을 느낄 수 있다는 것만으로도 기쁘다. 프란치스코 교황의 방한 목적은 아시아청년대회 때문이라지만, 의미로 따지자면 서울 광화문 광장에서 열리는 '윤지충 바오로와 동료 순교자 123위' 시복식에 갖는 기대가 더 크다. 교황청 대변인 페데리코 롬바르디 신부는 〈서울주보〉와 가진 인터뷰에서 "교황의 방문은 단지 하나의 이벤트이거나 형식적으로 큰 잔치가 아니다."라고 말했다. 맞는 말이다. 특히 시복식은 "한국과 아시아 전체에 신앙을 증거하는 삶에 대한 열정을 새롭게 한다."고 전했다. 그러나 이번 시복식이 대한민국의 심장인 '광화문'에서 열린다는 것은 또 다른 특별한 의미가 있다.

광화문 일대는 조선 왕조의 상징인 경복궁이 있으며, 일제 강점기에는 조선총독부, 현재는 청와대가 인근에 자리 잡고, 서울시청 역시 이 근처에 있어서 대한민국 권력 구조의 심장이라고 말할 수 있다. 그렇기 때문에 광화문은 권력에 저항하는 민의가 가장 많이 반영된 곳이기도 하다. 2008년 광우병 파동이 일어났을 때 시민들이 촛불을 들고 모였던 곳도 광화문과 서울시청 일대였다. 당시 이명박 정부는 광화문 앞에 컨테이너 박스로 벽을 세우고 시위 군중을 막아, 당시 시민들은 이를 두고 '명박산성'이라고 불렀다. 즉, 광화문은 권력의 중심부이면서 동시에 권력에 저항하는 민주화의 광장이다.

한편 이번 교황 방한은 이사야 예언서에 나오는 "일어나 비추어라"(60, 1)라는 주제로 이루어지는데, 시복식 장소가 '빛이 되라'는 광화문(光化門)이다. 교황 프란치스코가 2014년 2월 7일 시복을 결정한 '윤지충 바오로와 동료 순교자 123위'는 한국 교회 초기 순교자들을 다수 포함하고 있다. 이들은 조선 왕조에 의한 가혹한 고문과 처형을 감내하면서 신앙을 증거했다. 이번에 시복되는 이들은 조상 제사 문제 때문에 1791년 순교한 윤지충과 권상연, 뒤이어 내포 지방을 중심으로 한 신자들과 1801년 박해 과정에서 순교한 정약종 등 초기 교회 신자들이다. 이들은 임금도 부모도 없는 사교(邪敎)에 빠졌다는 명분으로 조선 봉건 정부에 의해 희생당한 정치적·사상적·종교적 희생자들이다. 이른바 '진산 사건'으로 윤지충 등이 처형되면서 유교와 공존하려던 천주교 신앙은 불가능해지고, 하느님(천주) 중심의 신앙이 온전히 뿌리박았다. 이를 조광 교수는 '육화론적 영성'이라고 표현했다.

이들 순교자들은 현세의 군주보다 '천주(天主)'가 월등히 높은 대군대부(大君大父)라고 믿었다. "천주는 모든 사람의 아버지이고 모든 피조물의 주인"이기 때문이다. 이러한 생각은 지극히 '현실 개혁'적 의미를 지녔는데, 곧 신분제를 초월해 형제애를 추구했기 때문이다. 조광 교수는 이를 두고 "그들이 깨달은 신앙의 기쁨으로 양반이나 해방된 백정을 가리지 않고 하나의 '식구(食口)'로 여기게 되었다."고 말했다. 이경언은 천주의 가르침에 따라 "의리에 있어서는 상하의 구별도, 반상(班常)도, 잘나거나 못난 얼굴의 구별도 없고 다만 영혼만이 구별될 수 있다."고 말했다. 모든 사람이 천주의 모상을 타고난 피조물이고, 아담과 하와의 자손이므로 '형제'라고 여겼다. 서로 사랑하기를 한 부모에게서 태어난 동생혈육(同生血肉)처럼 했다는 것이다.

유관검은 천주교 가르침을 "천주를 공경하고 사람을 사랑하라."는 말로 요약했다. 신분제를 넘어 서로 존경하고 사랑하는 모습을 보고 1801년 순교한 백정(白丁) 출신 황일광은 천주교를 종교적 복음만이 아니라 '사회적 복음'으로 받아들였다. "나에게는 천당이 둘이 있는데, 하나는 내 자신의 신분에 비해 지나친 대우를 받는 것으로 보아 지상에 있는 것이 하나요, 다른 하나는 내세에 있다." 실제로 유군명, 홍낙민 등은 입교 후에 자신의 노비를 해방시켜 주었다. 그래서 이들은 천주교를 "존비귀천(尊卑貴賤)은 물론이고, 다 마땅히 신봉할 도(道)"라고 믿었다.

《병인박해 순교자 증언록》(한국교회사연구소, 1987)에 따르면, 박해기의 교우촌에서는 사도행전에 나오는 그리스도교 초대 공동체처럼 신자들이 서로 사랑하여 "재물을 합하여 한 집안 사람 같고, 직분이 다르되 한 몸 같은 생활을" 실천했다. 이들에게는 교우촌 자체가 당시 신분에 따른 차별이 엄격했던 봉건사회 안에서 발생한 '지상천국'이요, 광양세계(光揚世界)요, 광영천지(光榮天地)였다. 교우촌 회장도 과거 신분이나 학력보다 신앙의 깊이에 따라 임명되었고, 이들은 다른 마을의 향리처럼 군림하는 존재가 아니라 교우들의 신앙과 생활을 이끌어 가는 새로운 유형의 지도자였다.

한편 이들 순교자들의 죽음은 양심의 자유에 버금가는 '신앙의 자유를 위한 죽음'이라는 뜻에서 현대 사회의 중요한 가치인 '민주주의'를 위해 봉헌된 것이나 다름없다. 당시 순교자들은 서소문과 새남터 등 사대문 밖에서 '혹세무민(惑世誣民)하는 죄인'으로 처형되었다. 이들이 경복궁이 있는 광화문 앞에서 '복자(福者)'로 선언된다면, 이는 단순한 종교 행사를 넘어 정치적인 신원(伸寃)의 의미를 지닌다. 이들은 종교적 의미의 순교자이면서, 동시에 국가권력에 의해 폭력적으로 살해당한 사람들이다. 이 자리에서 시복자들은 종교적으로 '복된 사람'으로 현양되고, 국가 폭력의 야만성을 드러낸 '의인'으로 선포되어야 한다.

천주교 행사를 광화문 일대에서 대규모로 진행하는 것에 대해 타 종단에서 불만을 가질 수도 있다. 그동안 어떤 종단도 광화문에서 종교 행사를 가진 적이 없었기 때문에 종교 다원 사회에서 '형평성'의 문제를 제기할 수 있다. 그러나 동학을 제외하고 근현대사에서 천주교만큼 국가권력에 의해 희생된 순교자들을 양산한 종단이 없었다는 점에서, 국가권력이 보상의 차원에서도 광화문을 천주교 순교자들에게 잠시 내어주는 것은 나무랄 일이 아니다. 오히려 국민적 차원에서 순교 원혼들을 위로하고 보듬어 줄 필요가 있다.

사실상 국가 폭력은 지금도 계속되고 있다. 국책 사업이라는 명분으로, 민주적 절차를 생략하고 진행되는 강정 해군 기지 건설, 주민 의사에 거스르며 강행되는 밀양 송전탑, 쌍용차 해고 노동자들에 대한 탄압은 현재 진행형이다. 교황에 앞서 6월에 방한한 교황청 정의평화평의회 사무총장 마리오 토소 주교는 용산 참사 유족과 쌍용자동차 해고 노동자, 밀양 765kV 송전탑 반대 대책위원회, 제주 강정 해군 기지 대책위원회 관계자들을 만난 자리에서 "이들에게서 형제애를 느꼈으며, 얼마나 힘이 들고 상처가 많은지 느꼈다."고 말했다. 그리고 "약하고 소외된 이들, 쫓겨난 이들과 함께한 한국의 사제, 수도자들에게 깊은 존경과 경의를 표한다."고 전했다. 그의 마지막 언급은 "끝까지, 어렵더라도 포기하지 말고 용기를 갖고 걸어가자."는 것이었다. 식민지였던 슬픔의 대륙에서 탄생한 교황 프란치스코, 그분이 우리에게 기쁨으로 다가오고 있다.

2014년 7월
아름다움이 세상을 구원한다고 믿는
한상봉 두손 모음

행동하는 교황
파파 프란치스코

처음 펴낸 날 | 2014년 8월 5일
두 번째 펴낸 날 | 2014년 10월 25일

지은이 | 한상봉

펴낸이 | 김태진
펴낸곳 | 다섯수레
등록번호 | 제3-213호
등록일자 | 1988년 10월 13일
주소 | 경기도 파주시 광인사길 193 (문발동) (우 413-120)
전화 | 02)3142-6611 (서울 사무소)
팩스 | 02)3142-6615
홈페이지 | www.daseossure.co.kr

편집 | 김경회, 정현경, 이진아
본문 디자인 | 이영아

ⓒ 한상봉, 2014

ISBN 978-89-7478-390-7 03230

이 도서의 국립중앙도서관 출판시도서목록(CIP)은 서지정보유통지원시스템 홈페이지
(http://seoji.nl.go.kr)와 국가자료공동목록시스템(http://www.nl.go.kr/kolisnet)에서
이용하실 수 있습니다.(CIP제어번호: CIP2014021811)